DANIELA ALBERT • **Was trägt? Was zählt? Was bleibt? – Bedürfnisorientiert Familie leben in einer Welt im Wandel**

DANIELA ALBERT

*Was trägt?*
*Was zählt?*
*Was bleibt?*

Bedürfnisorientiert
Familie leben
in einer Welt im Wandel

Bibliografische Information der Deutschen Nationalbibliothek:
Die Deutsche Nationalbibliothek verzeichnet diese Publikation in der Deutschen
Nationalbibliografie; detaillierte bibliografische Daten sind im Internet über
http://dnb.d-nb.de abrufbar.

Die automatisierte Analyse des Werkes, um daraus Informationen
insbesondere über Muster, Trends und Korrelationen gemäß § 44b UrhG
zu gewinnen, ist untersagt.

© 2024 Neukirchener Verlagsgesellschaft mbH, Neukirchen-Vluyn
Alle Rechte vorbehalten
Umschlaggestaltung: Kristina Dittert,
unter Verwendung eines Bildes von PeopleImages@iStockphoto.com
Lektorat: Anja Lerz, Moers
DTP: Burkhard Lieverkus, Wuppertal
Verwendete Schrift: Scala Pro, Scala Sans, Summer Festival
Gesamtherstellung: GGP Media GmbH, Pößneck
Printed in Germany
ISBN 978-3-7615-6972-6 (Buch)
ISBN 978-3-7615-6973-3 (E-Book)

www.neukirchener-verlage.de

# Inhalt

Bedürfnisorientiert leben –
neue Werte für andere Zeiten! .................................. 7

Teil I .................................................................. 21
1. Oma und das Wirtschaftswunder ....................... 23
2. Neue Familienbilder und alte Zwänge ................ 33
3. Genüge ich? Warum wir nicht alle Schwächen
   wegoptimieren müssen. ....................................... 43
4. Was macht mich glücklich? ................................. 53
5. Die Macht der Fürsorge ....................................... 67

TEIL II ............................................................... 75
6. Stress, lass nach –
   was Familien belastet........................................... 77
7. Abi 2042 – oder was ist eine gelungene
   Bildungsbiografie?............................................... 93
8. 50 Punkte für Gryffindor .................................... 107
9. Höher, schneller, Superparent ............................ 115
10. Findet euren Weg! .............................................. 127

Teil III ................................................................ 131
11. Wir sind Herdentiere –
    über die Kraft der Gemeinschaft......................... 133
12. Gott ist kein Kleinfamilienvater......................... 149

| 13. | Misstrauen – der Sand im Getriebe unserer Verbundenheit | 163 |
| 14. | Neugier ist besser als ihr Ruf | 177 |
| 15. | Verbunden mit der Welt | 187 |
| 16 | Die guten Lagerfeuergeschichten | 195 |

| Teil IV | | 203 |
| 17. | Gott hat alles für uns bereitet | 205 |
| 18. | Der Tageskreis und der Wochenkreis – Lagerfeuer im Alltagswahnsinn | 209 |
| 19. | Der Lebenskreis – miteinander ins Leben, durchs Leben und aus dem Leben heraus | 221 |
| 20. | Der Jahreskreis – Gottes Rhythmus für dich und mich | 233 |
| Schlusswort | | 261 |

# Bedürfnisorientiert leben – neue Werte für andere Zeiten!

Ich hatte mich an jenem Februarmorgen noch einmal umgedreht, als der Wecker meines Mannes uns unbarmherzig aus dem Schlaf riss. Die Nacht war zu kurz gewesen. Der wenige Schlaf war der Preis für einen wundervollen Abend: Ein Freundinnen-Abend, wie ich ihn lange nicht gehabt hatte. Nach Jahren der Pandemie, mit Lockdowns, Kontaktbeschränkungen, Masken und Abstandsregeln hatten wir es gewagt, uns zu treffen. Es war einer dieser Spätwinterabende gewesen, an denen man einfach zusammensitzt, gemeinsam betet, sich den jahreszeitlichen Blues ein bisschen vertreibt, Wein trinkt, Datteln im Speckmantel in Raclette-Pfännchen brät und gar nicht mehr aufhören kann, zu reden. Und weil wir alle so sehr nach Gemeinschaft gehungert hatten, wurde es weit nach Mitternacht, als wir uns voneinander verabschiedeten. Zu spät für einen Mittwochabend – besonders, wenn am nächsten Morgen um sechs alle wieder rausmüssen.

Entsprechend verschlafen drehte ich mich an jenem Morgen einige Minuten später zu meinem Mann und seinem unheilvollen Wecker um. Ich sah, dass er im Unterschied zu mir bereits hellwach war. Er saß im Bett und starrte auf sein Handy. Und dann sagte er die Worte, die all die Wärme und Leichtigkeit des vorherigen Abends davon spülten: „Russland hat die Ukraine angegriffen."

Die meisten von uns haben diesen Morgen des 24. Februars 2022 als Zensur empfunden. Als einen Moment, in dem alle weiteren Prioritäten an diesem Tag genauso unwichtig wurden wie Schlafmangel oder die kleinen Alltagssorgen, die am Vorabend noch groß erschienen waren. Natürlich: Wir waren nicht direkt betroffen von diesem Angriffskrieg. Unsere Häuser waren weiter sicher, auf unseren Straßen mussten wir uns nicht fürchten, wir konnten nachts ohne Angst schlafen und mussten nicht über eine Flucht aus unserem Land nachdenken. Ganz anders als die Frauen, Männer und Kinder in der Ukraine. Trotzdem hat dieser Krieg mitten in Europa vielen von uns emotional den Boden unter den Füßen weggezogen. Sicherheiten, an die wir, die Kinder der 1980er- und 1990er-Jahre, unser Leben lang geglaubt hatten, waren auf einmal wie weggeblasen. Selbstverständlichkeiten lösten sich an diesem Februarmorgen in Luft auf. Schlagartig schien es keine Garantie mehr auf ein Leben in Frieden und in Wohlstand für uns und unsere Kinder zu geben.

Worte wie „Zeitenwende", „tiefe Einschnitte" und „größte Anstrengung der Nachkriegszeit" machten die Runde und es war die Rede von spürbarem Wohlstandsverlust. Die Politik begann, uns auf Verzicht und Einschränkungen einzuschwören. Mittlerweile ist der Krieg in unserer europäischen Nachbarschaft für uns alltäglich geworden, tobt er doch jetzt, wo ich das schreibe, schon seit über anderthalb Jahren. Die schlimmsten wirtschaftlichen Folgen sind, zumindest für die meisten von uns, erst einmal abgefangen worden. Lebensmittel und Energie sind teurer geworden, aber wir können es bewältigen. Wir spüren die wirtschaftlichen Folgen, aber sie sind zurzeit nicht so katastrophal wie anfangs befürchtet. Und doch haben wir durch dieses Ereignis gespürt, was uns eigentlich schon längst hätte klar sein sollen: Wir leben in einer Welt, in der Sicherheiten stark ins Wanken gekommen sind.

Sich sicher fühlen – das ist ein menschliches Grundbedürfnis. Auf der bekannten Bedürfnispyramide des Psychologen Abraham Maslow kommt es gleich nach den körperlichen Grundbedürfnissen nach Nahrung, Schlaf oder Sex. Zu wissen, dass man ein sicheres Dach über dem Kopf hat, ein regelmäßiges Einkommen und Schutz vor Gewalt und anderen Gefahren, ist für uns Menschen wichtig. Es ist eine Voraussetzung für gesundes Wachstum und Entwicklung.

Unser Gefühl der Sicherheit hat der Ukraine-Krieg auf zwei Arten ins Wanken gebracht: Zum einen war gerade in den ersten Kriegswochen oft von möglichen weiteren Eskalationen die Rede und die Angst einer Ausweitung des Konflikts, die möglicherweise auch uns unmittelbar betreffen könnte, steckte vielen von uns in den Knochen. Sie ist heute bei den meisten Menschen nicht mehr so präsent. Es ist ein natürlicher (und sinnvoller!) psychologischer Vorgang, sich an Gegebenheiten – auch die schwierigsten – zu gewöhnen. Unser Körper ist nicht auf einen dauerhaften Angst- und Panikmodus ausgelegt. Was bleibt, ist ein diffuses Gefühl der Unsicherheit, das sich aus der Erkenntnis speist, dass dieser Konflikt (zusammen mit vielen anderen globalen Krisen, allen voran dem Klimawandel) unser Leben bereits verändert hat und noch sehr viel drastischer verändern wird.

Unser mangelndes Gefühl von Sicherheit entspringt nicht der Furcht, grundsätzliche Dinge wie Nahrung, ein Dach über dem Kopf oder Schutz vor Gefahren zu verlieren, sondern das Leben, so wie wir es kennen, nicht mehr weiterleben zu können.

Der Blick in eine ungewisse Zukunft aktiviert unser inneres Alarmsystem. Er erzeugt Angst und konfrontiert uns mit vielen Fragen: Wer bin ich, wenn mir das, worauf ich mein Leben bisher gebaut habe, abhandenkommt? Wie sehr definiere ich mich durch meinen Job, mein Haus oder meinen Stadtteil? Wie sehr hängt mein persönliches Sicherheitsgefühl nicht nur davon ab, dass ich ein Dach überm Kopf und Essen auf dem Teller habe? Die Antwort auf die letzte Frage dürfte für uns alle gleich sein: Unser Sicherheitsgefühl ist sehr abhängig davon, dass wir mehr haben als eine Mahlzeit und ein Dach über dem Kopf.

Wenn wir uns über die Folgen der derzeitigen Krisen Gedanken machen, fürchten wir vor allen Dingen den Verlust des Gewohnten – und dabei geht es um weit mehr als ums Geld. Es geht uns auch um Ansehen und um Zugehörigkeit. Beides verbinden wir sehr stark mit dem, was wir haben und uns leisten können. Eine Studie des Wirtschafts- und Sozialwissenschaftlichen Instituts der Hans-Böckler-Stiftung unter Leitung von Bettina Kohlrausch hat einen interessanten Aspekt zum Vorschein gebracht: Etwa ein Drittel der Befragten gaben an, Angst vor dem Verlust ihres Lebensstandards zu haben. Gleichzeitig hatten die Befragten jedoch keine Angst, ihren Arbeitsplatz zu verlieren. Vielmehr spielen hier Anerkennung und Prestige eine Rolle, die in unserer Gesellschaft stark mit sozialem Status, Bildungsgrad und auch dem ausgeübten Beruf zusammenhängen. Die Angst vor einem Verlust des derzeitigen Lebensstandards scheint zudem umso stärker zu sein, je mehr die Personen das Gefühl haben, dass ihre Zukunft in der Hand von „fremden Mächten" liegt, also beispielsweise von Politik und Weltgeschehen abhängig ist, während der eigene Gestaltungsspielraum gering ist.[1]

---

[1] Luerweg, Frank: „Die Angst vor dem Fall", *spektrum.de*, 09.01.2023. https://www.spektrum.de/news/abstiegsangst-sorge-um-den-eigenen-status/2093880, zuletzt abgerufen am 13.11.2013.

Wenn Sorgen und Ängste um den eigenen sozialen Status oder Lebensstandard Eltern betreffen, schließen sie auch immer die Frage ein, ob sie ihren Kindern dann noch genug werden bieten können. Die Vorstellungen davon, was unsere Kinder brauchen, sind dann oft auch von unserem derzeitigen Status und dem sozialen Umfeld geprägt. Sie umfasst neben materiellen Ansprüchen auch bestimmte Vorstellungen von Bildungszielen für unsere Kinder, genauso wie Hobbys und Freizeitbeschäftigungen.

Nun lässt sich nicht wegdiskutieren, dass wir unseren bisher gewohnten Lebensstandard aus vielerlei Gründen in Zukunft hinterfragen müssen. Vielleicht, weil wir aus wirtschaftlichen Aspekten dazu gezwungen werden, vielleicht aber auch, weil sich mehr und mehr ein Bewusstsein dafür breitmacht, dass wir gerade im Bereich von materiellen Ansprüchen und Konsum zukünftig Abstriche machen müssen, wenn wir diesen Planeten als lebenswerten Ort erhalten wollen. Dazu kommt, dass viele Familien heute unter sich immer mehrendem Stress und Zeitdruck leiden. Dieses Phänomen werden wir uns im Verlauf des Buches noch genauer ansehen. Hier sei aber schon einmal vorweggenommen, dass auch die Art und Weise, wie wir heute Familie leben, nicht unbedingt die gesündeste ist. Auch hier müssen wir uns neu fragen, wo wir zukünftig Energie investieren wollen und an welchen Stellen wir Abstriche zugunsten von Ruhe und Müßiggang machen sollten.

Wenn wir uns also ohnehin schon damit auseinandersetzen müssen, dass einiges von dem, was uns bisher lieb und teuer war, oder von dem wir das zumindest glaubten, zukünftig nicht mehr zu unserem Leben gehört, dann können wir uns auch gleich die Frage stellen, wie wir stattdessen leben wollen. Was macht uns glücklich? Was benötigen kleine und große Menschen wirklich, um gut durchs Leben zu kommen? Und: Wie können wir in Zeiten wie diesen wieder festen Boden unter die Füße bekommen? Wie können wir uns sicher fühlen, wenn bisherige Sicherheiten wanken?

Dass viele von uns sich seit einigen Jahren weniger sicher fühlen als ihn ihrer Kindheit und Jugend, liegt angesichts der weltpolitischen Lage auf der Hand. Wir sind nicht in der Lage, diese kurzfristig und allein aus eigener Initiative zu verändern. Den Blickwinkel auf unsere derzeitige Situation, den können wir aber durchaus verändern. Denn gerade in einer Welt, in der medial meistens nur die größtmögliche Skandalisierung und Katastrophisierung unsere Aufmerksamkeit finden, kann unser persönliches Sicherheitsempfinden noch schneller erschüttert werden. Ein erster Schritt ist es hier daher gar nicht, sich zwanghaft scheinbare neue Sicherheiten zu schaffen, sondern erst einmal der gefühlten Bedrohungslage etwas entgegenzusetzen.

Gut gegen Unsicherheit und schwankende Fundamente sind meiner Erfahrung nach: Versachlichung, Umdeutung und Hoffnung. Versachlichung deshalb, weil wir uns klarmachen müssen, dass gerade in unserer medialen Welt viele Informationen gar nicht mehr ihren Weg zu uns finden. Nachrichten, gerade wenn sie über Social Media verbreitet werden, sollen oft auch die Emotionen der Konsumenten ansprechen. Und das klappt bestens, wenn sie negative Impulse wie Angst, Wut oder Entsetzen setzen. Gerade zu Beginn des Ukraine-Krieges, aber auch bei anderen Krisenthemen, hat es sich für mich bewährt, bewusst Menschen zuzuhören, die die Lage relativ nüchtern und sachlich erklärt haben. Die Langweiligsten sind in solchen Situationen nämlich oft die Besten. Starken Emotionen Wissen gegenüberzustellen, ist immer hilfreich. Selbst dann, wenn dieses Wissen nicht sofort alle Ängste aus dem Weg räumen kann, verschafft es uns Klarheit und auch einen nötigen inneren Abstand zur Situation. Gerade, wenn wir Kinder ins

Leben begleiten, ist das besonders wertvoll – denn dann ist es in Krisenzeiten ja nicht nur wichtig, wie *wir* uns fühlen, sondern auch, wie wir ihnen weiterhin das Gefühl von Sicherheit geben können. Und das gelingt am besten, wenn wir Themen für uns versachlicht haben.

Umdeutung, meine nächste Strategie für mehr Sicherheitsgefühl, ist im Kontext von Therapie und Beratung auch als *Reframing* bekannt. Dabei geht es darum, gerade Situationen, die wir erst einmal nicht verändern können, anders anzuschauen. Das ist nicht zu verwechseln mit dem neu aufgekommen Schlagwort des „positiven Mindsets", bei dem man häufig versucht, negative Sachverhalte komplett auszublenden. Es geht vielmehr darum, im vollen Bewusstsein der Schwierigkeiten einen neuen Blick auf eine Situation zu entwickeln, um so beispielsweise auch Chancen zu erkennen, neue Perspektiven zu finden, Gutes im Schwierigen zu entdecken und neue Handlungsspielräume zu erkennen.

Nehmen wir zum Beispiel das Thema der großen globalen Umbrüche, die uns die aktuellen Konflikte bescheren: Niemand hat sich diese Veränderungen gewünscht. Die meisten von uns haben es sich in ihrem bisherigen Leben und dem, was wir an Wohlstand und Sicherheit kennengelernt haben, bequem eingerichtet. Doch Veränderungen bieten uns auch Chancen. Wir dürfen uns in Zeiten wie diesen auch neu fragen, wie wir leben möchten, und uns vielleicht von Zwängen und Ballast befreien, die uns unser bisheriges Leben und seine Leistungsansprüche aufgebürdet haben. Wenn es zum Beispiel um die Erziehung unserer Kinder geht, kann die Erkenntnis, dass wir nicht wissen, welche Welt morgen auf sie wartet, auch befreiend sein. Wenn wir unsere Kinder in ein Leben begleiten, über das wir nicht viel sagen können, bedeutet das nämlich auch, dass wir den Gedanken, sie in eine bestimmte Richtung prägen zu müssen oder dass sie für ein gelingendes Leben einen bestimmten Schulabschluss, Frühförderung, bestimmte Fähigkeiten und Fertigkeiten oder Hobbys brauchen, loslassen dürfen. Und das kann befreien, entlasten und den Familienalltag entschlacken.

Der dritte Punkt, der dir helfen kann, dich in einer wankenden und sich schnell wandelnden Welt wieder sicherer zu fühlen, ist Hoffnung. So einfach, so gut und – seien wir ehrlich, manchmal so schwer. Denn wie oben bereits beschrieben, kann der Zustand dieser Welt einen schon ziemlich erdrücken. Gerade dann, wenn wir uns von den reißerischen, den schwierigen Nachrichten mitreißen lassen, wenn wir zu tief eintauchen in düstere Prognosen, verlieren wir allzu schnell aus den Augen, dass es viele stichhaltige Gründe gibt, weiterhin an diese Welt und ihre Menschen zu glauben.

Die Menschheit steht nicht zum ersten Mal schweren Krisen gegenüber; unsere Großeltern und Urgroßeltern und auch keine Generation davor kannten gar kein dauerhaftes Leben in Frieden und Sicherheit, wie unsere Generation es bisher erleben durfte. Und doch hat die Menschheit immer wieder Wege gefunden, zu überleben, sich weiterzuentwickeln, aus Zerbrochenheit und tiefsten Abgründen Neues und Gutes wachsen zu lassen oder Frieden zu schließen, wo es kaum möglich erschien. Menschen haben sich an Herausforderungen aller Art angepasst, auch unter widrigsten Umständen etwas Lebenswertes gemacht und karges Land bestellt.

Jede große Geschichte handelt von Hoffnung und wir Christen glauben an einen Gott, der uns Hoffnung darauf macht, dass all das hier, was wir auf dieser Erde erleben, nur ein Teil unserer eigenen großen Geschichte ist und dass nicht einmal so etwas Endgültiges und Entsetzliches wie der Tod das letzte Wort hat. Wieso sollten es dann all die Schrecken und Katastrophenszenarien dieser Welt haben?

In den auf jenen Februarmorgen folgenden Tagen waren es meine Mitmenschen, die mir ebendiese Hoffnung gegeben haben. Da war zuerst meine Freundin, die den wunderschönen Abend ausgerichtet hatte – und mit der ich am nächsten Vormittag schweigend im Vorgarten stehen konnte, weil uns die Worte fehlten. Mit ihr stand das Wissen vor meiner Haustür, dass ich von Menschen umgeben bin, die da sind, wenn etwas Schlimmes passiert. Dass wir einander schon mehr als einmal bewiesen hatten, dass wir nicht wegrennen, wenn das Schicksal zuschlägt und die Zerbrochenheit dieser Welt sich in unseren Leben manifestiert. Zu wissen, dass man auch in Krisenzeiten nicht allein ist, ist ungeheuer hilfreich und stärkend.

Doch es war nicht nur der engste Kreis meiner Familie und Freunde, der mich hoffen ließen, sondern auch das, was ich überall um mich herum gesehen habe: Mitgefühl, Hilfsbereitschaft, Pragmatismus und zupackende Hände. Ich habe in den Wochen, die auf diesen düsteren Tag folgten, gespürt, dass es genügend Menschen da draußen gibt, denen es nicht egal ist, was aus anderen wird – und das nicht zum ersten Mal. Bei jeder großen Katastrophe, die auf dieser Welt passiert, kann man neben all dem Schrecklichen, all den Abgründen auch immer das beobachten: Es sind immer Menschen da, die helfen. Menschen, die teilen, was sie haben. Menschen, die Platz machen in ihren Häusern und Herzen. Menschen, die Geld an Unbekannte in einem anderen Teil der Welt überweisen oder sich gar selbst in Gefahr bringen, um fremde Leben zu retten. Menschen, die für andere Menschen da sind, weil Helfen für sie selbstverständlich ist. Weil sie verstanden haben, dass Menschen für andere Menschen da sein müssen. Nur so können wir gemeinsam auf diesem Planeten leben.

Wir brauchen einander. In einer Gesellschaft, in der im Durchschnitt nur noch zwei Personen gemeinsam in einem

Haushalt leben, neigen wir dazu, zu vergessen, dass wir soziale Wesen sind. Die Geschichte der Menschheit ist zur Erfolgsgeschichte geworden, weil die Menschen die allerlängste Zeit in großen Gruppen miteinander gelebt haben. Die Zugehörigkeit zu einer Gemeinschaft war die größte Sicherheit, die ein menschliches Wesen über Jahrzehntausende haben konnte, der Verlust ebendieser Gemeinschaft hingegen bedeutete das sichere Todesurteil. Die nächste Stufe auf Maslows Bedürfnispyramide trägt dem bis heute Rechnung, sie fasst die sozialen Bedürfnisse von Menschen zusammen: das Bedürfnis nach Zugehörigkeit, nach Freundschaft, nach engen Beziehungen und sozialen Kontakten.

Eine Krise kann auch hier ein guter Anlass zu sein, die eigenen sozialen Beziehungen zu prüfen: Welche Menschen möchte ich an meiner Seite haben, wenn meine Welt ins Wanken kommt? Wer war da, als es mir zuletzt schlecht ging? Wer hört mir zu, wer hilft mir, wer hält zu mir und hält mit mir aus? Worauf fußen die Gemeinschaften, denen ich mich zugehörig fühle? Wo fühle ich mich bedingungslos angenommen und wo habe ich das Gefühl, jemand sein oder etwas leisten zu müssen, um dazuzugehören?

Stabile soziale Beziehungen, die sich nicht nur auf gemeinsame Hobbys, die derzeitige Lebensphase oder ein ähnliches Freizeit- und Konsumverhalten gründen, können ein neuer Sicherheitsfaktor sein, wenn bisherige Sicherheiten nicht mehr tragen. Es lohnt sich also, in Zukunft genau da hinein zu investieren. Einander durchs Leben zu begleiten und beizustehen und zu unterstützen, das ist nicht nur wichtig für diejenigen, die dieser Unterstützung gerade bedürfen. Für andere wertvoll zu sein und seinen Beitrag zum Gelingen einer Gemeinschaft zu leisten gehört zu der nächsten Ebene der bereits angesprochenen Bedürfnispyramide.

Wir alle tragen das Bedürfnis nach Anerkennung und Wertschätzung in uns. Interessant ist es, diesen Aspekt noch einmal mit dem Wissen zu betrachten, dass viele Menschen unserer Generation sich davor fürchten, ihren bisherigen Lebensstandard, sozialen Status und ihr Prestige zu verlieren. Denn oft ziehen wir Wertschätzung und Anerkennung zu einem großen Teil aus unserem Berufsleben, der Position, die wir innehaben, und auch unserem Gehalt, aber auch aus dem, was wir besitzen oder nach außen darstellen. Gerade in der aktiven Familienphase beziehen wir sie vielleicht auch daraus, was unsere Kinder leisten, auf welche Schulen sie gehen, ob sie im Fußball oder beim Musizieren erfolgreich sind und das an den Tag legen, was man derzeit unter „gutem Benehmen" versteht.

Doch gerade in Zeiten rasanter Veränderungen ist es auch an diesem Punkt gut, einmal innezuhalten und zu überlegen, was uns eigentlich für andere Menschen wertvoll macht und wofür wir anderen Menschen unsere Anerkennung zollen. Umgeben wir uns wirklich mit Menschen, weil sie einen tollen Job haben, diese beeindruckenden Urlaubsbilder im WhatsApp-Status zeigen oder der neuste heiße Scheiß bereits in ihrem Haushalt eingezogen ist, bevor wir überhaupt davon gehört haben? Sind unsere Freunde unsere Freunde, weil ihre Kinder auf dem besten Gymnasium der Stadt sind? Mag sein, dass all das eine Weile interessant ist und guten Gesprächsstoff für einen unterhaltsamen Abend bietet. Wir neigen in unserer Gesellschaft auch mehr und mehr dazu, uns nur noch mit Menschen zu umgeben, die uns sehr ähnlich sind, in einer ähnlichen Lebensphase, von ähnlichem sozialem Status, mit ähnlichen Werten und Einstellungen. Das mag auf den ersten Blick gut erscheinen – wir werden aber noch sehen, dass diese Homogenisierung durchaus ihre kritischen Seiten hat.

Es ist doch so: Wertvoll sind Menschen nicht für uns, weil sie uns ähnlich sind oder weil sie uns mit Äußerlichkeiten beeindrucken. Wenn ich an meine Lieblingsmenschen denke, dann denke ich daran, dass sie immer ein offenes Ohr haben, wenn ich sie brauche, oder daran, dass es diese Handvoll Menschen in meinem Leben gibt, die alles stehen und liegen lassen würde, wenn bei mir wirklich Not wäre. Ich denke an die, deren Lachen so unfassbar ansteckend ist, dass selbst die schlechteste Laune irgendwann davonfliegt, und ich denke an die Freundin, mit der ich schweigen und weinen kann. Ich denke an tolle Gespräche und unkomplizierte gemeinsame Aktivitäten, an das befreiende Gefühl, für jemanden nicht extra aufräumen zu müssen, und an warme Wohnzimmer, die für mich geöffnet werden.

Was wir brauchen, ist ein soziales Umfeld, in dem wir uns sicher und gesehen fühlen, und zwar jenseits dessen, was uns diese Welt als anerkennenswert suggeriert. Menschen, die sich in so einem Umfeld geborgen wissen, sind leichter in der Lage, Krisen zu meistern und sich auf neue Situationen einzustellen. Dieses soziale Sicherheitsnetz gibt ihnen eine Grundlage für Wachstum und Entfaltung. Sie finden so Mut, das Leben zu meistern und für sich einzustehen. Außerdem bereitet ein sicheres soziales Umfeld, das einem Anerkennung und Wertschätzung schenkt, auch einen Rahmen, in dem wir unser Leben und unsere Umwelt selbst gestalten können. Selbstwirksamkeit ist die letzte Stufe der Bedürfnispyramide. Die Erfahrung zu machen, dass man Dinge selbst in der Hand hat – und eben nicht nur scheinbar höheren Mächten ausgeliefert ist –, ist zudem ein großer Resilienzfaktor. Sie hilft uns, Krisen zu meistern. Deshalb wird es in diesem Buch auch immer wieder um die Dinge gehen, die wir sehr wohl noch selbst in der Hand haben.

Im ersten Teil schauen wir uns einmal an, welche Glaubenssätze uns heute prägen. Wir reisen ein Stück in die Vergangenheit, in die Zeit unserer Großeltern und Urgroßeltern, denn bei ihnen hat einiges, was wir heute wichtig finden, seinen Ursprung. Manches, was sie uns mit ins Leben gegeben haben, trägt uns bis heute. Anderes war einmal sinnvoll, wirkt aber heute eher wie ein Klotz am Bein. Die Strategien, mit denen sie ihre Krisen bewältigt haben, taugen nicht für die unseren. Wir machen sichtbar, wo schwierige Wertvorstellungen uns noch immer prägen, und ich zeige dir, was Omas gepflegter Vorgarten aus den 1950ern mit deinen Geburtstagstorten zu tun hat. Im zweiten Teil schauen wir uns dann an, was das Festhalten an alten Glaubenssätzen mit unserem heutigen Familienleben macht und welche Freiheit wir durch Loslassen gewinnen können. Im dritten Teil geht es um den für mich wichtigsten Faktor, wenn es darum geht, neue Herausforderungen zu meistern – um Gemeinschaft! Wir betrachten auch, warum wir, ursprünglich Herdentiere, heute oft so vereinzelt unterwegs sind und welche Veränderungen wir für unser Wohl und das der Welt um uns vornehmen müssen. Am Ende geht es um deinen und meinen Alltag – denn wenn wir etwas verändern wollen, muss das dort anfangen, wo wir unsere ganz normalen Kleinigkeiten verrichten. Ich zeige dir, wieso wir gar keine großen Würfe und einschneidenden Veränderungen anstreben müssen, sondern es ausreicht, das anzunehmen, was Gott längst für uns bereitet hat. Sein Rhythmus von Arbeit und Ruhen, von Leben, Feiern, Trauern und Sterben enthält alles, was wir Menschen brauchen. Ein christlicher Lebensrhythmus und unser Kirchenjahr mögen auf manche verstaubt wirken. In unserer Zeit, in der wir den Anspruch haben, dass alles jederzeit möglich und verfügbar sein muss, ist ein Leben danach jedoch schon wieder progressiv.

# Teil I

## 1. Oma und das Wirtschaftswunder

Die fetten Jahre sind vorbei, hätte meine Uroma vielleicht gesagt, wenn sie die letzten Jahre noch miterlebt hätte, mit sich mehrenden Umweltkatastrophen, einer Pandemie und dem schrecklichen Angriffskrieg Russlands auf die Ukraine. Sie sagte das öfter, schon bei früheren Einschnitten. Wann immer die Welt für sie ein wenig unsicherer wurde und die Nachrichten in der Tagesschau frühere, unheilvollere Erfahrungen triggerten, prophezeite sie uns harte Zeiten. Meistens blieb danach alles ziemlich genauso, wie es vorher war. Meine Uroma saß am nächsten Vormittag wie jeden Tag auf der Bank vor ihrem alten Fachwerkhaus in einem nordhessischen Dorf, häkelte und redete mit ihren Nachbarinnen. Wenn sie genug über ihre Alterszipperlein und die Welt gestöhnt hatte, die vielleicht ja doch wieder schlechter werden könnte, lächelte sie gutmütig, holte Kräuter für ihre berühmte Schmandsoße aus ihrem kleinen Gärtchen und steckte meiner Cousine und mir ein paar Mark zu, mit denen wir uns im Supermarkt am Ende der Straße ein Eis kaufen – und ihr auch eins mitbringen sollten. Nein, die fetten Jahre waren nicht vorüber. Meine Uroma durfte ihren Lebensabend mittendrin verbringen. Doch würde sie ihren Satz heute noch einmal sagen, so hätte sie vielleicht recht damit!

Wenn meine Uroma von den fetten Jahren redete, meinte sie das Wunder, das sie selbst erlebt hatte. Nach zwei verheerenden, selbst verschuldeten Kriegen lag unser Land am Boden. Meine Uroma gehörte zu der Generation Frauen und Männer, die mitgeholfen haben, aus Trümmern, Hunger, Not, Elend und Schuld etwas Neues entstehen zu lassen – in jeglicher Hinsicht. Die „fetten Jahre", bestehend aus Frieden, Freiheit, Entwicklungsmöglichkeiten und relativem Wohlstand, die die meisten von uns in unserer Kindheit und Jugend erleben durften, sind auf dem Boden ihrer Anstrengung gewachsen. All diese Menschen standen morgens auf und stellten sich einer für mich unvorstellbaren Realität. Angetrieben von der Hoffnung auf bessere Zeiten rafften sie zusammen, was sie noch hatten, und beschlossen, das Leben zu meistern.

Natürlich war es nicht nur dem Fleiß und dem eisernen Willen der einzelnen Menschen zu verdanken, dass Deutschland sein Wirtschaftswunder erleben durfte, auch politische Weichenstellungen wie der Marshallplan und die Währungsreform legten Grundsteine. Auf einmal konnten Lebensmittel wieder im Supermarkt erschwinglich gekauft werden, Unternehmen stellten wieder ein und ein wirtschaftlicher Aufschwung begann. Doch dazu brauchte es eben auch diese Menschen, die bereit waren, ihre verbliebene Kraft in den Aufbau des neuen Landes zu stecken. Und sie merkten bald, dass die Anstrengung sich lohnte: Einkommen stiegen, die Arbeitslosigkeit sank bis hin zur Vollbeschäftigung in den 1950er-Jahren, immer mehr Menschen fanden lukrative Jobs in der Industrie statt wie bisher in der Landwirtschaft und neuer Wohlstand wurde nach außen sichtbar. Und die eigenen Kinder, da war man sich gesellschaftlich einig, sollten es noch einmal viel besser haben. Es entwickelte sich der Leitgedanke Höher-schneller-weiter, der in unserem Land über Generationen quasi in den Genen zu liegen schien.

Der als Vater des deutschen Wirtschaftswunders bezeichnete Ludwig Erhard (auch wenn er selbst den Begriff „Wirtschaftswunder" gar nicht mochte) prägte den Gedanken des Wohlstandes für alle. Wenn immer mehr Menschen produktiv arbeiteten, so seine Auffassung, würden sie sich auch immer größere Stücke eines konstant wachsenden Kuchens nehmen können. Seine Rechnung ging für sehr viele Menschen auf, auch wenn es bis heute nicht für alle gilt. Aber die Aussicht darauf, dass es klappen könnte, und die Erfolgsgeschichten, die erzählt wurden, pflanzten den Gedanken in Köpfe, dass es bergauf gehen kann, wenn man sich nur genügend anstrengt.

Lernen, Fleiß und harte Arbeit konnten sich in jedem Fall auszahlen, zum Beispiel dadurch, dass die eigenen Kinder eine höhere Bildungskarriere machten als man selbst. Und sei es nicht durch eine höhere Bildungskarriere, dann doch zumindest über mehr Einkommen und größeren Wohlstand, der auch durch Statussymbole äußerlich sichtbar wurde.

In der Zeit seiner Glanzstunden ergab dieser Leitgedanke des Höher-schneller-weiter auch Sinn. Denn ohne die Vision einer besseren Zukunft und der berechtigten Hoffnung, sich diese auch durch Anstrengung erarbeiten zu können, würde es viel nicht geben, das wir heute für selbstverständlich halten. Und so sehr ich gleich auch auf seine Schattenseiten eingehen werde, die damit verbunden sind, sei einmal gesagt, dass es auch heute noch Menschen in unserer Gesellschaft gibt, die genau die Hoffnung, dass es für sie durch Anstrengung besser werden und sozialer Aufstieg möglich werden kann, weiterhin brauchen!

Der Glaube an Anstrengung, harte Arbeit und Aufstieg ist nicht per se schlecht. Problematisch sind jedoch die Ansprüche an ungebremstes Wachstum um jeden Preis und die Erwartung, dass es auch für all diejenigen immer weiter nach oben gehen muss, die im Hier und Jetzt bereits ausgezeichnet leben. Heute ist zudem längst nicht mehr gesetzt, dass es für alle immer nur weiter nach oben geht. Wachstum, so wie wir es kennen, kommt aus ganz verschiedenen Gründen an seine Grenzen: Die 50- bis 60-Stunden-Wochen, die für die Generationen vor uns entweder unhinterfragte Notwendigkeit oder gern in Kauf genommenes Mittel zum Erfolg war, stellt für immer weniger Menschen ein attraktives Lebensmodell dar. Denn heute kennen wir auch die Schattenseiten eines Lebens, in dem die Balance zwischen Arbeit und Freizeit allzu stark aus den Fugen geraten ist. Psychische und körperliche Erkrankungen aufgrund von Stress, Druck und Überlastung sind sichtbarer als früher (gegeben hat es sie immer, allein, man hat nicht darüber geredet oder sie nicht als das erkannt, was sie waren). Selbst Ludwig Erhard hatte diese Entwicklung bereits erkannt, schrieb er doch in seinem Bestseller *Wohlstand für alle*:

„Wir werden sogar mit Sicherheit dahin gelangen, dass zu Recht die Frage gestellt wird, ob es noch immer richtig und nützlich ist, mehr Güter, mehr materiellen Wohlstand zu erzeugen, oder ob es nicht sinnvoller ist, unter Verzichtleistung auf diesen ‚Fortschritt' mehr Freizeit, mehr Besinnung, mehr Muße und mehr Erholung zu gewinnen."

Es ist wie mit jedem Leitgedanken, der einmal Sinn ergeben hat: Er taugt am besten für seine Zeit und seine Lebenswirklichkeit und kann zu anderen Zeiten auch zur Bürde werden.

Auch das Bewusstsein dafür, was unser Wohlstand in anderen Teilen der Welt für Schäden anrichtet, steigt. Da sind zum einen die Menschen, die hinschauen wollen und sich langsam und aus freien Stücken mit den Missständen auseinandersetzen und überlegen, wie sie einen kleinen Teil dazu beitragen können, ein bisschen Veränderung in Gang zu bringen. Doch auch diejenigen, die diese Bewusstwerdung der Auswirkungen unseres Lebensstandards auf Ungleichheiten in der Welt und das Klima kritisch beäugen und den Begriff „woke" abwertend für diejenigen benutzen, die für ihren Geschmack allzu laut und reißerisch nach zu extremen Veränderungen schreien, können heute immer schwerer ignorieren, dass unser Wohlstand teils verheerende Folgen für den Rest der Welt – aber eben auch uns selbst hat. Die Einbrüche in die Realität nehmen zu. Eine in Bangladesch eingestürzte Fabrik, in der unter unwürdigsten Bedingungen unsere Kleidung genäht wurde, kann man vielleicht noch ignorieren. Ereignisse wie die Flut im Ahrtal schon schwieriger.

Wenn wir die aus dieser Erkenntnis resultierende Verantwortung ernst nehmen, bedeutet das auch, dass wir unsere bisherigen Konsumgewohnheiten überdenken müssen. Diese Einsicht ist unbequem und löst bei vielen Menschen Ängste und Ärger aus. Ein Verdienst des Wirtschaftswunders war es schließlich, dass es eine Art Speckgürtel um uns gezogen und damit einen gewissen Abstand zum Rest der Welt geschaffen hat. Armut wurde zur Vergangenheit oder zu einem Problem der anderen. Verzichten, das mussten die, die sich irgendwie nicht genug angestrengt hatten. Wer hingegen hart gearbeitet hat, der durfte sich auch etwas gönnen. Was man bisher unter „Gönnen" verstanden hat, nun hinterfragen zu müssen, löst eine entsprechende Abwehrhaltung aus.

Doch das ist nicht der einzige Grund, warum sich Menschen schwertun zu akzeptieren, dass sich etwas ändern muss, und warum selbst die, die das akzeptiert haben, oft wenig konsequent sind, wenn es darum geht, Veränderung auch wirklich in das eigene Leben zu integrieren. Um dies zu verstehen, lohnt sich noch einmal ein anderer Blick auf das Wirtschaftswunder.

Die Generation, die es erarbeitet hat, war zutiefst traumatisiert. Sie hat Schrecken erlebt, die wir uns heute kaum mehr vorstellen können. Wenn ich als Kind den Geschichten meiner Groß- und Urgroßeltern lauschte, begriff ich die Tragweite nicht – heute sehe ich, was sie alles erlitten haben. Unaussprechliche Verluste: Der Mann, der Bruder, der Sohn, die nicht mehr aus dem Krieg heimkehrten. Die beste Freundin, die in einer Bombennacht starb, und die Schwester, die vor Hunger sterbenskrank wurde. Das kleine Mädchen, das an der Hand seiner Mama durch die Trümmer einer zerstörten Stadt lief und über Körper stieg, nicht wissend, ob diese tot oder lebendig waren. Und das waren nur die Dinge, über die sie sprachen. Viele andere Geschichten, über Zerstörung und Verlust, Vergewaltigung und Vertreibung, Gefangenschaft und Verstümmelung – und über das eigene Töten und die eigene Schuld –, blieben für immer unerzählt. Und mit ihnen ihre versteckten Gefühle: tiefe Trauer, Scham, Demütigung, Angst und Schmerz. Weiterleben war nur durch eine Kultur der Verdrängung möglich. Konsum und die Vermehrung des Wohlstandes waren auch eine Flucht vor dem, mit dem man sich am liebsten nie mehr auseinandersetzen wollte. Sie nahmen einen Schutzmechanismus für die Erwachsenen ein.

Doch wer solche Verdrängungsprozesse leben muss, der verliert den Zugang zu seinem Emotionserleben. Er stumpft ab. Das wirkt sich auch auf die Beziehungen aus – und natürlich hat es einen enormen Einfluss auf den Umgang mit den eigenen Kindern. Diese Elterngeneration, die es selbst von Kindheit an gewöhnt war, hart zu sein und Gefühlen keinen Raum zu geben, hatte keine Worte für den unfassbaren Schmerz, den sie mit sich herumtrugen. Und sie verfügte über nur wenige emotionale Ressourcen für ihre eigenen Kinder. Sie konnte ihnen oft nicht die emotionale Sicherheit geben, die kleine Menschen brauchen. Natürlich haben auch die Angehörigen dieser Generation ihre Kinder geliebt, nur übertrug sich diese Liebe oft nicht in liebevolle Verhaltensweisen, in emotionale Nähe, in eine Form von Fürsorge, wie wir sie heute für als so wichtig für Kinder erkannt haben.

Eine Form der Fürsorge, die sie dagegen problemlos geben konnten, wurde mit den Jahren die materielle. Der in den 1950er- und 1960er-Jahren aufkommende Konsum wurde nicht nur Statussymbol und Schutzmantel, sondern auch ein Ersatz für emotionale Zuwendung. Er wurde ein Ausdruck der Liebe, die anders oft nicht gezeigt werden konnte. Leistung erbringen und somit die Chance auf Besserung, die die eigenen Eltern einem boten, auch zu ergreifen, wurde im Gegenzug vonseiten der Kinder zur Möglichkeit, sich Liebe zu verdienen und ihrerseits die Liebe ihrer Eltern auch zu erwidern. Konsum und Leistung wurden zum Ausdruck von Liebe, Fürsorge und Dankbarkeit innerhalb von Familien! Das prägt uns, wie wir noch sehen werden, bis heute.

Und nein, natürlich nicht nur und selbstverständlich gab es auch unter den Kriegskindern und Kriegsenkeln Familien, die in gesunden emotionalen Beziehungen miteinander gelebt haben, die andere Werte hochhielten, in denen sich Mütter und Väter ein Stück weit öffnen können. Und auch in den tief traumatisierten Familien war mehr Ausdruck von Liebe möglich als der, den ich oben beschrieben habe. Doch wir müssen verstehen, dass dieser Punkt von Verdrängung und Leistungsdenken, von emotionaler Kälte und Aufstiegsmöglichkeiten als Fürsorgeform einen sehr wesentlichen Teil dessen ausmachen, wie diese Generationen miteinander gelebt und wie sich in der BRD der Nachkriegsjahre Normen und Werte, Leitgedanken und Zukunftswünsche entwickelt haben.

In meinem Buch „Unperfekt, aber echt" habe ich viel über die Auswirkungen dieser Faktoren auf heutige Erziehungsvorstellungen und den Blick auf Kinder geschrieben. Diesmal möchte ich mich damit beschäftigen, wie sie sich auf unser Konsumverhalten, auf Leistungsdenken und Vorstellungen von Familienleben ausgewirkt haben. Werte, mit denen Menschen aufgewachsen sind, verschwinden nicht einfach. Kinder, die erlebt haben, wie ihre Eltern für eine bessere Welt schufteten, wie sich Leistung für sie lohnte und welche Befriedigung davon ausgeht, die eigenen, sonst emotional eher kalten Eltern stolz auf einen zu erleben, nehmen ein ganzes Stück davon mit ins eigene Erwachsenenleben.

Wer verinnerlicht hat, dass sich Liebe und Zuwendung durch Leistung verdienen lassen, wird immer danach streben, diese Erfahrung zu wiederholen, es weiter nach oben zu schaffen, sich Erfolge zu erarbeiten. Dieses Denken bleibt der Motor für das eigene Tun. Und natürlich werden diese Ideale auch wieder an die eigenen Kinder weitergegeben. Nur, weil das eigene Gefühlsleben etwas heiler geworden sein mag, die Zuneigungsbekundungen leichter von den Lippen kommen, körperliche Liebesbeweise durch Umarmungen, Kuscheln und Nähe spürbarer werden, heißt das nicht, dass wir das, was wir einmal für „Liebe" gehalten haben, nicht auch weiterhin in unsere Erziehung integrieren.

Auch unsere Eltern wollten uns ihre Liebe zeigen, indem sie uns Dinge schenkten, Bildung ermöglichen, dafür arbeiteten, dass wir es einmal besser haben durften. Auch wir haben erfahren, dass Leistung sich auszahlt, dass der Stolz der Eltern eine Form ist, sich ihre Zuwendung zu sichern. Auch, dass harte Arbeit am besten durch Konsum belohnt wird – und man sich durch ein schönes Kleidungsstück, ein leckeres Essen, ein gutes Buch oder eine Reise von schmerzhaften Dingen ablenken kann, mit denen wir uns nicht so gern auseinandersetzen wollten, haben wir gelernt und verinnerlicht. Im Gegenzug fehlt es uns häufig am Bewusstsein dafür, dass wir geliebt und der Liebe wert sind, ganz ohne, dass wir Leistung erbringen müssen. Wir haben einen Teil der Bewältigungsstrategien unserer Großeltern und Eltern in unser Leben integriert. Deshalb löst der Gedanke an Wohlstandsverlust, Einschränkungen und Verzicht bei uns auch negative Gefühle aus. Daher kommen die Gefühle, sich das neue Kleidungsstück jetzt eben verdient zu haben, den Last-Minute-Urlaub buchen zu müssen, keine Zeit zu haben, zu Fuß zu gehen, weil das Auto uns doch so viel effektiver macht, und all die unnützen Dinge, die wir so anhäufen, auch zu benötigen.

In den nächsten Kapiteln werde ich an einigen Beispielen sichtbar machen, wie dies auch unser Elternsein und unser Familienleben prägt. In all den Debatten um Zukunftsgestaltung kommen mir Fragen nach dem Familienleben nämlich zu kurz und es wird meiner Ansicht nach übersehen, wie groß der Einfluss ist, den Erziehung auf die Frage hat, wie wir kommenden Herausforderungen begegnen. Selten bis nie sprechen wir über ihren Einfluss auf nachhaltiges Handeln, auf Konsum, auf Liebe zur Schöpfung und zu den Mitmenschen und auf für die Zukunft so wichtige Fähigkeiten wie Ambiguitätstoleranz, Empathie und Resilienz. Dabei hat uns die Erziehungsarbeit unserer Eltern, Großeltern und Urgroßeltern dahin gebracht, wo wir heute stehen – im Guten wie im Schlechten. Manches von dem, was sie uns mitgegeben haben, werden wir über Bord werfen müssen, anderes vielleicht ganz neu entdecken.

Meine Uroma hat mir unfassbar viele gute Dinge mit ins Leben gegeben. Ihrer Liebe, ihrer Fürsorge und ihrem besonderen Blick auf diese Welt verdanke ich viel. Und doch – oder vielleicht gerade deshalb möchte ich sie ein letztes Mal Lügen strafen. **Ich möchte zeigen, dass die fetten Jahre auch für uns nicht vorüber sein müssen.** Im Gegenteil, ich möchte euch in den folgenden Kapiteln einladen, neue fette Jahre zu schaffen.

Die fetten Jahre des bewussten Konsums. Die fetten Jahre der realistischen Erwartungen. Die fetten Jahre der freien Entfaltung von Gaben und Talenten. Die fetten Jahre einer gesunden Mischung aus Anstrengung und Entschleunigung. Die fetten Jahre von gegenseitiger Fürsorge, Gemeinschaft und emotionaler Gesundheit. Die fetten Jahre der Krisenbewältigung, die in der kleinsten gesellschaftlichen Einheit, der Familie, beginnt. Lasst uns unser ganz eigenes Wunder schaffen!

## 2. Neue Familienbilder und alte Zwänge

*H*eute Morgen habe ich jede Menge Kerzen an unserem Geburtstagskranz angezündet – so viele, dass bald keine mehr hineinpassen. Dazu legten mein Mann und ich ein großes, eingepacktes Geschenk auf den Tisch und ein paar Umschläge dazu. Auf unseren Frühstückstellern wartete je ein Stück Zitronenkuchen. „Bist du fertig?", rief ich nach oben und als ein Ja die Treppe hinunter ertönte, sangen wir. Happy Birthday to you! Alles Gute zum Geburtstag, mein Kind.

Das (gar nicht mehr wirklich) Kind riss sein Geschenk auf und freute sich über die Erweiterung seines liebsten Gesellschaftsspiels und über die gemeinsame Familienaktivität, die wir ihm geschenkt haben. Der mit Geld gefüllte Umschlag des Onkels war auch nicht zu verachten und mit einem Gutschein fürs Lieblingshobby kann man sowieso nichts falsch machen. Wir aßen unser Stück Zitronenkuchen und dann ging es holterdiepolter, denn schließlich ist heute ein ganz normaler Wochentag: ein Montag zu allem Überfluss. Alle Kinder mussten pünktlich zu Bus und Bahn und ich hatte die Brotdosen vergessen. Also schnell mithilfe des Mannes ein paar Brötchen schmieren, ein paar Würstchen von gestern dazu und Käsecracker. Instatauglich war weder unsere Mischung (kein frisches Obst oder Rohkost) noch die Aufmachung (ich hatte nichts in

Herzchen ausgestochen oder mit kleinen, witzigen Gäbelchen garniert). „Schnell, schnell, schnell!", trieb ich die Kinder an – und dann waren sie auch schon weg. Das Geburtstagskind werde ich erst am späten Nachmittag wiedersehen – denn Montage, das sind seine langen Schultage.

Als alle aus dem Haus waren, nahm ich kurz mein Handy in die Hand. Mein Kind war nicht das Einzige, das heute seinen Ehrentag hat. Gleich zwei größere Accounts, denen ich auf Insta folge, feierten mit ihren Kindern. Und was soll ich sagen: Da sah es anders aus! Statt der Reste vom Sonntagskuchen stand da ein frisch gebackener auf dem Tisch, natürlich stilvoll mit Kerzen. Statt eines Päckchens und ein paar Umschlägen war da ein Tisch voller schön anzusehender Geschenke, dazwischen brannten viele Kerzen und ein strahlendes Geburtstagskind widmet sich am frühen Morgen jedem Einzelnen in aller Ruhe!

Ich atmete tief durch und legte das Handy weg. Zum Glück bin ich mittlerweile sowohl im Mama- als auch im Social-Media-Business lange genug unterwegs, als dass solche Bilder noch eine allzu große Macht auf mich ausüben würden. Doch das war ein langer Lernprozess. Viele Jahre lang hätte ich mich jetzt erst einmal wieder ungenügend gefühlt. Das ist eine der Schattenseiten von sozialen Netzwerken, die uns ermöglichen, überall in der Welt in anderer Leute Wohnzimmer zu schauen und das zu sehen, was diese Menschen an Lebensausschnitten zeigen wollen.

Nicht falsch verstehen: Eigentlich finde ich Plattformen wie Instagram gerade für Eltern durchaus hilfreich. Familienleben in Deutschland ist in den vergangenen Jahrzehnten nämlich vielfältiger und diverser geworden – und das ist eine gute Nachricht. Dass so manche Konvention im Umgang miteinander weggefallen ist, empfinde ich als Befreiung. Unser Bild vom Kind hat sich verändert und mit ihm der Anspruch an Dinge wie gutes Benehmen oder ordentliches Aussehen. Auch unsere Elternrolle können wir heute freier gestalten – das Bild der Frau als Hausfrau und Mutter, die für Kinder, Küche, Kirche zuständig ist, hat sich aufgelöst und auch in Vätern sehen wir heute zum Glück nicht mehr nur den Familienernährer und das Oberhaupt, sondern einen gleichberechtigten Bindungs- und Beziehungspartner.

Vater-Mutter-Kind – seit etwa zwei Jahrhunderten der Inbegriff des Wortes „Familie" ist nicht mehr die einzige Lebensform, in der Kinder aufwachsen. Wir kennen heute Ein-Elternfamilien, Patchworkfamilien und Regenbogenfamilien; Pflegefamilien und Co-Elternschaftsmodelle. Es gibt Familien mit Migrationshintergrund, die ganz andere Traditionen und Rituale pflegen, als wir sie kennen, oder in denen Verwandtschaftsverhältnissen eine viel engere Bedeutung zukommt. Nicht nur die Art und Weise, wie wir mit unseren Kindern leben, hat sich stark verändert, sondern auch die gesellschaftlichen Vorstellungen von Erziehung. Während viele Kinder der Generationen vor uns sehr ähnliche Erfahrungen mit den Erziehungsstilen ihrer Eltern gemacht haben, ist auch dieser Bereich heute plural geworden. Dieses Potpourri an Lebensformen ist auf der einen Seite für viele Menschen eine echte Befreiung. Ich feiere es, dass Familienleben heute nicht mehr bedeutet, dass man in ein bestimmtes Raster passen muss. Doch gleichzeitig kann es auch ganz schön kompliziert werden, weil uns oft die Orientierung fehlt. Plattformen wie Instagram können hier wirklich eine gute Unterstützung sein. Denn gerade, wenn wir in unserem Umfeld wenig Vorbilder haben, können wir sicher sein: Dort werden wir sie finden. Social Media ist ein guter Ort, um Gleichgesinnte zu finden, sei es in Erziehungsfragen, der Art, wie die eigene Familie zusammengesetzt ist oder wie wir Beruf und Familie organisieren. Man kann andocken, findet Inspirationen und fühlt sich verstanden. Bei all dem ein riesiger Gewinn, gerade für uns als Eltern.

Doch Social Media hat auch seine Schattenseiten. Alles, auch Familienleben, wird dort eben doch immer nur stark gefiltert gezeigt. Zwar findest du da mit großer Sicherheit eine Familie, deren Alltag deinem gleicht, doch im Unterschied zu deinem ist deren Esstisch krümelfrei, ihre Kinderzimmer sind aufgeräumt oder aber, wenn überhaupt, nur stilvoll chaotisch. Du liest dort nichts von Geschwisterstreitereien, Sorgen um den Kontostand, vergessenen Brotdosen oder nicht erledigte Aufgaben. Welche Schulnoten die Influencer-Kinder haben, erfährst du nur, wenn es Bestleistungen sind, und ich habe auch noch nie den Satz gelesen: „Hey, auf der Hauptschule meiner Tochter ist heute Ausbildungsmesse", „Auf dem Gymnasium meines Kindes gibt es heute ein Streichkonzert" dagegen schon. Wer sein Leben – oder besser einen kleinen Ausschnitt daraus – auf Social Media zeigt, zeigt seine Glanzzeiten. Die Momente, in denen alles wunderbar, sauber und weichgezeichnet ist. Und offen gestanden will den Rest auch keiner sehen. Davon haben wir schließlich alle zu Hause genug.

Und so haben wir uns mit diesen neuen Familienbildern, die uns eigentlich freier machen sollten, wieder all die alten Zwänge durch die Hintertür ins Haus geholt, die uns schon seit Generationen prägen: Hier treffen nämlich wunderschöne Bilder auf alte Glaubenssätze. Auch den Generationen vor uns war bewusst, dass es eine Schokoladenseite gibt, die man nach außen zeigt – und Dinge, die möglichst ungesehen und ungesagt bleiben mussten. Wer sich aus Armut, Entbehrung und Trauma erhoben und seinen Weg in die fetten Jahre gefunden hatte, zeigte ordentlich gepflegte Vorgärten, gewienerte Treppenhäuser und gute Stuben. Äußere Erscheinung, so der Glaubenssatz, sagt auch etwas über die inneren Werte aus. Wer es schön und ordentlich hatte, taugte was. Heute sind es nicht mehr so sehr die Vorgärten, sondern die Bilder in Social Media oder der WhatsApp-Status, die zeigen sollen, dass wir „was taugen".

Nun wissen wir im Grunde alle, dass niemand so lebt, wie derartige Bilder in Social Media suggerieren – nicht einmal diejenigen, die sich selbst als Influencerinnen bezeichnen. Allerdings schafft unser Gehirn, das normalerweise in der Lage ist, kleine Ausschnitte problemlos zu einem Gesamtbild zusammenzusetzen, an dieser Stelle keine vollständige Darstellung der Realität. Wenn wir den Ausschnitt eines schön gedeckten Frühstückstisches sehen, denken wir die 30 Zentimeter entfernt liegenden Krümel nicht mit, sondern entwerfen stattdessen eine saubere, stilvolle Wohnung in warmem Licht und gedeckten Farben. Uns ist nicht bewusst, dass eine gemütlich und stilvoll eingefangene Sofaecke nur deshalb so aussieht, weil liegen gelassenes Spielzeug, zerknitterte Decken und eine halb leere Chipstüte sich schlichtweg daneben, außerhalb des Bildes, stapeln.

Hinzu kommt, dass gerade Familien-Influencer in solchen Posts oft Fürsorge und ein geborgenes Zuhause vermitteln. Die Bildsprache suggeriert dann, dass Fürsorge nicht nur etwas ist, was auf emotionaler Ebene stattfindet, sondern dass man sie auch sichtbar machen kann. Eigentlich wissen wir, dass ein geborgenes und warmes Zuhause ein Gefühl ist und nichts, das man sehen kann. Und doch fallen wir wieder und wieder darauf herein. Solche Bilder sprechen nämlich einige der alten Muster an, die wir noch immer nicht losgeworden sind. Es geht hier um Symbolik: Ein ordentliches und gemütliches Sofa suggeriert Geborgenheit, gerade dann, wenn man selbst gelernt hat, dass Fürsorge oft eher durch Tun gezeigt wurde als durch tatsächliche Nähe. In einer Gesellschaft, in der die vorangegangenen Generationen diese Dinge vorwiegend über materielles Geben zeigen konnten, stehen ein voller Geschenketisch und ein ausgefallener Kuchen für Liebe und Zuwendung.

Auch hier wieder: Wir sind heute weiter. Die Bäckerinnen und Bäcker toller Geburtstagskuchen und großzügige Schenkende machen das in immer größer werdender Zahl nicht mehr als Ersatzhandlung, sondern es kommt on top in einem Familienleben, in dem auch emotionale Zuwendung selbstverständlich ist. Trotzdem bleiben wir anfällig für die Notwendigkeit sichtbarer Zeichen unserer Liebe oder unseres Familienglücks. Natürlich hat sich rund um diese Anfälligkeit auch längst ein ganzer Markt entwickelt. Denn viele Influencerinnen und Influencer zeigen nicht nur Ausschnitte aus ihrem Familienleben, sondern verdienen nebenbei auch Geld damit, gezielt für Produkte, die ihnen ebendieses Leben erleichtern, zu werben. Und dieser Markt ist riesig und hat jeder und jedem etwas zu bieten. Da sind die tollen Kinderklamotten und Spielzeuge, die Must-haves zur Wohnungseinrichtung, die „hilfreichen Gadgets" rund um die Baby- und Kleinkindphase für all diejenigen, die gern Geld für sich und ihre Lieben ausgeben. Doch auch die anderen, die sich für weniger anfällig für Konsum und Werbung halten und sich insgesamt einem minimalistischen Lebensstil verschrieben haben, sind dieser neuen Marketingstrategie längst ins Netz gegangen – denn auch dort gibt es natürlich die paar wenigen, oft sündhaft teuren Produkte, ohne die in der Welt von Minimalismus und Nachhaltigkeit scheinbar gar nichts geht.

Die hier aufgezählten Punkte sind übrigens längst kein alleiniges Problem von Social Media, denn auch Menschen, die auf keiner Plattform unterwegs sind, können sich vieler Trends nicht entziehen. Fast jeder von uns nutzt mittlerweile einen oder mehrere Messenger, in dem es neben der Möglichkeit der Kommunikation meistens auch eine Funktion gibt, durch die man Fotos und Statusmeldungen mit allen teilen kann, die einen in ihrem Adressbuch gespeichert haben. Ich bin eine leidenschaftliche Nutzerin dieser Funktion, sowohl, was meine eigenen Bilder angeht, als auch, wenn es um das Gucken in fremde Töpfe geht. Ich weiß dadurch, was es bei meinen Freundinnen zum Essen gibt, ohne dass sie mir das erzählen müssen, und mich muss niemand mehr zum Urlaubsfotos anschauen zu sich nach Hause einladen, denn ich habe ja alles bereits live mitverfolgt. Auch dort sehe ich wunderschön gestaltete Geburtstagstorten, geschmückte Häuser und tolle Familienausflüge am Wochenende. Nicht vorhanden sind aber auch hier Krümel, Dreck, Chaos und Familienstreit. Die Instagramisierung unserer Gesellschaft greift auch da um sich, wo die App eigentlich überhaupt nicht genutzt wird. Und letztlich haben sich die schönen, gefilterten Familienbilder so fest in uns eingebrannt, dass wir auch im wahren Leben versuchen, unsere Krümel und Flecken nicht mehr zu zeigen. Sie passen doch auch wunderbar zu dem, was wir ohnehin verinnerlicht haben: „Zeig deine besten Seiten. Dein Äußeres sagt etwas über dein Inneres aus."

Der Kreis der Menschen dagegen, denen man sich wirklich so zeigen kann, wie man ist, ist oft äußerst überschaubar. Sätze wie „Bei uns ist es meist chaotisch", „Wir können uns das nicht leisten" oder „Mein Kind ist nicht so gut in der Schule" kommen uns nur über die Lippen, wenn wir uns in sehr sicheren sozialen Beziehungen befinden. Nun würde ich mir gern einreden, dass mich all das nicht anficht. Ich würde dir gern sagen, dass ich zwar weiß, dass ich nicht mithalten kann, wenn es um ordentliche, stilvolle Wohnungen, ausgefallene Geburtstagstorten oder die am liebevollsten dekorierte Wohnung geht, aber jederzeit so reflektiert bin, dass ich diesen Hype erst gar nicht mitmache und meine Energie stattdessen ausschließlich in die emotionale Fürsorge stecke. Ich würde dir gern sagen, dass ich die eine bin, die Sätze wie die oben genannten ohne Scham sagen kann. Überall. Nur leider wäre das gelogen.

Kürzlich erwartete ich die Tochter einer Freundin. Diese Freundin ist eine von denen, deren Wohnung nicht nur in Ausschnitten wunderschön und sehr ordentlich ist. Sie gehört zu den Menschen, die gerne so leben und dazu noch so top organisiert sind, dass sie das auch neben Beruf und liebevoller Kinderbegleitung tatsächlich hinbekommen. Etwa eine halbe Stunde, bevor ihr Kind kommen sollte, dämmerte mir, dass meine Freundin vielleicht auf einen Kaffee mit hereinkommen könnte. Ich sah mich um und mir wurde abwechselnd warm und kalt. Gleichzeitig startete ich die „Aktion Schadensbegrenzung" und begann, wild irgendwelche Dinge irgendwo hinzuräumen, den Staubsauger in die Hand zu nehmen und die Stuhlkissen von Katzenhaaren zu befreien. Wer mir in den Weg kam, seien es Kinder, Mann, Hund oder Katze, wurde barsch zur Seite gebeten oder in die „Aktion Schadensbegrenzung" eingespannt. Eine Minute, bevor es an der Tür klingelte, stellte ich den Staubsauber an seinen angestammten Platz, wischte mir den Schweiß von der Stirn und faltete noch panisch eine letzte Sofadecke zum Quadrat.

Als es dann klingelte, fand ich vor der Tür nur unsere kleine Besucherin. Meine Freundin, für die ich gerade eine halbe Stunde lang geródelt hatte, winkte vom Weitem am Zaun und rief nur: „Ich hole sie um sechs, bin auf dem Sprung!" Ich bat den kleinen Gast herein, der sogleich mit meiner Tochter im Kinderzimmer verschwand, schenkte mir selbst erst einmal einen Kaffee ein und atmete tief durch. Während ich meine letzte halbe Stunde reflektierte, fiel mir ein Satz ebenjener Freundin ein: „Weißt du", hat sie schon mehrmals zu mir gesagt, „ich habe dich so gern, gerade weil wir so unterschiedlich sind. Ich mag dein Chaos und ich schätze an dir die Kreativität und die Leichtigkeit, die du dadurch in mein Leben bringst, du schaffst dadurch eine Atmosphäre, in der ich mich automatisch wohlfühle!"

Hätte ich mich daran doch nur eine halbe Stunde eher erinnert! Aber vielleicht hätte mir das in diesem Moment auch gar nichts genützt. Denn die Vorstellung von dem, was ich gerne nach außen zeigen möchte, hat mehr mit mir selbst zu tun als mit der Frage, *wer* da hinter die Kulissen meines eigenen Lebens schaut. Denn unter der Oberfläche dieses Aktionismus stecken ganz andere Fragen: Genüge ich? Bin ich liebenswert, ja, sogar dann, wenn ich ganz ich selbst bin, unfrisiert, mit Katzenhaaren auf dem Stuhl und Krümeln auf dem Tisch und auf dem Fußboden? Reicht, was ich hier tue, oder müsste ich eigentlich nicht noch mehr und mehr und viel mehr machen? Können sich Menschen bei mir und mit mir wohlfühlen, obwohl – oder vielleicht gerade weil – mein Wohnzimmer nicht insta-tauglich ist? Und noch einmal – genüge *ich*? Genüge ich wirklich in einer Welt, die uns suggeriert, dass die bessere Version unser selbst nur ein Fingerschnippen, eine kleine Veränderung oder ein neues Gadget weit weg ist? Und woran würde ich denn überhaupt merken, dass ich genug bin, so wie ich bin, dass es okay ist, was ich mache, wenn erfolgreiche Kinder, ordentliche Wohnungen, insta-taugliche Geburtstagstorten und gepflegte Vorgärten nicht als Richtschnur taugen?

Wir sind in solchen Situationen wieder Gefangene in den alten Gedankenspiralen, die uns suggerieren, dass wir etwas leisten, etwas besitzen, nur die besten Seiten zeigen müssen, um genug zu sein. Gerade da, wo wir uns selbst nicht gut annehmen können und uns ungenügend fühlen, sind wir anfällig für Vergleiche, bei denen wir immer nur den Kürzeren ziehen können. Und dann sind all die Bilder, die wir online oder offline sehen, all die Lebensausschnitte, die uns andere zeigen, auf einmal keine Inspiration mehr, sondern können zum Salz in den tiefsten Wunden unseres eigenen Lebens werden. Ich verordne mir daher immer wieder einmal eine riesige Portion Mut zum Ichsein und erlaube auch meiner Familie, so zu sein, wie sie nun einmal ist. Meine kleinen täglichen Übungsschritte können ungekämmte Haare sein, mit denen meine Kinder aus dem Haus gehen dürfen, auch wenn die miese innere Stimme zu mir sagt, dass das auf mich zurückfallen wird, genau wie das fleckige T-Shirt, das trotzdem unbedingt angezogen werden will, oder die nur mittelmäßig gelernten Vokabeln. All diese Dinge haben keinen nachhaltig entscheidenden Einfluss auf mein weiteres Leben oder das der Kinder, sie erscheinen nur in Momenten wichtig, in denen man sich gerne von seiner besten Seite zeigen möchte. Einen gelungenen Geburtstagsmorgen kann ich schon lange am Strahlen in den Augen meiner Kinder festmachen statt an der Social-Media-Tauglichkeit der Geschenke – und vielleicht schaffe ich es eines Tages sogar, Freundinnen zu empfangen, wenn die Wohnung aussieht, als wäre ein Orkan durchgefegt. Ich glaube, damit würde ich nicht nur mich selbst entlasten, sondern auch die eine oder andere von ihnen, die sich ja vielleicht mit denselben fiesen inneren Stimmen herumschlagen, die in unseren Leben eigentlich nichts mehr zu suchen haben.

## 3. Genüge ich? Warum wir nicht alle Schwächen wegoptimieren müssen.

*S*ehen wir uns die im letzten Kapitel gestellte Frage danach, ob wir genügen, noch einmal genauer an:

Vor einigen Wochen fand ich mich auf einmal im Chaos wieder. Im emotionalen Chaos. Eine Neuigkeit war in mein Leben hereingebrochen, die ich so nicht gebraucht hätte. Ich hatte mich nicht nach ihr gesehnt, hätte sie nicht unter meine Top 20 der möglichen Szenarien für die kommenden Jahre gelistet und mein erster Impuls war, wild und wütend gegen diese Neuigkeit aufzubegehren. Auch wenn sie unumstößlich feststand und ich überhaupt keinen Einfluss darauf hatte, rannte ich gegen sie an wie die Orks gegen die Tore von Minas Tirith. Ich schrie nach dem brennenden Wolfsschädel, kämpfte, spuckte Feuer, ging mit frisch geschärfter Klinge auf den Überbringer der schlechten Nachricht los und geriet in Streit mit meinem Mann, weil dieser mich mit der unerhörten Wahrheit konfrontierte, dass da nichts ist, was ich tun könnte. Ich war absolut machtlos gegen das, was mir da vor die Füße geschmissen wurde.

Einige Stunden später saß ich tränenüberströmt in meinem Loch aus Angst, Ärger und Hilflosigkeit und wusste nicht weiter. Akzeptanz kann ein verdammt schmerzhaftes Gefühl sein. Aber es ist ein heilender Schmerz und meine Heilung setzte schnell ein. Ich sitze nämlich nicht gern in Löchern und warte darauf, dass die Welt sich weiterdreht und andere mir Lösungen präsentiert. Wenn sich schon liebgewonnene Dinge ändern mussten, wollte ich Teil der Veränderung sein und sie nicht bloß abwarten. Was da auf mich zukam, konnte ich nicht aufhalten, es gab keine Möglichkeit, das Tor, das sich auf einmal verschlossen hatte, wieder zu öffnen. Aber ich konnte meinen Umgang damit finden. Und den fand ich erstaunlich schnell. Kaum eine Woche, nachdem ich mich dem Unabänderlichen ergeben hatte, hatte ich neue Pläne geschmiedet, meine Ziele, Träume und Wünsche der neuen Situation angepasst und erste Schritte in eine ganz neue Richtung gemacht.

Nicht nur das: Ich hatte zu diesem Zeitpunkt auch schon völlig akzeptiert und angenommen, dass die Dinge nun einmal so sind, wie sie sind. Ich war nicht bitter, sondern freute mich sogar auf neue Herausforderungen und Erfahrungen, die dieser Spurwechsel in unserem Leben mit sich bringen würde. Meinen Mann kann ein solch plötzlicher Wandel von martialischem Ork zur pragmatischen Idealistin auch nach 18 Jahren Beziehung mit mir noch ab und zu irritieren. „Du kennst mich doch", sagte ich ihm. „Du weißt, dass das Annehmen und Gestalten von Situationen, die ich nicht verändern kann, eine meiner größten Stärken ist, und die mag ich an mir richtig gern!"

*Diese Stärke mag ich an mir richtig gern!* Hatte ich das wirklich gesagt und, besser noch, gedacht und gemeint? Ja, tatsächlich. Ich bin eine pragmatische Idealistin. Eine, die sich gern ihr Leben zurechtträumt, es sich darin gemütlich einrichtet und es hasst, wenn Veränderungen einbrechen, nur um genau diese Veränderungen kurze Zeit später zu umarmen und aktiv zu gestalten. Und ja – das mag ich an mir. Diese Eigenschaft hat uns als Familie schon mehr als einmal durch schwierige Situationen getragen, hat mir selbst geholfen, Schicksalsschläge auszuhalten, Menschen gehen zu lassen, die mir nicht guttun, mich beruflich zu entwickeln und meine Partnerschaft aus der einen oder anderen Sackgasse herauszumanövrieren oder interessante neue Lebensentscheidungen zu treffen, ohne die ich viel verpasst hätte.

Trotzdem machte mir in den Tagen danach etwas zu schaffen. Sosehr ich sehen konnte, dass ich eine hilfreiche, innere Stärke besitze, sosehr sah ich auch, an welchen Stellen ich mich in diesem Szenario falsch verhalten hatte. Mein innerer Ork mit der messerscharfen Klinge machte mir zu schaffen. Die Tatsache, dass er genauso zu mir gehört, gefällt mir nicht. Am liebsten würde ich den inneren Ork nämlich wegoptimieren. Und glaubt man dem, was mir so alles über den Tag in sozialen Netzwerken entgegenblinkt und -ploppt, muss das doch auch spielend leicht möglich sein. Die digitale Welt steckt voller Möglichkeiten der Selbstoptimierung. Die bessere Version deiner selbst ist immer nur – und noch! – einen Klick (und ein halbes Vermögen) weit weg. Zumindest heißt es so. Wenn wir ehrlich sind, tickt die analoge Welt – besonders die christliche – auch nicht viel anders. Es wimmelt von Angeboten, seine Gaben und Potenziale zu entdecken, zu lernen, was uns hemmt und hindert, sie zu entfalten, und endlich schlechte Angewohnheiten – die man am liebsten gleich dick aufgetragen Sünden nennt – loszuwerden.

Wie kann ich es da wagen, einfach ich zu bleiben und meinen inneren Ork weiter spazieren zu führen? Wie kannst du es wagen, weiterhin in einer chaotischen Wohnung zu leben, wo das nächste Aufräumprogramm doch nur auf dich wartet? Wie kann das sein, dass du immer noch diesen langweiligen Job machst, wo du doch mit drei Klicks oder drei Stunden auf dem Klappstuhl im Gemeindezentrum eine ganz andere werden könntest?

All diese Angebote zielen auf diese eine tief verwurzelte Angst an: nicht zu genügen. Diese Angst, die wir alle in uns tragen – mal mehr, mal weniger ausgeprägt und in ihrer Intensität auch abhängig davon, wer wir sind und was wir schon alles mit uns herumtragen, speist sich aus dem Gedanken, dass immer noch mehr geht. In einer Gesellschaft, die die Werte „höher, schneller, weiter" mit der Muttermilch eingesogen hat, kann auch das eigene Ich nicht gut genug oder zumindest einigermaßen akzeptabel sein, sondern nur ein Übergangsstadium zu einer besseren Variante. Obwohl doch unser christlicher Glaube eigentlich davon handelt, dass wir von Gott geliebt sind, so wie wir sind, sind wir doch oft mit dem defizitorientierten Blick auf uns konfrontiert.

Dieses Gefühl, nicht zu genügen, hat viele unterschiedliche Wurzeln: Es kann der ewige Vergleich mit dem schulisch erfolgreicheren Nachbars- oder Geschwisterkind in der Kindheit gewesen sein. Der anerzogene Perfektionismus, der keinen Raum für Fehler ließ, weil man nicht schlecht dastehen oder niemanden enttäuschen wollte. Aber auch die Art und Weise, wie die Menschen, die uns ins Leben begleitet haben, mit Niederlagen und Misserfolgen umgingen, spielt mit hinein. Haben wir erlebt, dass Fehler vorkommen durften und Niederlagen mit einem „Schwamm drüber!" begegnet wurde? Wurden wir von erwachsenen Menschen begleitet, die Schuld eingestehen konnten und die gut im Vergeben und wieder aufeinander Zugehen waren? Oder waren Fehler, Niederlagen, nicht erfüllte Erwartungen Gründe für Liebesentzug, Beziehungsabbruch oder Abwertungen? Wie wurde über Menschen geredet, die gescheitert waren, die ihren Job verloren hatten, deren Beziehung in die Brüche ging oder die auf andere Art und Weise nicht den Maßstäben ihres Umfeldes genügen konnten?

Haben wir erfahren, dass die Erwartungen unseres Umfeldes nicht erfüllt werden konnten – von anderen und auch von uns nicht – und das zu für uns schmerzhaften Konsequenzen geführt hat, kann uns das Gefühl, „nicht zu genügen", immer wieder einholen. Keiner von uns, egal wie liebevoll und wertschätzend wir von unseren eigenen Eltern begleitet wurden, ist hier ganz frei. Wir alle sind in einer Leistungsgesellschaft aufgewachsen, in der Vergleiche und Wettbewerbe bereits seit frühster Kindheit selbstverständlich waren und, wie wir gesehen haben, emotionale Nöte kompensieren mussten. Wir alle sind irgendwann einmal mit den Konsequenzen des „nicht genug Seins" konfrontiert worden, sei es, weil wir selbst nicht genügend geleistet oder wir erlebt haben, wie mit anderen Menschen umgegangen wurde, deren Leistung als nicht ausreichend empfunden wurde.

Das Gefühl, ungenügend zu sein, immer noch mehr machen zu müssen, sich besonders anzustrengen oder Angst und Scham bei dem Gedanken zu empfinden, zu wenig Leistung oder unerwünschtes Verhalten zu zeigen, kann ein starker Antreiber sein. Weil wir das mit diesen Empfindungen einhergehende Unwohlsein unbedingt vermeiden möchten, strengen wir uns deswegen umso mehr an, versuchen schwierige Eigenschaften nicht mehr zu zeigen, optimieren an uns herum und geben notfalls auch Geld dafür aus, eine bessere Version unserer selbst zu werden.

Wir registrieren die schönen Geburtstagstorten der anderen, die blühenden Rosen in ihren Vorgärten und die grandiosen Leistungen ihrer Kinder. Wenn wir nicht aufpassen, schaffen wir auf diese Art und Weise Raum für ein sehr zerstörerisches Gefühl: Neid!

Natürlich ist nicht jedes Neidgefühl falsch und zerstörerisch. Neidisch auf die Freundin zu sein, die gerade eine Woche Urlaub an der Nordsee macht, während man selbst arbeiten muss, ist in Ordnung, solange es sich hierbei besonders um das Gefühl handelt, dass man nun auch gern am Meer wäre. Mischt sich in diesen Wunsch jedoch Missgunst, fängt man an zu hinterfragen, ob die Freundin ihre Reise überhaupt verdient hat, und sucht man auf jedem Foto in ihrem Status nach dem Haar in der Suppe, in der Hoffnung, dass der Urlaub in echt gar nicht schön ist, ist man mittendrin in der zerstörerischen Neidspirale. Dann geht uns nämlich das Mitfreuen verloren. Etwas Trennendes schiebt sich zwischen uns und andere Menschen und wir selbst fangen an, verbissen zu versuchen, etwas ebenso Tolles zu bekommen, oder zumindest vorzugeben, wir hätten es.

Wenn wir uns unserer eigenen inneren Angst, nicht zu genügen, und ihrer negativen Auswirkungen nicht bewusst sind, besteht die Gefahr, dass nicht nur unser eigenes Leben von diesem inneren Antreiber bestimmt wird. Auch unsere Kinder können so in die gleiche Leistungs- und Optimierungsspirale geraten. Ihre Misserfolge, die Bereiche, in denen sie sich langsamer entwickeln, weniger Gaben und Talente zeigen oder nicht auf sozial erwünschte Weise wahrgenommen werden, können in unsere alte Kerbe schlagen. Auf einmal sind wir nicht nur in dem, was wir leisten, nicht gut genug, sondern haben auch unseren Job als Mutter oder als Vater nicht gut genug gemacht. Wir geben den Druck, den wir selbst verspüren, so an unsere Kinder weiter.

Bestimmt das Gefühl, nicht zu genügen, unser Leben und unsere Entscheidungen, kann der Druck, der dadurch auf uns lastet, weitreichende Folgen haben. Er kann uns in übertriebenen Aktionismus stürzen. Das ungestillte Bedürfnis nach Wertschätzung und Anerkennung für uns als Person führt dazu, dass wir viel unternehmen, um hier gegenzusteuern. Vielleicht reißen wir uns im Beruf, im Ehrenamt, in der Familie oder im Freundeskreis ein Bein aus, um zu gefallen oder uns Wertschätzung zu verdienen.

Doch das Gefühl, ungenügend zu sein, kann auch lähmen. Ich kenne viele Menschen, die an wundervollen Projekten arbeiten: Eine Freundin hat seit Jahren ein angefangenes Buch in der Schublade, fertig geschrieben hat sie es jedoch nicht. Sie wartet noch darauf, dass es endlich perfekt wird und sie es schafft, jede kleine vermeintliche Schwäche zu beseitigen. Ich befürchte mittlerweile, dass die Welt ihre wunderbare Geschichte niemals zu lesen bekommen wird. Eine Frau, die ich kenne, würde sehr gern malen und zeichnen – doch wenn sie ihre Bilder mit denen anderer Hobbykünstler vergleicht, empfindet sie sie als nicht gut genug, also hat sie dieses Hobby, das ihr eigentlich so viel Freude macht, an den Nagel gehängt. Ein Bekannter würde sich gern selbstständig machen, hat aber Angst zu scheitern. Jemand, der sich vor Jahren selbst Gitarre spielen beigebracht hat, traut sich nicht, sie am Lagerfeuer mit Freunden herauszuholen, weil er sicher noch nicht gut genug spielt.

Ich möchte nicht wissen, wie viele Lieder auf dieser Welt nicht gesungen werden, wie viele Bücher nicht geschrieben, wie viele Bilder nicht gemalt, wie viele Stimmen sich nicht erheben und wie viele Lebensträume nie verwirklicht werden, weil diejenigen, die dahinterstehen, sich für nicht gut genug halten. In meinen Beratungen erlebe ich Eltern, die in Erziehungssituationen regelrecht gelähmt sind vor Angst, etwas falsch zu machen. Oft sind sie belesen und reflektiert, machen sich unfassbar viele Gedanken und ihre Lösungsansätze in Konfliktsituationen sind sanfter und liebevoller, als ich es ihnen je nahelegen könnte. Trotzdem haben sie Angst, Fehler zu machen und Schaden anzurichten. Die Nachricht, dass es auch in der Elternschaft völlig ausreicht, es gut genug zu machen statt perfekt, ist nicht bei ihnen angekommen.

In einer Leistungsgesellschaft hat der Gedanke, dass „gut genug" wirklich „gut genug" ist, und zwar in allen Lebensbereichen, wenig Platz. Dabei sind wir fast alle mittelmäßig. Ich, die ich dieses Buch schreibe, bin keine ganz schlechte, aber sicher auch keine herausragende Autorin. Würde ich die Maßstäbe, die meine Freundin an sich anlegt, an mich anlegen, müsste dieses genau wie meine anderen Bücher in der Schublade verstauben. Ich gehe davon aus, dass auch die meisten Menschen, die es lesen, ein relativ durchschnittliches Leben führen und die meisten Dinge, die sie tun, durchschnittlich gut können – und damit eigentlich unterm Strich recht gut durchs Leben kommen.

„Die Schaltstellen der Macht in Politik und Wirtschaft, in sozialen Zirkeln oder im Arbeitsleben werden nicht von Normabweichlern, Exzentrikern oder Ausnahmetalenten besetzt, sondern von lebenstüchtigen Durchschnittsmenschen", schreibt der Autor Frank Patalong 2012 in seinem Artikel „Mittelmaß ist spitze" und hält uns damit in unserem Streben nach Perfektionismus und Bestleistungen den Spiegel vor. Er legt anschaulich dar, wie wir gerade in der Berufs- und Wirtschaftswelt, aber auch in unserem Schulsystem sehr wünschenswert und gut unterwegs sein können, wenn wir unsere Durchschnittlichkeit, unsere Mittelmäßigkeit akzeptieren.

Ich glaube, das gilt für alle Bereiche des Lebens. Es gilt für unser Elternsein – oh, wie viele Menschen auf dieser Welt wären wohl froh, wenn sie von Eltern ins Leben begleitet worden wären, die ihre Sache „so mittelmäßig" gemacht hätten? Das gilt für die Schulleistungen unserer Kinder, unsere Arbeit, unsere Häuser und Wohnungen, unsere Geburtstagskuchen, unsere Figuren und unseren Kleidungsstil. Es gilt für unsere Persönlichkeit – wir sind meistens auch da recht mittelmäßig unterwegs, mit guten und schlechten Eigenschaften. Mancher kommt mit seinem Sosein besser klar, mancher weniger gut. Manche unserer Macken nerven, mein innerer Ork ist sicher manchmal abschreckend, die hilfsbereite, pragmatische Idealistin liebenswert.

Oft versprechen einem tolle Selbstoptimierungskurse (endlich ordentlich sein, endlich nie mehr zunehmen, endlich liebevoll kommunizieren, endlich nie mehr Stress mit dem Partner, endlich erfolgreich) oder Besitz und Konsum (das neue Gadget, der Urlaub in der Türkei, der Pool im Garten, das Auto), unser Leben würde lebenswerter werden. Ich glaube, die Akzeptanz unserer Fehlerhaftigkeit und Mittelmäßigkeit hat einen viel größeren Mehrwert für unser Leben.

Das ist natürlich kein Plädoyer, sich nie mehr anzustrengen, sich nicht zu entwickeln und nicht auch an Charaktereigenschaften zu arbeiten, die für andere Menschen belastend sind. Es geht nicht darum, dir eine Ausrede zu geben, genau da zu bleiben, wo du bist. Entwicklung und Wachstum sind in uns angelegt und etwas Gutes. Aber es geht darum, dass du dabei realistisch und liebevoll mit dir umgehst. Wenn du etwas an dir verändern willst, denk doch weniger in Leistung und Optimierung, sondern mehr in Heilung. Denn oft sollten wir die Dinge, die wir weniger gut im Griff haben, die wir an uns selbst nicht mögen oder in denen wir hinter unseren eigenen Erwartungen zurückbleiben, genauer betrachten. Woraus speist sich dein Chaos, das du nicht in den Griff bekommst? Es kann – neben der zu akzeptierenden Tatsache, dass du einfach eine Chaotin bist (so wie ich) – auch tiefer liegende Gründe geben. Verlusterfahrungen, Armutsbetroffenheit, Traumata oder einfach über Generationen weitergegebene Glaubenssätze, die gerade in deiner Familie besonders wichtig waren. Wenn du in der Erziehung deiner Kinder immer wieder an dieselben Grenzen gerätst, lohnt es sich zu schauen, was dich in diesen Momenten leitet. Auch eine von dir als negativ wahrgenommene Charaktereigenschaft ist eines tieferen Blicks wert: So ist mein innerer Ork nämlich nur die dunkle Seite, die meine Impulsivität und mein Kampfgeist bisweilen zum Vorschein bringt. Er speist sich vor allen Dingen aus Angst, einer tiefen Angst vor Kontrollverlust, die ich mit mir herumtrage – vielleicht auch aus Verlustangst im Allgemeinen. Sie ist das eigentliche Problem und fordert immer wieder ein, wahrgenommen zu werden. Ich muss ihr mit Liebe entgegentreten und ihr ab und an ebenso liebevoll wie vehement widersprechen, damit der Ork in seiner Höhle bleibt. Meine Impulsivität und mein Kampfgeist hingegen, die sich der Ork mitunter zu eigen macht, können auch gute Eigenschaften sein. Sie können meine innere Eowyn zum Vorschein bringen, die ihr Schwert zieht und gegen jede Vernunft die aussichtslosen Kämpfe kämpft – und am Ende selbst einen Feind besiegt, der als unbezwingbar galt. Wie schade wäre das, wenn ich sie wegoptimieren würde?

## 4. Was macht mich glücklich?

Gerade wollte mir jemand am Telefon das neuste iPhone für einen Spitzenpreis andrehen. Oder wenigstens eine Smartwatch und einen günstigen Handytarif, für ein anderes Familienmitglied. Ich musste die Dame am anderen Ende der Leitung enttäuschen, ich wollte nichts davon haben, nein, auch nicht den Spitzenrouter aus dem aktuellen Angebot. „Ich brauche das alles gerade nicht", habe ich der Frau gesagt.

„Das braucht man doch auch nicht", antwortete sie, „das gönnt man sich! Machen Sie sich doch heute mal glücklich, Sie haben bald Geburtstag, beschenken Sie sich selbst!"

„Danke, aber nein danke", habe ich geantwortet und aufgelegt.

Wenn ich an meinen bevorstehenden Geburtstag denke, habe ich ganz andere Vorstellungen davon, was mich glücklich machen würde: Ein Stapel Bücher gehört dazu und da meine Mitmenschen das wissen, rechne ich damit, dass ich genau diesen auch bekomme. Viel mehr hoffe ich aber, dass der Arzttermin, der für einen lieben Menschen genau an diesem Tag ansteht, keine unerwünschten Erkenntnisse bringt. Außerdem hätte ich gern noch eine leckere Raffaello-Torte von meiner Mama, nette Menschen, die sie mit mir verspeisen, und der angekündigte Regen soll sich bitte so über den Tag verteilen, dass wir zwischendurch einmal draußen sitzen können. Ich hoffe auf gute Gespräche, liebe Karten und einen lauen Sommerabend mit Weißwein auf meiner Terrasse, während der Regen von mir aus gern leicht auf deren Dach tröpfeln darf. Die Natur braucht ihn schließlich. Meine Vorstellung vom Glück geht oft mit Geschmäckern, Gerüchen, Geräuschen und einer bestimmten Atmosphäre einher. Es sind die Dinge, die ich als besonders schön in meinem Gehirn abgespeichert habe.

Es hätte aber auch Jahre gegeben, da hätte die Verkäuferin am Telefon mich mit ihrem Satz gekriegt und ich hätte mir ein neues Handy, eine völlig unnötige Smartwatch oder einen zusätzlichen Tarif „gegönnt", in der Hoffnung, mich selbst damit ein bisschen glücklicher zu machen. Vielleicht hat es mit dem Älterwerden zu tun, dass ich kurzfristige Freuden nicht mehr mit Glück verwechsele. Zumindest nicht mehr ganz so oft. Denn viele Dinge, die ich oben auf meiner Geburtstagsliste aufgezählt habe, sind streng genommen nichts anderes. Die Raffaello-Torte wird wenige Tage später nur noch eine Erinnerung sein, den Bücherstapel werde ich schnell ausgelesen haben und am nächsten Morgen werde ich Weinflaschen wegräumen, Teller in die Spülmaschine stellen und Krümel wegsaugen. Der Zauber dieses einen Tages im Jahr wird sich langsam verflüchtigen und Platz für meinen ganz normalen Stinkesockenalltag machen.

Für mich besteht der Sinn des Lebens schon lange darin, mein Glück oder zumindest ein Mindestmaß in Zufriedenheit genau dort, im ganz normalen Alltag, zu finden und die kleinen Alltagsfluchten, die Geburtstage, die Urlaube oder die Weihnachtszeit nicht mit Erwartungen zu überfrachten. Es gelingt mir mal mehr, mal weniger. Denn offen gestanden wäre ich schon traurig, wenn es keinen Bücherstapel und keinen Kuchen gäbe.

„Weißt du, ich wusste lange Zeit gar nicht, was mich glücklich macht", erklärte mir ein Freund kürzlich. „Ich habe das gemacht, was alle von mir erwartet haben, das Leben gelebt, das ich leben sollte. Erst langsam fange ich an, mich zu fragen, was davon ich eigentlich haben will und was gar nicht zu mir passt."

Ich glaube, damit ist er nicht allein. Denn die Frage, was uns wirklich glücklich macht, ist nicht leicht zu beantworten. Gleichzeitig ist sie besonders in Zeiten, wie wir sie erleben, eine zentrale. Denn wenn wir Glück immer wieder hier und dort suchen, in kurzfristigen Freuden, neuen Gadgets, dem Durchhalten bis zum nächsten Highlight, dem nächsten Urlaub, dem neuen Bücherstapel, macht uns das drohende Ausbleiben solcher Freuden Angst. Wer in seinem Alltag wenig Glück findet und sich als Ausgleich dafür viele schöne, weite Urlaube gönnt, bekommt Angst bei dem Gedanken, dass Flugreisen vielleicht irgendwann nicht mehr erschwinglich sind, kann die Tatsache nur schwer akzeptieren, dass Kreuzfahrschiffe eine Umweltkatastrophe sind oder es einschneidende Veränderungen in Individualverkehr und Tourismus wird geben müssen. Jemand, der den nächsten Freudenkick findet, wenn das neue Smartphone bei ihm ankommt oder das Auto, das angesagte Küchengerät – oder ja, der große Bücherstapel, fühlt sich unwohl, wenn finanzielle Einschränkungen anstehen und so etwas nicht mehr ohne Weiteres möglich scheint.

Sich zu fragen, was uns glücklich macht, ist also die Frage danach, was trägt, wenn die obere, äußere Schicht, die des Konsums, des Urlaubs, die Erfüllung der materiellen Wünsche einmal weg ist. Was macht uns in der Tiefe glücklich? Oder müssen wir noch früher anfangen, bei der Frage, was Glück eigentlich überhaupt ist? Schlägt man ein bisschen nach, wird klar, dass man ganze Wälzer über diese Frage schreiben könnte und sie trotzdem nicht einmal im Ansatz behandelt hätte. Ein paar Gedanken, die mir eingängig erscheinen, möchte ich mir aber hier mit dir näher anschauen.

Bei der christlichen Autorin Veronika Smoor bin ich auf den Begriff makarios gestoßen. Er bedeutet allerdings nicht Glück, sondern glückselig. Der Unterschied zwischen den beiden Begriffen ist, dass Glückseligkeit das ist, was bleibt, wenn der ganze Lack ab ist. Ein Zustand, den ich noch immer irgendwo in mir finden könnte, wenn nicht nur der Bücherstapel und der Kuchen ausblieben, sondern auch die Menschen dahinter, wenn der Arzttermin nicht positiv verliefe, sondern großen Kummer in mein Leben brächte, und nichts von dem, worauf ich hoffe, sich erfüllen würde. Veronika schreibt dazu: *„Was* makarios *tatsächlich bedeutet: Ich glaube meiner von Gott geschenkten Identität. Dass ich ein neuer Mensch durch Jesus bin, auch wenn ich nicht viel davon sehe. Frei, vergeben, gewollt, geliebt.* Makarios *bin ich, wenn ich meinen Blick nach vorne weite und einem ewigen Leben glaube, das alles in den Schatten stellen wird, was heute gerade ist. Glückselig zu sein hat wenig mit einem andauernden Glücksgefühl zu tun. Sondern nur mit Glauben, auch wenn ich nicht sehe."*

Doch seien wir ehrlich – die wenigsten von uns sind derart glückselig. Makarios ist nichts, was wir einfach so annehmen können. Man kann uns noch so oft sagen, dass wir diese von Gott geschenkte Identität besitzen und sie der Kern von allem ist. Dieses Wissen stößt in uns immer wieder auf Hindernisse. Wie Wasser, das an Engstellen und Felsen in einem Bach umgelenkt wird und sich mancherorts langsamer und nur tröpfelnd seinen Weg sucht, wird Gottes Liebe in uns von so vielen anderen Glaubenssätzen zurückgehalten.

*Du genügst nicht,
du kannst nicht,
du müsstest aber,
du sollst,*
steht auf den Steinen, die das Wasser aufstauen.

Dieser Gedanke zieht sich auch durch Veronikas Text. Für sie ist makarios kein dauerhafter religiöser Rauschzustand, in dem man das Diesseits vor lauter Jenseitsfreude einfach vergisst und den Schmerz nicht mehr fühlt. Es ist viel mehr Glaube, Hoffnung und Liebe im Schmerz. Das Vertrauen darauf, nicht allein irgendwo festzustecken, sondern gesehen und geliebt zu sein, und zu wissen, dass in der Ewigkeit ein Tisch bereitet wird, egal, wie das Diesseits verläuft.

Makarios ist für mich daher in meinem persönlichen Glückskonzept so etwas wie ein Trost. Ein Anker. Ein Fundament, auf dem ich stehen bleiben und von wo aus ich weiter versuchen darf, mein jetziges Leben, mein Diesseits zu gestalten.

In der Glücksforschung wird regelmäßig untersucht, wo besonders glückliche Menschen leben. Dabei geht es bei diesen Umfragen streng genommen gar nicht um Glück. Das ist nämlich, so der Glücksforscher Uwe Jensen, ein sehr schwankungsanfälliges Gefühl. Was eigentlich zum Beispiel im bekannten „World Happiness Report" untersucht wird, ist Lebenszufriedenheit. Denn diese ist stabiler als das Glücksempfinden. Vielleicht müssen wir also eher danach suchen, wenn wir uns fragen, was uns in unserem Leben freier machen kann von Ansprüchen und Vorstellungen, die Enttäuschung ja immer gleich mit vorprogrammiert haben: Zufriedenheit! Ein Zustand, in dem wir nicht ständig wie im Rausch sind und von einem Highlight zum nächsten segeln, sondern in dem wir spüren, so wie es ist, ist es in Ordnung. Es ist genug. Mein Leben ist in einer guten Balance.

Ein Land, das immer sehr weit vorne auf der Skala der höchsten Lebenszufriedenheit landet, ist Dänemark. Für die dänische Familientherapeutin Iben Sandahl hat das viel damit zu tun, wie dänische Kinder erzogen werden. In ihrem Buch *Warum dänische Kinder glücklicher und ausgeglichener sind* beschreiben sie und ihre amerikanische Co-Autorin Jessica Joel Alexander sechs Punkte, die das Aufwachsen in Dänemark von dem unterscheiden, was sie aus vielen anderen europäischen Ländern kennen oder was Alexander in den USA kennengelernt hat. Dabei fällt auf, dass das Konzept der beiden an mehreren Stellen einen Gegenpol zum Höher-schneller-weiter-Gedanken bildet, der sich bei uns so weitverbreitet findet. So legen die beiden Autorinnen großen Wert darauf, die Bedeutung von freier, unverplanter Zeit, von freiem Spiel, Langeweile und Entschleunigung zu betonen. Das dänische Bildungssystem beschreiben sie als lern- statt leistungsorientiert – es geht Eltern und Lehrkräften also nicht so sehr darum, Kinder fit für eine spätere Karriere zu machen, sondern sie neugierig und lebenstauglich zu machen und sie mit Rüstzeug auszustatten, das ihnen hilft, die unterschiedlichsten Lebenswirklichkeiten anzunehmen und aktiv zu gestalten. Auch der Fokus auf Empathie im Umgang mit Heranwachsenden kann hier noch mit hinein zählen. Und natürlich darf das dänische Konzept des *hygge* in diesem Konstrukt nicht fehlen. Hygge bedeutet in etwa: es sich gemütlich machen, in angenehmer Atmosphäre zusammen sein, es kann aber auch mit Wohlbefinden oder Geborgenheit übersetzt werden.

Glück, oder besser: Lebenszufriedenheit, findet man durch dieses Konzept also durch das Zusammensein mit anderen, durch Nähe und Empathie, durch eine bewusste Abkehr von allzu großem Leistungs- und Erwartungsdruck sowie durch eine Hinwendung zu kleinen Alltagsfreuden.

Letztere, die klitzekleinen Dinge, die uns Freude schenken

können, hat auch die kanadische Autorin Ann Voskamp für sich entdeckt. Nachdem sie und ihre Familie einige tragische Schicksalsschläge verkraften mussten, stellte Voskamp fest, dass sie keine Lebenszufriedenheit mehr in ihrem Alltag finden konnte. Jedes Aufstehen an jedem neuen Morgen wurde zur Qual, in ihrem Alltag funktionierte sie aus Pflichtbewusstsein, nicht mehr aus Freude. Ihr Leben war von Ängsten und Zwängen geprägt. Inmitten dieses Zustandes wurde sie gebeten, im Laufe der Zeit 1000 Dinge zu finden, für die sie dankbar ist. Sie sollte jeden Tag ein paar Kleinigkeiten finden, für die sie Gott danken konnte, und sie aufschreiben, bis 1000 kleine Dankesgebete beisammen waren. Das bewusste Suchen nach Gottes kleinen Geschenken veränderte sie und gab ihr allmählich die Lebenszufriedenheit inmitten ihres Leides, ihrer Trauer und ihrer Zerbrochenheit zurück. Sie wurde durch ihre täglichen Dankbarkeitsübungen offen für alles, was trotz ihrer Verluste noch da war und woran sie sich freuen konnte. Auch darf man nicht mit toxisch positivem Denken verwechseln, was Voskamp beschreibt: Es bedeutet nicht, dass die Autorin sich dadurch in einen dauerhaften Glückszustand katapultiert hat. Ich sehe hier eher eine Annahme des Lebens, so wie es ist, mit einem Fokus auf das Vorhandene, der einem helfen kann, den Mangel besser zu ertragen. Es nimmt einem nicht den Schmerz, die Trauer, die Wut über den Verlust, sondern bietet eine zusätzliche Sichtweise auf das Hier und Jetzt. Vielleicht ist Voskamps Dankbarkeitsübung Weg zur Glückseligkeit mehr als ein Weg zum Glück. Vielleicht schließt sich hier der Kreis zu Veronika Smoors makarios: Dankbarkeit könnte ein Weg sein, die Hürden zu überwinden, die schlechte Erfahrungen, falsche Glaubenssätze und unpassende Zuschreibungen zwischen uns und Gott – und die Glückseligkeit, die wir bei ihm finden können – gestellt haben.

Die Erkenntnis, dass es mehr kleine und weniger große Dinge sind, die zählen, und dass Beziehungen uns mehr ausmachen als Status, scheint sich auch all denen zu zeigen, die mit Menschen zu tun haben, die dem Ende ihres Lebens entgegensehen. Zum einen findet sich hier oft das Motiv wieder, das den Freund umtreibt, der mir von seiner Suche nach dem, was ihn glücklich macht, erzählt hat. Viele Menschen, die am Ende ihres Lebens stehen oder dem Tod knapp entkommen sind, sprechen davon, bis zu diesem Zeitpunkt zu sehr den Erwartungen anderer entsprochen zu haben, statt das zu tun, was zu ihnen passt und sie glücklich macht. Zum anderen sind es auch hier wieder die sozialen Aspekte: Menschen bereuen es am Ende ihres Lebens, wenn sie zu viel gearbeitet und zu wenig Zeit mit der Familie verbracht haben, sie bereuen, zu selten „Ich liebe dich" gesagt zu haben und zu wenig Zeit in Beziehungen investiert zu haben.[2]

Es scheint sich also doch ein Muster durch die verschiedenen Vorstellungen von Glück oder Lebenszufriedenheit zu ziehen: Langfristig gesehen geht es mehr um Beziehungen und weniger um Status, mehr um kleine, alltägliche Freuden und weniger um große Höhepunkte. Es geht mehr darum, man selbst und in Gottes Identität sein zu dürfen, als um den Applaus der Gesellschaft.

Doch ist es wirklich so einfach? Wenn es so wäre, warum verändern wir uns dann nicht alle dahingehend, sagen Geld und Prestige Adieu und sind stattdessen lebenszufriedene Beziehungsmenschen, die ihr Glück in Vogelgesang und dem ersten Schnee im Winter finden?

---

[2] Gastmann, Jörg: „Was bereuen Sterbende am meisten?", *immerDa Intensivpflege*. 10.02.2022. https://www.immerda-intensivpflege.de/was-bereuen-sterbende-am-meisten/, zuletzt abgerufen am 13.11.2013.

Weil es so einfach nicht ist. Wir bleiben Kinder der Zeit und der Gesellschaft, in der wir leben. Die bereits ausführlich besprochenen Grundbedürfnisse spielen nämlich auch beim Thema Glücksempfinden eine Rolle. Sind diese nicht ausreichend befriedigt, wirkt sich das auf unsere Lebenszufriedenheit aus. Und wirken sozialer Status, sicheres Einkommen und Leistungsdenken sich auf unser Sicherheitsempfinden aus oder haben wir das Gefühl, dass wir vorwiegend dadurch Zugehörigkeit, Anerkennung und Wertschätzung in Gemeinschaften finden, hat unser Glück doch wieder sehr viel mit diesen Faktoren zu tun. So unabhängig, wie wir gern davon wären, sind wir nicht.

Es bleibt eine bewusste Übung. Wir werden unsere gefestigten Glaubenssätze nicht so schnell los, wie wir das gern hätten, und das bloße Wissen darum, dass am Ende des Lebens andere Dinge gezählt haben werden, hilft uns im Hier und Jetzt wenig, wenn wir uns das nicht immer wieder bewusst vor Augen führen und wenn wir nicht immer wieder kritisch an die Frage herangehen, was wir wirklich *brauchen*! Wie viele Einschränkungen und Abstriche hält unser Sicherheitsgefühl aus? Wo gibt es noch eine andere Sicht auf uns und unser Leben, die wir bei allem Erfolgsdenken aus dem Blick verloren haben?

Eine Frage, die für mich in den letzten Jahren für mein persönliches Sicherheitsbedürfnis wichtig geworden ist, ist die: Verlasse ich mich auf das, was ich aus eigener Kraft schaffen kann, oder auf die Gemeinschaft zu anderen Menschen und die Tatsache, dass ich nicht allein bin? Wir Kinder der Leistungsgesellschaft haben eher gelernt, auf die eigenen Stärken zu vertrauen. „Wenn jeder auf sich selbst aufpasst, ist für alle gesorgt" war ein Spruch, den ich in meiner Jugend oft gehört habe. Auch heute ist: „Der einzige Mensch, für den du verantwortlich bist, bist du selbst" ein Satz, der immer wieder im Bereich von Lebenshilfe, Beratung oder in der Achtsamkeitsbranche gelehrt wird. Ich halte beide Aussagen für falsch.

Wir stehen alle in Verbindung miteinander. Wir sind soziale Wesen. Wir können ohneeinander nicht überleben. Wir brauchen andere Menschen, sowohl in ganz lebenspraktischen Dingen als auch emotional. In ersteren, den lebenspraktischen Dingen, die wir im Alltag manchmal benötigen, können wir natürlich weiterhin nach dem Prinzip leben, dass so lange gut für uns gesorgt ist, wie wir uns selbst gut versorgen können: Wenn ich genug Geld habe, einen Handwerker zu bezahlen, kann ich seine Dienstleistungen kaufen – in Beziehung gehen muss ich dafür nicht. Ähnliches gilt für den neuen Haarschnitt, die Vorsorge oder Behandlung beim Arzt, unsere Ernährung oder geschäftliche Bereiche. Ich kaufe ein, was ich nicht selbst habe, und dafür ist es unterm Strich doch wieder wichtiger, dass ich das nötige Kleingeld besitze.

Doch spätestens, wenn es um emotionale Fragen geht, merken wir, dass man sich nicht alles mit Geld kaufen kann und es auf die die Bindungen und Beziehungen ankommt. Menschen, denen es an Nähe und körperlicher und seelischer Intimität mit anderen fehlt, verkümmern, selbst dann, wenn sie sich ansonsten keine Sorgen um ihre Existenz machen müssen. Die aus fehlenden engen Beziehungen resultierende Einsamkeit macht nachweislich krank. Menschen, die sich dauerhaft isoliert von anderen fühlen, haben ein höheres Risiko für Herz- und Kreislauferkrankungen, ein schwächeres Immunsystem und sind auch gefährdeter, psychische Erkrankungen zu entwickeln.

An dieser Stelle könnte man vielleicht einwenden, dass das in unserer Gesellschaft vor allen Dingen ein Problem ist, das Singles oder alte Menschen trifft. Besonders Letztere sind tatsächlich stärker von Einsamkeit betroffen als Jüngere, die in familiären Beziehungen leben. Doch man sollte sich davor hüten,

Einsamkeit nicht auch bei Müttern, Vätern oder Kindern zu vermuten. Du kannst als Elternteil in der aktiven Familienphase, gerade wenn die Kinder klein sind, sehr einsam sein – du kannst in einer Partnerschaft einsam sein, wenn es an echter Nähe fehlt, und auch Kinder können in einer Familie leben und sich trotzdem verlassen und allein fühlen. All das geschieht nicht nur da, wo es sowieso schon schwierig ist, wo Beziehungen von Anfang an auf wackeliger Grundlage stehen, ein Elternteil fehlt, Gewalt eine Rolle spielt oder der Alltag anderweitig belastet ist – dort spitzt es sich nur besonders zu. Doch auch die Mutter nebenan im Reihenmittelhaus kann einsam sein und sich verlassen fühlen. Ihr fehlen unter Umständen die Ansprechpartner zum Reden, womöglich unter- und überfordert der Alltag mit ihren Kleinen sie gleichzeitig. Und das Kind, das sich mehr in seinen Leistungen als in seinem Sein gesehen fühlt, kann ebenfalls unter mangelnder Verbundenheit zu seinen engsten Bezugspersonen leiden. Vereinzelung und verloren gegangene Begegnungsräume stellen uns alle vor Herausforderungen. Ich komme darauf später noch ausführlich zurück.

Doch nicht nur auf emotionaler Ebene hilft uns das Aufgehobensein in guten Bindungsnetzen: Gerade in Krisenzeiten ist es auch lebenspraktisch sinnvoll und für das eigene Sicherheitsgefühl stärkend. Wer (wie ich) eine gute Freundin hat, die mal Friseurin gelernt hat, wusste das spätestens im Lockdown sehr zu schätzen, wer sich ein Eigenheim schaffen möchte, freut sich über jede Freundin oder jeden Freund, der helfen und somit im Zweifel eine Menge Geld sparen kann. Doch so groß muss man gar nicht denken. Wie viel wert ist eine Familie, die für eine andere mit kocht, wenn dort gerade aus irgendeinem Grund Land unter ist? Nachbarschaften, in denen man sich trauen kann, zu fragen, ob man die Schubkarre, die Bohrmaschine oder gar das Auto der anderen benutzen kann?

Menschen, die ihre Obst- oder Gemüseernte mit dir teilen, dir helfen, große Feste zu organisieren, oder Platz an ihrem Tisch machen, wenn deiner aus welchen Gründen auch immer leer bleibt? All das ist unbezahlbar.

Wir alle können lernen, das Vertrauen in andere Menschen in unser Sicherheitsgefühl zu integrieren, vorausgesetzt, wir finden soziale Beziehungen, die von ebendiesem Vertrauen geprägt sind. Dafür müssen wir als allererstes allerdings den Glaubenssatz aufgeben, dass jeder nur für sich selbst verantwortlich ist. Wir müssen es in gewisser Hinsicht wagen, uns verletzlich zu machen. „Ich kann das nicht", „ich schaffe das nicht allein" und „Kannst du mir helfen" sind Sätze, die vielen von uns nicht leicht über die Lippen kommen – und die doch einen riesigen Unterschied machen können. Ja, gut möglich, dass es Menschen gibt, die unser Hilfegesuch überhören, sich wegdrehen und weiterhin denken, dass jeder seines Glückes Schmied ist. Es gibt Menschen, die so sehr von Misstrauen geprägt sind, dass sie selbst nicht mehr geben und helfen wollen, aus Angst, ausgenutzt zu werden. Sie werden in ihrer Isolation und ihrer Vereinzelung bleiben. Doch ich habe die Erfahrung gemacht, dass es mehr als genug Menschen gibt, die für andere da sein wollen – und die die Einladung in dein Leben, die du aussprichst, wenn du dich verletzlich machst, dankend annehmen.

Lebenszufriedenheit in einer Welt im Wandel ist wahrscheinlich am Ende eine Mischung aus all dem: Der Erkenntnis, dass es auf die Beziehungen viel mehr ankommt als auf die Leistungen. Der dankbare Blick auf das, was da ist, statt der verbitterte auf das, was fehlt, und der Mut, immer wieder in Menschen zu vertrauen, auch wenn wir das vielleicht anders vermittelt und sogar anders erlebt haben. Natürlich auch die Erkenntnis, dass unser Bedürfnis nach sozialen Beziehungen viel enger mit unserem Sicherheitsbedürfnis zusammenhängt, als auf den ersten Blick sichtbar wird. Und zum Schluss sollten wir Christen tatsächlich nicht unterschätzen, dass wir Teil einer viel größeren Geschichte sind, in der wir die Rolle einer über alles geliebten Hauptfigur spielen, für die am Ende von allem ein gedeckter Tisch inmitten der größtmöglichen Liebe bereitsteht.

In meinem Leben gab es eine Zeit, in der ich mir nicht bewusst war, dass ich dieses große Geschenk besitze, dass es für mich eine Aussicht auf Freude gibt, die über all das hier hinausgeht. Gleichzeitig freute ich mich damals an meinem Geburtstag über die Glückwunsch-Mail von GMX, denn sie war neben den Gratulationen meiner Familie eine der wenigen, die mich überhaupt erreichten. Für die gescheiterte Handyverkäuferin, die mich vor einiger Zeit angerufen hat, ist es schade, dass sie mich damals nicht erwischt hat. Wahrscheinlich hätte sie dann doch ihr Geschäft gemacht.

## 5. Die Macht der Fürsorge

Vielleicht fragst du dich allmählich, ob du wirklich ein Familienbuch in den Händen hältst. Vieles, was ich in den ersten Kapiteln geschrieben habe, hat wenig Bezug zu Erziehung, zu bedürfnisorientiertem Familienleben, zur Eltern-Kind-Beziehung und zu unseren alltäglichen Mühen als Väter und Mütter in einer Zeit des Wandels. Zumindest auf den ersten Blick. Doch auf den zweiten Blick hängt alles ganz eng miteinander zusammen. Ich habe auf den vorangegangenen Seiten viel über Erfahrungen und Glaubenssätze geschrieben, die uns bis hierher gebracht haben. Ich habe die Werte aufgezeigt, die unseren Großmüttern und Großvätern die Kraft und den Mut gegeben haben, sich aus Schutt und Asche zu erheben, mit ihrer Schuld, ihre Scham und all den Verlusten zu leben, die die düstere erste Hälfte des 20. Jahrhunderts ihnen beschert haben. Und ich habe aufgezeigt, wie genau diese Werte, die für die frühere Generation Antrieb und Motor waren, heute zum Sand im Getriebe werden und dringend nötigen Veränderungen im Weg stehen. Wir haben gesehen, wo sie uns heute noch beggenen, wie sie uns einengen und wie wir ihnen – oft ohne es zu wollen oder zu merken – immer wieder auf den Leim gehen.

Und Erziehung spielt dabei eine sehr entscheidende Rolle.

Es war Erziehung, die diese Werte tief in unseren Köpfen – ich würde fast schon sagen: in unseren Körpern, verankert hat. Die Art und Weise, wie unsere Eltern mit uns und ihre Eltern zuvor mit ihnen umgegangen sind, lenkt uns auch an so vielen Stellen in unserem Erwachsenenleben. Bisher habe ich in meinen Büchern viel darüber geschrieben, wie alte Glaubenssätze und Erziehungsvorstellungen unseren eigenen Alltag als Väter und Mütter prägen und wie sie unser Handeln im Umgang mit unseren Kindern ungewollt mitbestimmen. In diesem Buch geht es jedoch darum, wie uns die Erziehungserfahrungen, die wir gemacht haben, sei es im Elternhaus, in Schule, in Vereinen oder in Kirchengemeinden, in einem Denken gefangen halten, das uns die aktive Gestaltung einer sich rasant verändernden Welt erschwert.

Wir haben in den vorangegangenen Kapiteln gesehen, dass wir viel weniger frei vom Streben nach materiellen Gütern, nach finanzieller Absicherung und nach einem angesehenen sozialen Status sind, als wir es gern wären und uns selbst eingestehen können. Uns wurde anerzogen, dass Leistung sich lohnt, dass es erstrebenswert ist, in etwas der oder die Beste zu sein, dass wir Ansehen gewinnen, wenn wir viel besitzen, eine gute Position haben oder auf Schulen mit einem ausgezeichneten Ruf gehen. Uns wurde anerzogen, dass Anstrengung und Belohnung miteinander einhergehen und es in Ordnung ist, die eigenen Grenzen zu überschreiten und sich als Entschädigung dafür hinterher einen materiellen Wunsch zu erfüllen. Auf diese Art wurde uns das Bewusstsein für unsere eigenen Bedürfnisse abtrainiert und die für ein erfülltes Leben so wichtige Unterscheidung zwischen dem, was wir benötigen, und dem, was wir uns wünschen, gleich dazu.

Wir haben verlernt zu fragen, was uns zufrieden macht und wie wir Glück definieren. Wir haben gelernt, dass es gut ist, viel zu tun, und weniger gut, sich viel auszuruhen, und wir haben ein Arbeitsethos übernommen, in dem wir alle vordergründig dann gut sind, wenn wir die Letzten im Büro sind und die Ersten, die morgens vor dem Gottesdienst die Tische stellen, und das, obwohl wir an einen Gott glauben, dem die Balance von Arbeit und Ruhe so wichtig ist und der uns nahebringen will, dass wir uns viel weniger um das sorgen sollen, was wir haben.

Uns wurde anerzogen, dass wir stets zeigen müssen, wie engagiert und fleißig wir sind, egal, wie es uns damit geht. Sei es in der Schule, im Beruf, im Ehrenamt oder als Väter und Mütter. Dafür, es einfach nur gut genug zu machen, haben wir nie Applaus bekommen – immer nur für Spitzenleistungen.

Wir haben all das so selbstverständlich übernommen, dass es uns bisher kaum aufgefallen ist. Vielleicht hat es an der einen oder anderen Stelle mal ein wenig gezwickt, wenn wir unsere Erschöpfung gespürt haben oder das Gefühl hatten, irgendwie nicht das Leben zu führen, was zu uns gepasst hat. Vielleicht merken wir es, wenn es uns eigentlich widerstrebt, unsere Kinder an einem sonnigen Nachmittag im Haus Vokabeln lernen zu lassen, statt sie zum Badesee zu schicken, und uns damit trösten, dass sie ja in den Sommerferien noch genügend Zeit für sich haben. Sicher ahnen wir tief in uns drin, dass die Dinge nicht mehr passen, wenn wir sehen, wie unser Planet ächzt und stöhnt unter unserem Lebensstil und wir, unfähig, einen wirklichen Unterschied zu machen, hilflos danebenstehen. Doch an die tieferen Gründe für unsere Ambivalenz heranzukommen, ist deutlich komplizierter. Ich hoffe, dass es mir gelungen ist, dich in den ersten Kapiteln ein bisschen zum Nachdenken zu bringen und den einen oder anderen hinderlichen Glaubenssatz zu entlarven. Denn das Hinterfragen von Annahmen, die wir bis hierher für so selbstverständlich gehalten haben, ist ein erster Schritt, um einen Veränderungsprozess in Gang zu bringen.

Dieser Prozess muss meines Erachtens da beginnen, wo auch die alten Werte Einzug in unsere Köpfe gehalten haben: in der Erziehung. Wir müssen erkennen, dass wir selbst an einer entscheidenden und oft unterschätzten Schaltstelle für Veränderungen sitzen, denn durch unsere Familienarbeit können wir sehr viel mehr bewirken, als uns oft klar ist.

Auf den ersten Blick haben Eltern keinen großen Einfluss auf das Weltgeschehen. Hätten wir es, würden so manche Dinge anders laufen. Ganz sicher hätten wir dieses völlig marode Schulsystem nicht mehr, Kitas und Krippen hätten gute Betreuungsschlüssel, schöne Räume und kindgerechtere Konzepte, die ganze Arbeitswelt hätten wir längst an unsere Bedürfnisse angepasst. Stattdessen versuchen wir alle tagtäglich, das Beste aus eher bescheidenen Strukturen zu machen, und strampeln uns dafür oft ganz schön ab. Kein Wunder, dass wir unseren Einfluss unterschätzen.

Wenn wir uns jedoch vor Augen führen, wie sehr wir selbst von den Werten unserer Eltern und Großeltern geprägt sind und wie sehr die Art und Weise, wie diese erzogen wurden, sich mittelfristig auf das Weltgeschehen ausgewirkt hat, im Guten wie im Schlechten, dürfte klar werden, dass wir einen entscheidenden Unterschied machen können. Wenn genügend Eltern anfangen, die richtigen Fragen zu stellen und die daraus resultierenden Konsequenzen in ihrem Familienalltag zu ziehen, werden wir eine Generation großziehen, die andere Prioritäten setzt, andere Werte lebt und anders mit sich selbst, ihren Mitmenschen und dem Planeten umgeht.

Genau wie Leistungsgedanken und die Annahme, dass es immer nur weiter nach oben geht, Einzug in unsere DNA halten konnten, können das auch eine neue Idee vom Miteinander und der Wunsch, Gottes Schöpfung zu lieben, zu pflegen und zu erhalten.

Genau wie der gepflegt gestutzte Vorgarten einst ein Symbol für Rechtschaffenheit war, kann es das verwilderte Paradies für Insekten und Igel werden.

Genau wie die Sieger der Bundesjugendspiele einst die gefeierten Schulheldinnen und -helden waren, können es die werden, die weinende Kinder auf dem Pausenhof trösten, für andere einstehen oder immer wieder gute Ideen haben, die Gemeinschaft zu stärken.

Genau wie die Kids mit den coolsten Markenklamotten einst auf dem Schulhof das Sagen hatten, könnten die bewundert werden, die Secondhandkleidung am schönsten upgecycled haben.

Alles, was wir dafür tun müssen, ist, die richtigen Fragen zu stellen. Wir dürfen das kleine Unwohlsein, das uns von Zeit zu Zeit überkommt, nicht immer übergehen, sondern müssen ihm Raum einräumen. Auch die Meinung unserer Kinder sollte uns in diesem Prozess mehr interessieren. Denn manchmal wissen sie es tatsächlich besser. Die Songwriterin Sarah Lesch singt in ihrem streitbaren Lied *Testament*:

> *Lasst eure Kinder mal was dazu sagen*
> *Hört ihnen richtig zu*
> *Die spürn sich noch, die ham Feeling für die Welt*
> *Die sind klüger als ich und du*

Das dürfen wir ernst nehmen. Denn oft, wenn unsere Kinder widersprechen, wenn sie nicht unseren Plänen folgen wollen, den Badesee den Vokabeln vorziehen, das Gymnasium abbrechen, über den Musikunterricht diskutieren, den wir ihnen aufgeschwatzt haben, und sich von uns nicht in ein durchgetaktetes Lebensschema pressen lassen wollen, dann tun sie das nicht aus Faulheit oder Lust an der Rebellion, sondern weil sie deutlicher spüren, was ihnen guttut und was nicht.

Das bedeutet nicht, dass fortan alles total egal ist. Ich schreie nicht nach Kindern an der Macht. Ich sehe uns Erwachsene weiterhin in der Verantwortung. Einen Unterschied können wir nämlich nur dann machen, wenn wir Kinder aktiv begleiten, wenn wir die Führung übernehmen und neue Wege vorgeben. Allerdings können unsere Kinder uns beim Navigieren helfen. Ihr Gespür verdient es, mit in unsere Überlegungen einbezogen zu werden.

Mitunter ist es trotzdem am Ende die richtige Entscheidung, sie doch noch von einer halben Stunde weiterlernen zu überzeugen, das Instrument oder die Schulkarriere nicht zu schnell in die Ecke zu werfen – zumindest nicht aus einer kurzfristigen Verstimmung heraus. Aber genauso wenig ist es richtig, selbstverständlich davon auszugehen, dass unsere Idee vom Leben für unsere Kinder die einzig wahre ist und wir das Recht hätten, sie ihnen aufzuzwingen. Besonders dann, wenn Wege, die wir zum angeblichen Wohl unserer Kinder eingeschlagen haben, uns allen nicht guttun und wir Kinder in Schemata pressen, in die sie nicht passen, und Eltern jede Menge Stress aufbürden, sollten wir uns schon fragen, welche Ziele wir hier eigentlich verfolgen.

Im ersten Teil dieses Buches habe ich deshalb angefangen, Fragen zu stellen. Fragen nach Glaubenssätzen und Familienbildern, nach Wünschen und Bedürfnissen, nach kurzfristigem Glück und Lebenszufriedenheit. Denn ich glaube, sie sind entscheidend für die Art und Weise, wie wir die Zukunft gestalten. Im nächsten Teil des Buches schauen wir uns nun ein paar Wege an, die die meisten Familien völlig selbstverständlich gehen, und ich möchte mich mit dir fragen, ob es nicht doch Irrwege sind. Ich möchte die Pfade im Familienalltag erkunden, die man links und rechts des Weges übersieht, die Glaubenssätze demaskieren, die uns so logisch erscheinen und uns letztlich aber allen das Leben überwiegend schwer machen. Ich möchte fragen, was bleibt, wenn wir unsere bisherigen Glaubenssätze für ein gelungenes Familienleben und für „gute Erziehung" gründlich entrümpeln, und welche neuen Ideen einziehen dürfen.

# TEIL II

## 6. Stress, lass nach – was Familien belastet

„Na, wie geht's dir?"
„Jo, Stress halt, normal, oder?"

Diesen Dialog führe ich seit Jahren in verschiedensten Abwandlungen mit Freundinnen und Bekannten. Sie alle haben – wie ich – Familie und versuchen, diese Lebensphase mit all ihren verschiedenen Bällen irgendwie zu jonglieren. Man nennt unsere Lebensphase, in der die Kinder noch intensiv betreut werden müssen und gleichzeitig auch das Berufsleben sehr fordernd ist, die Rushhour des Lebens. Für immer mehr Familien kommt mittlerweile, durch immer späteres Kinderbekommen, auch noch die Sorge um die eigenen, älter werdenden Eltern hinzu. Und so wird diese Zeit oft zur mehrfachen Belastung.

Als ob das nicht genügen würde, müssen solche Herausforderungen oft allein von ein bis zwei erwachsenen Menschen getragen werden. Es gibt keinen Clan und auch kein großes soziales Netz, das Familien in dieser Phase unterstützt. Meine Mutter erzählt oft von ihrer Kindheit in einer Arbeitersiedlung der Kleinstadt und wie normal es war, dass alle Erwachsenen ihres Wohnblocks ein Auge auf die Kinder hatten. Anders als in den privilegierteren Schichten in den 1950er- und 1960er-Jahren, in denen die Mütter zu Hause bei den Kindern blieben, gingen die Frauen in ihrer Umgebung alle arbeiten und wussten somit um die Notwendigkeit, Hilfe anzunehmen und ihrerseits zu helfen. Außerdem gab es ältere Nachbarinnen und Nachbarn, die bereits zu Hause waren, und Großeltern, die selbst in der Nähe wohnten. Man kannte sich und wusste, dass die kleine Monika in den Rohrweg gehörte und nichts am Bahnhof zu suchen hatte, wo die Bummelzüge in den Nachbarort fuhren.

Ich möchte diese Zeit nicht glorifizieren – wer den ersten Teil aufmerksam gelesen hat, weiß, dass Nachkriegskindheiten nicht so romantisch waren, wie sie heute oft dargestellt werden. Doch ich möchte zeigen, dass wir uns als Familien von Generation zu Generation mehr vereinzelt und isoliert haben. Bei meiner Mutter war es eine Mischung aus aufmerksamer Nachbarschaft und am Ort lebender Verwandter, die sich in irgendeiner Weise mitverantwortlich gefühlt haben. Jahrhundertelang war es üblich, dass drei oder mehr Generationen unter einem Dach gelebt haben. Gerade in ländlichen Gegenden, in denen Höfe bewirtschaftet werden mussten, lebten auch unverheiratete Geschwister der Eltern oft mit in der Familie, genau wie Angestellte. Mittlerweile sind Familien wie unsere, in denen die Großeltern alle in einem Radius von wenigen Kilometern von uns wohnen, eher selten. Oft trennen Familien mehrere hundert Kilometer und Großeltern spielen gar keine aktive Rolle mehr im Aufwachsen der Kinder. Dazu kommt, dass sich keine nennenswerten Ersatzstrukturen gebildet haben, lebendige Nachbarschaften, in denen man sich füreinander verantwortlich fühlt, suchen viele Familien vergebens. Diese Vereinzelung sorgt dafür, dass diese ohnehin schon dichte Lebensphase mit kleinen Kindern, Berufen und verschiedenen Alltagsherausforderungen für uns noch schwieriger zu bewältigen ist.

Doch natürlich ist das nicht die einzige Erklärung dafür, dass Familien heute gestresst sind. Im Kapitel „Neue Familienbilder – alte Zwänge" habe ich das Thema Perfektionismus bereits angeschnitten. Tatsächlich ist der Erwartungsdruck, unter den wir uns häufig selbst setzen, eine nicht zu unterschätzende Stressfalle.

Unsere Mütter und Großmütter hatten unfassbar viel zu tun, sie hatten, anders als manchmal behauptet, nicht mehr Zeit für ihre Kinder, sondern sogar weniger als heute. Sie waren für Haushalt und Kinderbetreuung zuständig, oft auch für die Pflege und Versorgung älterer Verwandter, und gar nicht so selten trugen sie außerdem in irgendeiner Form zur Erwirtschaftung von Familieneinkommen bei – und sei es, weil sie große Selbstversorgergärten unterhielten oder nebenbei Landwirtschaft betrieben. Sie hatten wohl eher selten 9-bis-17-Uhr-Arbeitstage und die Wellnessindustrie wurde an ihnen an den Wochenenden sicher auch nicht reich. Zumindest für die Frauen meiner Herkunftsfamilien kann ich sagen, dass sie arbeitsreiche Leben lebten, viel unter einen Hut brachten und deutlich weniger Ausgleich in Form von Luxus fanden, als er uns heute zur Verfügung steht. Und dennoch habe ich bei ihnen nie diesen Druck erlebt, den ich heute auf uns Frauen lasten spüre. Ich glaube, die Ansprüche, die diese Frauen an sich selbst hatten, waren geringer. Sie arbeiteten (ob in der Familie oder außerhalb, Arbeit war es immer) und erzogen ihre Kinder. Sie leisteten Fürsorge für Verwandte und unterhielten gute Beziehungen zu Nachbarn und Freunden. All das taten sie *gut genug*. Sie hatten niemals den Anspruch, es perfekt zu machen. Meine Oma Klara zum Beispiel war eine begnadete Köchin und Bäckerin. Eines der schönsten Komplimente, die mein Mann mir mal gemacht hat, war, dass er glaubt, ich habe dieses Talent von ihr geerbt. Doch ich bin mir ziemlich sicher, Oma Klara hat in ihrem Leben keinen einzigen Kuchen gebacken, der pinteresttauglich gewesen wäre. Sie hatte auch nicht den Anspruch, das zu tun.

Meine Mutter gab mir bis zum Abitur Brotdosen mit in die Schule, die sie jeden Morgen für mich vorbereitete. Darin befand sich eine geschmierte Stulle mit Käse oder Wurst – und manchmal sogar (liebe Mamas des 21. Jahrhunderts, ihr müsst jetzt ganz stark sein) Nuss-Nugat-Creme. Ab und zu legte sie Apfelschnitze daneben. Dann packte sie die Dose in meinen Ranzen und stellte sich weder die Frage, ob sie Gnade unter den Augen meiner Lehrer finden würde (die sich ebenfalls nicht dafür interessierten), noch, was andere Eltern darüber dachten.

Heute sind Brotdosen ein Politikum. Sie sind quasi bei jedem Elternabend Thema. Keine Mutter und kein Vater könnte sich mehr erlauben, dort ein Brot mit Nuss-Nugat-Creme zu verstecken – wir diskutieren mittlerweile darüber, ob der Zuckergehalt von Bananen zu hoch ist, um sie am zuckerfreien Vormittag noch zu erlauben. Natürlich: Es ist gut, dass wir heute mehr über gesunde Ernährung wissen als in meiner Kindheit. Es ist gut, dass Schulen und Kitas ein wachsames Auge auf dieses Thema haben und darüber aufklären. Aber wie bei jeder neuen Erkenntnis kann man auch beim Thema Pausenbrot völlig übers Ziel hinausschießen. Ich habe bei den Diskussionen darum schon lange nicht mehr den Eindruck, dass es darum geht, pragmatisch gute Entscheidungen zwischen gesundheitlichem Mehrwert und dem, was ein Kind dann auch wirklich in der Pause essen würde, zu treffen, sondern darum, es möglichst perfekt zu machen. Eine gesunde Brotdose kann genauso zu einem Statussymbol werden wie früher der gepflegte Vorgarten. Sie hebt uns ab und zieht eine zuckerfreie Grenze zwischen uns und der Familie, die sich offensichtlich weniger Gedanken um ihren Nachwuchs macht. Wenn wir dann noch die Rückmeldung bekommen, dass unsere Art des Frühstücks von Schule oder Kita gewünscht ist, während der Schokoriegel und die Bärchenwurst kritisch beäugt werden, haben wir unsere Elternqualitäten unter Beweis gestellt. Wir sind dann nach außen sichtbar „die Guten". Wieder einmal können wir uns über Symbolik abheben.

Auch für das Statussymbol Brotdose gibt es natürlich längst einen Markt, auf dem man viel Geld investieren kann, um dabei noch besser auszusehen und noch glänzendere Ergebnisse zu präsentieren. Es reicht dann nicht mehr, die Wurst- oder Käsescheibe zwischen zwei Brothälften zu legen, die bestenfalls nicht nur aus reinem Weißmehl bestehen, und zwei Apfelschnitzen dazuzulegen. Das wäre Mittelmaß – oder wie ich es bezeichne: gut genug. Doch perfekt ist erst die Dose mit den vielen kleinen Fächern voller Obst und Gemüsen, dem Salat-Frischkäse-Sandwich und den bunten Spießen. Und das führt uns wieder zu der Frage: Wer will heute schon Mittelmaß sein?

Nun könnte man doch sagen, dass der Inhalt der Brotdose wirklich eine Lappalie ist. Ist er auch. Doch dieses Beispiel steht symbolisch für viele kleine und gar nicht so kleine Arbeitsfelder im Familienleben, auf denen Eltern heute oft das Gefühl haben, dass gut genug eben nicht ausreicht. Schon in der Schwangerschaft rüsten wir uns heute oft mit allen möglichen Testberichten aus, suchen den perfekten und sichersten Autositz, die ergonomischste Matratze, die besten Nahrungsergänzungsmittel für die werdende Mutter, beschallen Babybäuche mit klassischer Musik. Auch hier gilt wieder, dass manche Dinge lebenswichtig und sinnvoll sind – ein sicherer Transport im Auto zum Beispiel. Andere überzogen und Stress erzeugend.

Wenn unsere Kinder erst einmal auf der Welt sind, haben wir das Gefühl, wir müssten aus dem riesigen Angebot für Neugeborene wählen. Eine ganze Industrie verspricht, wir könnten schon in den ersten Lebensmonaten wichtige Weichen für die Zukunft unserer Kinder stellen, wenn wir nur die richtigen Kurse buchen. Zu Hause sitzen und erst einmal in dieser

Welt ankommen, den Alltag meistern und jeden Tag spazieren gehen erscheint mir *gut genug* für die Entwicklung von Babys. Aber kann man das wirklich wagen, wenn man doch gleichzeitig die Möglichkeit hätte, die motorische Entwicklung in entsprechenden Kursen zu fördern oder durch das Sprechen von Fremdsprachen das Gehirn so zu programmieren, dass unser Kind im späteren Leben leichter lernt? Auch hier wieder stellen sich viele Eltern die Frage, wo sie guten Gewissens aussteigen dürfen aus einer Spirale, die einem ständig verspricht, nicht nur sich selbst, sondern auch den kleinen Menschen, den man gerade erst geboren hat, immer weiter optimieren zu können.

Die Angst, bloß kein Entwicklungsfenster zu verpassen und auf keinen Fall ein Talent nicht zu fördern oder eine vermeintliche Schwäche nicht früh genug aus der Welt zu schaffen, kann sich durch das ganze weitere Elternleben ziehen.

Kürzlich traf ich eine Mutter, die ich schon viele Jahre kenne. Schon immer rennt sie mit ihrem Sohn von Pontius zu Pilatus, wie man so schön sagt. Sie hatte unzählige Termine bei Frühförderstellen, in Krankenhäusern, Therapiezentren, Kindergärten und Schulen. Ihr Sohn entspricht an einer Stelle nicht den Erwartungen, die das Umfeld an ihn stellt. All die vielen Wege, die Suche nach Erklärungen, die Therapien, die Termine und die Ungewissheit haben meiner Bekannten über die Jahre sehr zugesetzt und ihrem Kind auch. Es wurde immer gestresster, in sich gekehrter und seine Schwierigkeiten wurden nicht besser, sondern eher schlimmer. Als ich sie nun letztens traf, stellte ich fest, dass sie entspannter und gelöster wirkte, und ich sprach sie darauf an. „Ja", erklärte sie mir „wir haben endlich jemanden gefunden, der uns helfen konnte, eine ganz tolle Psychologin!"

Ich wurde neugierig und wollte das genauer wissen. Die Lösung war simpel: Die Therapeutin hatte sich lange mit dem Jungen beschäftigt und war zu der Erkenntnis gekommen, dass dieser nicht in der Lage ist, zu leisten, was alle von ihm erwarteten – und es auch nie sein wird. Ich habe die Mutter des Jungen gefragt, wie es ihr damit geht.

„Zuerst war ich fix und fertig", sagte sie. „Und dann habe ich gemerkt, wie all der Druck der letzten Jahre von mir abgefallen ist und von ihm auch. Jetzt können wir uns auf das konzentrieren, was gut läuft, und das andere loslassen. Endlich dürfen wir ihn lieben, wie er ist!"

„Endlich dürfen wir ihn lieben, wie er ist." Dieser Satz hat mich noch länger beschäftigt. Natürlich hat meine Bekannte ihr Kind immer geliebt, das hat sie immer betont. Mehr noch, tief drin hat sie längst geahnt, dass sie ihn auch nehmen muss, wie er ist. Doch hatte sie das Gefühl, fahrlässig zu handeln und nicht gut genug für ihn zu sein, wenn sie nicht alles Menschenmögliche versuchte, damit seine Schwäche ihm nicht im Weg steht. In einer Welt, in der scheinbar alles therapierbar ist, kann man doch niemanden einfach so lassen, wie er ist, oder?

Auch hier wieder: Es kann durchaus Sinn ergeben, ein Auge auf Dinge zu haben, die Kinder offensichtlich im Vergleich zu ihren Altersgenossen nicht so gut können, und im Zweifelsfall auch zu ergründen, was dahintersteckt und ob und in welcher Form man unterstützen kann. Wir müssen aber tatsächlich aufpassen, dass uns dabei nicht die Akzeptanz für unsere eigenen Kinder und ihre Grenzen verloren gehen. Jeder Mensch ist mit Gaben und mit Grenzen ausgestattet. Das eine hat es vom Schöpfer nicht ohne das andere gegeben und das ist auch gut so. Es ist überhaupt nicht erstrebenswert, alles leisten zu können – denn wer alles kann, muss am Ende vielleicht auch alles tun. Grenzen in der eigenen Leistungsfähigkeit, sei es körperlich oder intellektuell, werden immer als einschränkend und negativ empfunden. Was aber, wenn sie auch eine Chance sind? Was, wenn die Einschränkungen auf der einen Seite genug

Energie für etwas anderes freisetzen? Und genau diese Energie beschneiden wir doch, wenn wir uns ständig auf Schwächen und Defizite konzentrieren und diese tilgen wollen, statt bei der Entfaltung von Gaben zu helfen.

Wenn wir über Stress im Familienleben reden, müssen wir neben dem Perfektionismus und der Vielzahl an Möglichkeiten, von denen wir bloß keine verpassen wollen, auch über Strukturen sprechen. Viele Eltern meiner Generation sind nämlich meines Erachtens einer ganz großen Lüge aufgesessen. Die Autorinnen Susanne Garsoffky und Britta Sembach nennen sie in ihrem gleichnamigen Buch: „Die Alles ist möglich-Lüge". Spätestens seit den Nullerjahren hat sich der Gedanke in unserer Gesellschaft breitgemacht, dass es mit etwas gutem Willen möglich sein muss, als Eltern doppelt berufstätig zu sein und sogar Karriere zu machen. Nachdem der Mehrheit der Frauen seit den Wirtschaftswunderjahren oft eher die Rolle der Zuverdienerinnen oder Hausfrauen zugekommen war, war es schon länger ein wichtiges politisches Anliegen vieler Parteien, echte Gleichberechtigung zu ermöglichen, indem man Frauen auch den Weg auf den Arbeitsmarkt so ebnet, wie Männer ihn seit jeher vorfinden. Dazu gehört auch, Strukturen zu schaffen, in denen Mütter berufstätig sein und einen eigenen Karriereweg verfolgen können. Da wir mittlerweile eine sehr gut ausgebildete Frauengeneration hatten, die in Wissen und Können Männern in nichts nachstand und sich gleichzeitig ein Fachkräftemangel abzeichnete, war es durchaus sinnvoll, solche Weichen zu stellen.

Diese Weichen waren zum einen finanzieller Natur: Das bisherige Erziehungsgeld, das Müttern (oder in seltenen Fällen Vätern) in den ersten drei Lebensjahren des Kindes gezahlt wurde, wenn diese nicht berufstätig waren, wurde von dem Elterngeld abgelöst, das einen Teil des bisher erwirtschafteten Einkommens ersetzte. Das Elterngeld ist deutlich höher als das Erziehungsgeld (zumindest, wenn man bis dahin gut verdient hatte), wird allerdings nur im ersten Lebensjahr des Kindes gezahlt. Gleichzeitig gab es große Bestrebungen, die Kinderbetreuung auszubauen, denn der Anreiz des Elterngeldes sollte auch sein, Mütter möglichst früh wieder zurück in den Arbeitsmarkt zu integrieren. Dafür musste es natürlich Kinderbetreuung für Kleinkinder geben. Gerade in Westdeutschland gab es da jedoch Anfang der Nullerjahre noch nicht einmal annähernd genügend Betreuungsplätze. Diese sollten dann innerhalb weniger Jahre geschaffen werden.

Die Richtung war klar: Frauen sollten fortan alles schaffen können, was Männern schon immer offenstand. Kinder sollten kein Karrierehindernis mehr sein und die Vereinbarkeit von Beruf und Familie der Normalfall. Dieses Versprechen fiel bei großen Teilen unserer Elterngeneration auf fruchtbaren Boden – denn dass man viel erreichen kann, wenn man sich nur genug anstrengt, und dann alles immer besser wird und weiter nach oben geht, das hatten wir schließlich auch gelernt. Da passte es super, dass wir jetzt nicht nur wie bisher ein Hauptverdiener-Zuverdiener-Modell leben, sondern sich auch zwei Karrieren scheinbar spielend mit einem Familienleben vereinbaren lassen sollten. Höher-schneller-weiter, die Familienedition!

Allerdings ist man uns bis heute Strukturen schuldig geblieben, die dies wirklich in einer Form ermöglichen, die uns mehr Freiheit schenkt und nicht zu einer neuen Bürde wird. Denn der Ausbau der Betreuungsplätze wurde zwar in Windeseile vorangetrieben, doch dabei wurden einige entscheidende Faktoren übersehen: Von Anfang an hatte man beim Ausbau der Betreuungsplätze mehr die Quantität als die Qualität im Blick. Schnell wurde beispielsweise deutlich, dass man aufgrund von Fachkräftemangel gar nicht genügend Erzieherinnen und

Erzieher haben würde, um einen altersgerechten Betreuungsschlüssel zu gewährleisten. Um versprochene Fristen einzuhalten und das Projekt Kita-Ausbau trotzdem nicht zu gefährden, wurden deshalb mancherorts Betreuungsschlüssel verändert oder die Definition dessen, was eine Fachkraft ist, lockerer ausgelegt; so mussten das nicht immer und überall ausgebildete Erzieherinnen oder Erzieher sein.

Der rasante Ausbau der Betreuungsplätze ging nicht nur zulasten der Qualität – es kann auch nach wie vor nicht gewährleistet werden, dass wirklich jedes Kind einen Betreuungsplatz bekommt. Auch heute, 10 Jahre nachdem der Rechtsanspruch auf Kinderbetreuung für alle Kinder ab dem ersten Geburtstag in Kraft getreten ist, fehlen in ganz Deutschland noch immer rund 380.000 Plätze.[3]

Dazu kommt, dass die knappe Personalsituation sich weiter zugespitzt hat. Allein im Winter 2023 habe ich mehrfach im Rahmen meiner Arbeit und auch im Bekanntenkreis erlebt, dass Eltern gebeten wurden, ihre Kinder einige Tage selbst zu betreuen, weil dies in ihren Kitas aufgrund des hohen Krankenstandes nicht möglich war. Erzieherinnen berichteten mir davon, dass sie teilweise tagelang allein eine Gruppe von 25 Kindern betreuten und somit – theoretisch – nicht einmal auf Toilette gehen konnten.

Da wir Eltern immer nur das Allerbeste für unsere Kinder wollen, tun wir auch in solchen Notsituationen das, was wir für das Beste halten. Wenn wir merken, die institutionelle Betreuung funktioniert gerade nicht gut, springen wir ein. Viele

---

3   Red.: „2023 fehlen in Deutschland rund 384.000 Kita-Plätze", *Bertelsmann Stiftung*, 20.10.2022. https://www.bertelsmann-stiftung.de/de/themen/aktuelle-meldungen/2022/oktober/2023-fehlen-in-deutschland-rund-384000-kita-plaetze, zuletzt abgerufen am 13.11.2013.

Eltern versuchen, irgendwie ein paar Tage Kinderbetreuung zu Hause zu ermöglichen oder ihre Kinder früher abzuholen, wenn solche Anfragen aus den Einrichtungen kommen. Doch für die Väter und Mütter, die dann ihre Arbeit und die Betreuung ihres Kindes miteinander vereinbaren müssen, artet das natürlich in puren Stress aus.

Während der Pandemie mussten wir alle spüren, wie anstrengend – und faktisch eigentlich nicht leistbar – es ist, gleichzeitig im Homeoffice erwerbstätig zu sein und Kinder zu betreuen. Damals konnte man sich wenigstens noch damit trösten, dass es so ziemlich allen Eltern so ging und man nicht der einzige Elternteil war, die während eines Meetings ein Kind auf dem Schoß hatte. Auch vonseiten der Vorgesetzten wurde in dieser Extremsituation mal ein Auge zugedrückt. Doch mittlerweile sollte sich eigentlich alles wieder normalisiert haben. Wer immer noch ein Betreuungsproblem hat, kann kaum noch auf Verständnis hoffen.

Dabei müssen es gar nicht die Notsituationen sein, die Kita, in der wegen Krankheit Land unter ist, oder der fehlende Betreuungsplatz. Obwohl einigermaßen funktioniert, was uns versprochen wurde, bleibt es anstrengend. Das war es schon vor Corona. Deutschland hat, was die Frage der Vereinbarkeit angeht, auch ein Mentalitätsproblem. Denn einerseits funktioniert die Logik der Betreuungseinrichtungen und auch der Schulen noch immer so, als hätte jedes Kind eine nicht-berufstätige Mutter zu Hause, die mal einen Wandertag begleiten, Geschenke fürs Personal basteln, einen Kuchen backen, immer die Wechselklamotten griffbereit haben kann. Ganz zu schweigen von der massiven Unterstützung, die Grundschulkinder zu Hause benötigen: 20 Minuten Lesen üben pro Tag, Einmaleins-Reihen lernen und noch Blumen pressen für den Sachunterricht: All das kann eine Nachmittagsbetreuung meistens nämlich nicht leisten. Gleichzeitig funktioniert der Arbeitsmarkt nach der Logik, dass alle bitte so zu arbeiten haben, als hätten sie keine Kinder. Eltern können noch immer auf wenig Verständnis hoffen, wenn sie am Nachmittag keine Meetings besuchen oder pünktlich gehen wollen, weil ihre Kinder abgeholt werden müssen.

Eine traurige Entwicklung, die man in den Einrichtungen bereits sehr schnell nach der Betreuungsplatzgarantie beobachten konnte, war, dass Kinder krank in Kitas gebracht oder in die Schule geschickt wurden. Mancherorts war das so massiv, dass Einrichtungen Briefe an die Eltern schrieben, um sie daran zu erinnern, dass Kinder mit Fieber, starkem Husten, Erbrechen oder Durchfall nicht kommen dürfen. Dass man Mütter und Väter an solch eine Selbstverständlichkeit erinnern musste, lag nicht etwa daran, dass diese das nicht wussten. Vielmehr stehen viele doppelt berufstätige Eltern und besonders Alleinerziehende unter so großem Druck, dass sie oft keine andere Wahl haben, als ihre Kinder auch krank in die Betreuung zu geben, in der Hoffnung, diese würden den Tag irgendwie einigermaßen unauffällig überstehen, aber wohlwissend, mit hoher Wahrscheinlichkeit binnen weniger Stunden einen Anruf zu erhalten, sie mögen bitte ihre kranken Kinder wieder abholen, weil diese hoch fiebernd auf dem Arm einer Erzieherin hingen oder die Bauecke vollgekotzt hatten.

Gerade in den ersten Kitajahren sind der Herbst und der Winter wahre Endgegner für berufstätige Eltern, denn das Immunsystem von kleinen Kindern ist einer schier unzähligen Anzahl von ihnen bis dato unbekannten Viren und Bakterien ausgesetzt. Es ist völlig normal, dass Kleinkinder in solchen Zeiten alle drei bis vier Wochen krank sind. Eigentlich ist das kein Grund zur Panik, sondern nur für ein paar Kuscheltage zu Hause – es sei denn, man muss die daraus resultierenden Fehlzeiten seinem Arbeitgeber erklären.

Mütter und Väter stellen solche Zeiten vor riesige Herausforderungen, weil es an einem Bewusstsein dafür mangelt, dass Kinder nun einmal krank werden und versorgt werden müssen und vor allem, dass es eigentlich eine gesamtgesellschaftliche Aufgabe ist, Kindern die bestmögliche Versorgung zu gewährleisten und sie in Geborgenheit und Nestwärme gesund werden zu lassen. Zu diesem Bewusstsein würde dann auch gehören, dass sich Mütter und Väter nicht schuldig fühlen oder mit negativen Konsequenzen rechnen müssten, wenn sie sich um ihre kranken Kinder kümmern. Die derzeitige Situation hingegen belastet alle: die Kinder, die sich nicht richtig auskurieren können, das pädagogische Personal, das mit kranken, oft ansteckenden Kindern in der Einrichtung umgehen muss, die Eltern, die ständig vor schwierigen Entscheidungen stehen – und auch deren Paarbeziehung, wenn immer wieder neu ausgehandelt und vielleicht erstritten werden muss, wer sich kümmert.

Das Versprechen von mehr Gleichberechtigung für Frauen ist bisher in vielerlei Hinsicht nicht aufgegangen. Denn neben all den genannten Punkten, die eine hohe Belastung in Familien bringen, zeigen Studien auch, dass gerade, was die Aufteilung der häuslichen Arbeit angeht, Frauen trotzdem noch den Löwenanteil leisten. Aus „alles ist möglich" ist so für viele Familien ein „alles ist anstrengend" geworden.

„Na, wie geht's dir?"

„Jo, Stress halt, normal, oder?"

Das ist wohl einer der normalsten Dialoge unserer Zeit. So normal, dass wir vergessen haben, dass es eben *nicht* normal sein sollte, dass wir dauergestresst sind.

Stress, zumindest die Form von Stress, die auf vielen Familien lastet, ist kein Zustand, den man als „normal" mit sich herumtragen sollte. Stress macht nachweislich krank. Seit Jahren, und zwar bereits lange vor Beginn der Coronapandemie, stellten gemeinnützige Einrichtungen wie das Müttergenesungswerk fest, dass die Nachfrage nach Eltern-Kind-Kuren immer mehr ansteigt. Der Stress, dem Mütter und Väter ausgesetzt sind, macht sich unter anderem durch Erschöpfungssymptome, Ängste, Schlafstörungen, Rückenbeschwerden, Magenschmerzen, Hautbeschwerden und viele andere Anzeichen bemerkbar. Mütter sind davon weitaus häufiger betroffen als Väter, aber in dem Maß, in dem auch Männer anfangen, sich aktiver in die Familienarbeit zu integrieren, nehmen auch deren Kuranträge zu. Es ist ein Teufelskreis.

Nicht nur die Erwachsenen leiden, auch die Zahl der Kinder, die wegen anhaltendem Stress körperliche und psychische Beschwerden zeigen, ist erschreckend hoch. Bereits 2017 zeigte eine Studie der DAK, dass 41 Prozent der Schulkinder in Deutschland unter solchen Symptomen leiden. Durch die Pandemiejahre ist die Zahl der Kinder, die sich belastet fühlen, noch einmal gestiegen. Mittlerweile sind psychische Erkrankungen auf Platz 1 der Gründe für Klinikeinweisungen von Kindern und Jugendlichen, noch vor Verletzungen durch Unfälle.

Es ist so deutlich, dass es wirklich nicht mehr zu übersehen ist: Unsere Art, Familie zu leben, macht uns krank. Sie schadet uns und unseren Kindern. Sie ist eine Belastung für unsere sozialen Beziehungen, Partnerschaften zerbrechen an den nicht mehr zu bewältigenden Herausforderungen, Kinder werden krank, das Betreuungs- und das Bildungssystem implodieren vor unseren Augen. Wir sind nicht nur mit den Ressourcen unseres Planeten schäbig umgegangen, sondern auch mit unseren eigenen. So wie jetzt können wir nicht mehr weitermachen!

Wir müssen anfangen, auch hier die Glaubenssätze zu hinterfragen, mit denen wir ins Familienleben gestartet sind. Wir müssen auch hier anfangen, gründlich zu entrümpeln, und uns fragen, was uns wirklich trägt, wofür wir unsere begrenzten Ressourcen einsetzen wollen und was wir guten Gewissens hinten runterfallen lassen können, weil es nicht zu uns passt, nicht zu unserer Familie gehört und nicht den Werten entspricht, die wir eigentlich leben möchten, und auch, wo wir schwierig gewordene Grundsätze unbeabsichtigt an unsere Kinder weitergeben und es damit auch ihnen schwerer machen, aus dem ungesunden Kreislauf des Höher-schneller-weiter auszusteigen.

## 7. Abi 2042 – oder: Was ist eine gelungene Bildungsbiografie?

*B*ildungsabstieg bedeutet, dass ein Kind in einer Familie einen niedrigeren Bildungsabschluss erlangt als der am höchsten gebildete Elternteil. So zumindest die Definition, die die OECD in einer groß angelegten Studie zum Thema „Bildung" für diesen Begriff vorlegt.[4]

Für uns als Familie würde das bedeuten: Sollte eins unserer drei Kinder sich entscheiden, kein Studium aufzunehmen, sondern eine Berufsausbildung zu machen, spräche man in unserem Fall von Bildungsabstieg, denn mein Mann und ich haben einen Hochschulabschluss.

Mich hat dieser Begriff „Bildungsabstieg" erst einmal gegen den Strich gebürstet. Schließlich steht es meinen Kindern doch frei, in der Fülle der Möglichkeiten, die ihnen das Leben bei uns bietet, ihren eigenen Weg zu wählen – der kann gern Abitur und Studium beinhalten. Doch genauso gut haben sie die Freiheit, die Schule eher zu beenden oder sich nach dem Abi für eine

---

[4] Gurría, Angel, OECD-Generalsekretär (Hrsg.): *Bildung auf einen Blick 2017. OECD-Indikatoren.* © 2017 Bundesministerium für Bildung und Forschung, Deutschland für die deutsche Übersetzung.
https://library.oapen.org/bitstream/id/0cfdaeca-5758-4a07-a5fa-a4742bec123a/640940.pdf. S.95, zuletzt abgerufen am 13.11.2013.

Ausbildung zu entscheiden, weil das ihr Wunsch ist und sie dort ihren Platz in der Welt sehen. Dass es hier zahlreiche Zwischenstufen gibt, beispielsweise, weil viele Berufsausbildungen heute sehr akademisiert sind oder es Möglichkeiten des Hochschulzugangs jenseits des Abiturs gibt, sei mal ganz außer Acht gelassen. Mir widerstrebt es jedenfalls, das Wort „Abstieg" mit individuellen, frei gestaltbaren Lebenswegen meiner Kinder in Verbindung zu bringen.

Die Bildungserwartungen vieler Eltern sind aber meist andere: Sie wünschen sich für ihre Kinder einen mindestens ebenso hohen Bildungsstand wie den ihren. Deutsche Eltern messen der Bildungsbiografie ihrer Kinder einen hohen Stellenwert zu. Das ist zunächst einmal verständlich. Ein möglichst hoher Schulabschluss öffnet unseren Kindern viele Türen und geht oft mit einem höheren Einkommen einher. Die berufliche Auswahl wird größer, je weiter man in der Schule kommt. Und nicht nur das, auch die Chancen, einen Beruf zu ergreifen, der als erfüllend empfunden wird und in dem gute Rahmenbedingungen herrschen, steigen mit dem Bildungsgrad.

All dies sind gute Gründe, unsere Kinder beim Erreichen eines möglichst hohen Bildungsabschlusses zu unterstützen. Es gibt allerdings auch weniger gute Gründe, sich stark auf die Bildungsbiografie von Kindern zu fokussieren – und das ist meiner Meinung nach die Angst vor einem gefühltem „Abstieg", in der Form, wie ihn die OECD definiert. Wenn Eltern es zum Beispiel als sozialen Abstieg empfinden, wenn das eigene Kind ein Handwerk erlernt, während man selbst einen Hochschulabschluss hat, geht es bei Fragen der Bildungsbiografie weder um die Zukunft des Kindes, noch darum, was für dieses Kind stimmig ist – es geht um die Erwartungen von Eltern und auch hier wieder um die verinnerlichte Idee, dass es erstens immer weiter nach oben gehen muss und man zweitens weiß, was genau dieses „Oben" in Bezug auf Bildung und Berufswege ist und was nicht. Akademische Bildung wird hierbei überbewertet, bei gleichzeitiger Abwertung anderer Optionen.

Dies ist in mehrerlei Hinsicht problematisch. Zum einen verlieren wir unsere Kinder aus dem Blick, wenn wir nicht auf ihre Gaben, Talente und Wünsche schauen, sondern uns auf den größtmöglichen Output konzentrieren und uns von der diffusen Angst davor leiten lassen, was es wohl über uns als Eltern aussagen könnte, wenn unsere Kinder hinter unserem eigenen Bildungsabschluss zurückbleiben. Zum anderen setzt uns die Erwartung, dass unsere Kinder den höchsten möglichen Bildungsabschluss erreichen müssen, auch als Familie ganz schön unter Druck. Denn wenn wir Eltern einen Schulabschluss unterhalb des Abiturs als Niederlage betrachten, dann müssen wir früh alle nötigen Weichen stellen, damit das nicht passiert. Und viele Eltern tun genau dies: Das Gymnasium ist das große Ziel von 77 Prozent aller Eltern, die selbst Abitur gemacht haben.[5] Damit der Übertritt, der in vielen Bundesländern bereits nach der vierten Klasse, also mit gerade einmal 10 Jahren, erfolgt, gelingen kann, stehen bereits Grundschulkinder mitunter ziemlich unter Leistungsdruck. Dazu kommt, wie bereits im letzten Kapitel erwähnt, dass es vielerorts ohne Unterstützung aus dem Elternhaus nicht funktioniert – besonders da, wo die Kinder in diesem jungen Alter eigentlich bislang nicht die Voraussetzungen für einen Übertritt aufs Gymnasium mitbringen und erst einmal noch in einer anderen Schulform besser aufge-

---

[5] Institut für Demoskopie Allensbach/Vodafone Stiftung Deutschland: „Zwischen Ehrgeiz und Überforderung. Bildungsambitionen und Erziehungsziele von Eltern in Deutschland," *vodafone-stiftung.de*, https://www.vodafone-stiftung.de/wp-content/uploads/2019/06/zwischen_ehrgeiz_und_ueberforderung.pdf, zuletzt abgerufen am 13.11.2013.

hoben wären. Damit das Kind dies trotzdem schafft – oder überhaupt erst einmal die in manchen Bundesländern entscheidende Gymnasialempfehlung der Lehrerschaft bekommt –, muss zu Hause viel gearbeitet und gelernt werden. Die Grundschule bestimmt den Familienalltag dann oft mehr, als auch die Eltern selbst dies gern hätten. Doch ein Ausstieg aus dieser Spirale und das Eingeständnis, dass das eigene Kind – zumindest in diesen jungen Jahren – noch nicht so weit ist, ein Gymnasium zu besuchen, und es für alle Beteiligten besser wäre, hier etwas lockerer zu lassen und auf den eigenen Weg des Kindes zu vertrauen, fällt vielen Eltern schwer. Zu tief sitzen auch hier die verinnerlichten Glaubenssätze: Es muss doch immer weiter bergauf gehen oder zumindest gleich bleiben. „Mein Kind kann das bestimmt schaffen, wenn wir uns alle mehr anstrengen", „Wenn mein Kind in der Schule nicht so gut ist wie andere Kinder aus meinem sozialen Umfeld, habe ich versagt – schließlich legt diese Welt einem doch die Möglichkeiten für optimale Förderung wie einen roten Teppich von Geburt an zu Füßen!"

Doch natürlich geht es um weit mehr als diese Glaubenssätze und die persönlichen Empfindungen, wenn wir uns als Eltern um die Schulkarriere unserer Kinder sorgen. Denn bisher *ist* es eine Tatsache, dass sehr viele Faktoren, die unseren Kindern ein gutes Leben ermöglichen, mit Bildung und einem möglichst hohen formellen Bildungsabschluss verknüpft sind.

In den nächsten Jahren wird sich allerdings auch im Bereich von Bildungsabschlüssen und Berufswahl ein starker Wandel vollziehen müssen. Wir leiden heute schon unter einem gigantischen Fachkräftemangel in sehr vielen relevanten Bereichen unseres Lebens. Krankenhäuser und Pflegeheime finden weder Ärztinnen und Ärzte noch Pflegepersonal. In Supermärkten werden Systeme eingeführt, durch die Kunden ihre Ware selbst einscannen können, weil es nicht mehr genügend Menschen gibt, die an den Kassen arbeiten möchten. Die Fleischtheke in meinem Supermarkt schließt mittlerweile zwei Stunden früher, weil es auch dort nicht mehr genügend Mitarbeitende gibt. Wer auf gute Handwerker angewiesen ist, wartet oft frustrierend lange auf Termine und auch in vielen anderen Bereichen sind Arbeitskräfte gerade Mangelware. Dem gegenüber steht die Tatsache, dass es auch Berufe gibt, die aussterben, weil man einst von Menschen erledigte Tätigkeiten mittlerweile anderweitig ausführen lassen kann. Momentan überschlagen sich die Entwicklungen im Bereich der künstlichen Intelligenz und es ist zu erwarten, dass es noch viel mehr Bereiche gibt, in denen Menschen die Tätigkeiten, die sie momentan ausüben, zumindest nicht mehr in der bisherigen Form ausführen werden.

Hier hat eine Entwicklung ihren Anfang genommen, die den Arbeitsmarkt ganz grundlegend verändern wird. Es ist nicht mehr davon auszugehen, dass unsere Kinder eine berufliche Qualifikation, sei es durch Ausbildung oder durch ein Studium, erwerben und in diesem Bereich den Rest ihres Arbeitslebens verbringen. Vielmehr ist zu erwarten, dass sie sich häufiger werden umorientieren müssen. Aus den zahlreichen Herausforderungen unserer Zeit werden neue Berufe entstehen und alte werden verschwinden. Eine Schlüsselqualifikation wird in Zukunft nicht mehr ein hoher Bildungsabschluss sein, sondern eine grundsätzliche Lernbereitschaft und die Fähigkeit, beständig, wahrscheinlich bis ins Alter, Neues zu lernen, sich in bislang unbekannte Bereiche einzuarbeiten und innovative Lösungen für die Herausforderungen der Zukunft zu suchen.

Diese Fähigkeit der lebenslangen Lernbereitschaft und die Resilienz, die es braucht, um in einer so stark von radikalem Wandel geprägten Zeit zu bestehen, erwerben Menschen jedoch nicht dadurch, dass sie von frühster Kindheit an Leistungsdruck ausgesetzt sind, sondern eher dadurch, dass sie Lernen positiv erleben, erfahren, dass ihre Neugier geweckt und geschürt wird und sie ihren Interessen nachgehen können. Sie erleben es durch die Erfahrung, etwas lernen zu können – das bedeutet, dass sie in der Lage sind, sich ein Mehr an Wissen und Können anzueignen.

Hier gilt es, umzudenken. Weg von der bisherigen Leistungsorientierung, die in unserem Schulsystem weiterhin gesetzt zu sein scheint, hin zu einer Lernorientierung, wie sie auch Iben Sandahl befürwortet. Lernorientierung bedeutet, dass wir den Fokus auf das legen, was unsere Kinder beispielsweise am Ende eines Schuljahres Neues können oder wissen – ganz gleich, ob sie sich damit weit vorn, im Mittelfeld oder eher ein Stück weiter hinten im Vergleich zu ihren Klassenkameraden einordnen würden. Sie haben etwas dazugelernt, ihre Fähigkeiten in einem bestimmten Bereich trainiert und können mehr. In einem positiven und bestärkenden Umfeld könnten sie dann auch die Erfahrung machen, dass Üben und Lernen sie auch in Fächern oder bei Aufgaben weiterbringt, die ihnen sehr schwerfallen. Sie werden dort vielleicht nicht die Klassenbesten – aber sie entwickeln sich weiter. Wenn diese Weiterentwicklung gewürdigt und gefördert wird, statt den Blick auf den Vergleich mit der der anderen zu richten, bleiben Kinder mutig und lernbereit.

Daraus wird auch deutlich, dass es nicht unbedingt eine gute Idee ist, Kinder auf jeden Fall in der höchstmöglichen Schulform unterzubringen. Gute Lernerfolge auf der Realschule können die Selbstwirksamkeitserwartung eines Kindes mehr stärken als die Erfahrung, trotz Paukerei auf dem Gymnasium immer zum unteren Drittel zu gehören.

Lernende brauchen die Erfahrung, dass es sich lohnt, beharrlich an etwas dranzubleiben, selbst dann, wenn es ihnen erst einmal schwergefallen ist. Diese Erfahrungen sind es, die zukünftig stark machen, davon bin ich überzeugt. Durch das Dranbleiben an Lernzielen, selbst dann, wenn es nicht die Bereiche sind, in denen man zu Höchstleistungen auflaufen kann, werden Fähigkeiten erworben, auf die man lebenslang aufbauen kann. Eigentlich sind das die erfolgreichen Lerngeschichten, viel mehr als die derjenigen Lernenden, die sehr gute Zensuren erhalten, weil ihnen das Lerngebiet von vorneherein leicht zugänglich war.

Unser leistungsorientiertes Schulsystem und die Art seiner gesellschaftlichen Verankerung würdigen solche Erfolge allerdings nicht. Vielmehr werden leistungsstarke Schülerinnen und Schüler belohnt, völlig ungeachtet der Frage, wie viel Aufwand und Anstrengung sie ihre Leistung gekostet hat und wie weit sie sich überhaupt entwickeln mussten, um gute Noten zu bekommen. So laden Geschäfte und Freizeiteinrichtungen zu den Sommerferien beispielsweise gern Kinder ein, mit ihren Zeugnissen vorbeizukommen: Für jede Eins, so das Versprechen, bekommen diese dann Einkaufsgutscheine, freien Schwimmbadeintritt oder eine Kugel Eis. Ich habe einmal bei Twitter geschrieben, dass ich gern in einer Gesellschaft leben würde, in der eine solche Marketingidee einen großen Imageschaden versprechen würde, statt bejubelt und beworben zu werden.

Denn tatsächlich trägt man mit solch einer Belohnung guter Zensuren nur denjenigen etwas hinterher, die ohnehin schon alles haben. Wo bereits von vorneherein viel ist, wird noch mehr hineingegeben.

Bildung hat in Deutschland sehr viel mit dem sozialen Status der Eltern zu tun. Sehr vereinfacht gesagt: Wer aufgrund seiner vielen Einser im Zeugnis den ganzen Sommer lang umsonst ins Schwimmbad gehen kann, hätte sich in vielen Fällen ohnehin auch die Saisonkarte leisten können. Schulisch erfolgreiche Kinder kommen mehrheitlich aus Familien mit gebildeten Eltern, die über ein gutes Einkommen verfügen. Ja – es gibt Ausnahmen. Sie kommen bei uns aber viel zu selten vor.

Ebenso bilden die Einser im Zeugnis eben nicht den Weg ab, den eine Schülerin oder ein Schüler bis dahin gegangen ist. Mitunter hat jemand, der sich in Französisch von einer Fünf auf eine Drei minus vorgearbeitet hat, eine viel beeindruckendere Lernleistung vollbracht als ein anderer, der sowieso sehr sprachbegabt ist, jeden Sommer mit seinen Eltern nach Südfrankreich fährt und sich seine Eins im Vorbeigehen holt. Nur haut die Drei minus bei uns eben keinen vom Hocker, sie macht die Anstrengung nicht sichtbar, die geleistet werden musste, um sie zu erreichen – und bringt weder Einkaufsgutscheine noch freien Schwimmbadeintritt.

Unser System belohnt gute Grundvoraussetzungen zum Lernen viel mehr als Beharrlichkeit, Ausdauer, Mut oder die individuelle Entwicklung, die jemand vollzogen hat. Dabei sind das meiner Meinung nach Fähigkeiten, die Menschen in Zukunft viel eher benötigen werden. Lernende, die die Erfahrung gemacht haben, auch auf schwierigem Terrain mit etwas Anstrengung ein zufriedenstellendes Ergebnis erzielen zu können, integrieren diese in die eigene Selbstwirksamkeitserwartung, also ihr Zutrauen in ihre Handlungsfähigkeit bei künftigen Schwierigkeiten. Wer hauptsächlich die Erfahrung gemacht hat, mit weniger Anstrengung gute bis sehr gute Leistungen zu erzielen, ist in Situationen, in denen er etwas nicht von Anfang an gut kann oder schnell versteht und wenn er merkt, dass er selbst mit Anstrengungen eben keine Höchstleistungen erzielt, sondern „nur" durchschnittliche Ergebnisse, allerdings mitunter schneller entmutigt. Oft scheitern leistungsgewohnte Menschen in solchen Situationen mehr an sich selbst und den eigenen Erwartungen als an der Aufgabe. Ein leistungsorientiertes

System zeigt seine Schattenseite nämlich dann, wenn die, die es gewohnt sind, diese Leistung zu erbringen, einmal hinter eigenen oder fremden Erwartungen zurückbleiben.

Wenn wir den Fokus hingegen weg von der Leistung legen, hin dazu, dass jeder Mensch die Möglichkeit hat, sich zu entwickeln und zu entfalten, können wir den Grundstein für die Flexibilität legen, die unsere Kinder brauchen in einer Zukunft, in der es immer wieder darauf ankommen wird, Neues zu lernen und auf die eigene Fähigkeit zu vertrauen, sich Dinge aneignen zu können.

Natürlich ist all das eigentlich eine Herausforderung, auf die nicht so sehr wir als Mütter und Väter reagieren müssten, sondern das Schulsystem. Doch zugegebenermaßen fehlt mir momentan die Hoffnung, es würde sich zeitnah bildungspolitisch so viel bewegen, dass unsere Kinder noch von einer Schule profitieren können, die Leistungsorientierung durch Lernorientierung ersetzt, die die bei uns übliche frühe Selektion von Kindern zugunsten eines längeren gemeinsamen Lernens aufgibt, die Notwendigkeit von Ziffern als Bewertungskategorien hinterfragt und Lernpläne so strickt, dass Freude und Lernbegeisterung dauerhaft bei der Mehrzahl der Lernenden erhalten bleiben. Und deshalb fürchte ich, es hängt einmal mehr an uns als Eltern, hier einen Ausgleich zu schaffen – in der Hoffnung, dass das System eines Tages nachzieht.

Zum Teil tun Eltern das bereits durch die Flucht aus dem bisherigen System. So verzeichnet Deutschland seit Jahren eine steigende Nachfrage nach Privatschulen.[6] Die Gründe hierfür sind natürlich vielfältig und es geht um weit mehr als nur um

---

6 kas/ckr: „Nachfrage nach Privatschulen steigt", *forschung-und-lehre.de*, 07.08.2019. https://www.forschung-und-lehre.de/politik/nachfrage-nach-privatschulen-steigt-2021, zuletzt abgerufen am 13.11.2013.

eine Systemfrage. Teilweise ist sogar das Gegenteil der Fall: Eltern schicken ihre Kinder auf Schulen in privater Trägerschaft, weil sie sich davon erhoffen, ihre Kinder würden dort noch leistungsstärker. Gleichzeitig steigt aber auch die Nachfrage nach reformpädagogischen Konzepten, aus dem Wunsch heraus, Kindern eine Alternative zum stark auf Leistung fixierten System zu bieten.[7]

Doch die Flucht aus diesem System ist eine Lösung, die hauptsächlich denjenigen Familien offensteht, die sowieso über viele Ressourcen verfügen. Zum einen kosten solche Schulen Geld, oft nicht wenig. Zwar bieten viele Privatschulen ein nach Einkommen gestaffeltes Schulgeld an, doch allein das öffnet die Türen trotzdem nicht für alle sozialen Schichten. Dem Kind eine schulische Alternative zum staatlichen Schulsystem zu bieten, setzt auch eine gewisse Reflexionsfähigkeit voraus und die nötigen persönlichen Ressourcen (Kraft, Sprachkenntnisse, intellektuelle Fähigkeiten, um nur einige zu nennen), um diesen Weg für das eigene Kind ebnen zu können. Dazu kommt, dass ein eigener niedriger sozialer Status oft mit großer Scham und Angst vor Ablehnung verbunden ist. Viele Selbstverständlichkeiten in diesem Bereich, wie Elternmitarbeit, gemeinsame Besuche von kulturellen Veranstaltungen oder allein schon ein Gespräch mit den Lehrkräften, werden zu einer großen Herausforderung. Ein Wechsel des Systems ist also nur für die wenigsten Kinder eine Option.

Aber auch innerhalb des Systems können wir unseren Teil dazu beitragen, dass unsere Kinder nicht rein leistungsorientiert

---

7 dpa-Meldung: „Privatschulen liegen im Trend", *zeit.de*, 07.08.2019 https://www.zeit.de/news/2019-08/07/privatschulen-liegen-im-trend #:~:text=In%20HESSEN%20verzeichnete%20das%20Kultusministerium,die%20Arbeitsgemeinschaft%20oder%20freien%20Schulen, zuletzt abgerufen am 13.11.2013.

lernen. Wir können selbst ein bisschen Druck herausnehmen. Auch beim Entstehen von Leistungsdruck stellen Eltern schließlich eine nicht zu unterschätzende Größe dar: Aus Sorge um die Zukunft ihrer Kinder, deren soziale Position und auch das eigene Ansehen sind ihnen gute Schulleistungen wichtig. Gerade Eltern von leistungsstärkeren Kindern fordern oft auch von Lehrkräften schwerere Aufgaben und noch stärkere Leistungsanreize ein. Belohnungen für gute Noten sind ein weitverbreitetes Mittel, von dem Mütter und Väter sich erhoffen, dass ihre Kinder motiviert und am Ball bleiben (wir werden darauf in einem späteren Kapitel noch ausführlicher zu sprechen kommen). Diesen bei den Eltern mitschwingenden Leistungsanspruch verinnerlichen Kinder und setzen sich fortan auch selbst unter Druck.

Schon seit den 1990er-Jahren erkennen Forscher ein immer weiter steigendes Stresslevel unter Grundschülern.[8] Das ist auch nicht verwunderlich, denn aufgrund der frühen Selektion unserer Kinder, oftmals schon nach der vierten Klasse, werden aus Sicht der Eltern dort bereits wichtige Weichen für den späteren Karriereweg gestellt. „Eine ‚Schonzeit' für Kinder gibt es heute nicht mehr", kommentiert der Kinder- und Jugendforscher Klaus Hurrelmann diesen Zustand, den er selbst besorgniserregend findet[9].

Ich erlebe es leider nicht selten, dass Eltern bereits bei Schuleintritt einen Plan für den weiteren Weg ihres Kindes haben

---

[8] U.a. Klaus Hurrelmann findet das immer wieder im Rahmen seiner Kinder- und Jugendstudien heraus. Eine Stellungnahme Hurrelmanns zu diesem Thema gibt es bspw. hier: Hurrelmann, Klaus: „Schülerinnen und Schüler unter Leistungsdruck. Wie kann die Schule wieder Spaß machen?", *Landschaftsverband Westfalen-Lippe*, ohne Datum, https://www.lwl.org/wjt-download/Zeitungsartikel/Referat_Professor_Hurrelmann.pdf, zuletzt abgerufen am 13.11.2013.
[9] Ebd.

und sogar schon eine konkrete Vorstellung davon, welches Gymnasium es denn mal werden soll. Mit solchen Erwartungen überfrachtet ist es natürlich für ein Kind schier unmöglich, nicht leistungsorientiert zu lernen. In einer Familie, in der das erklärte Ziel nach der Grundschulzeit der Besuch eines bestimmten Gymnasiums ist und nicht das einigermaßen erfolgreiche Erlernen von für den weiteren Lebensweg in jedem Falle wichtigen Fähigkeiten und Fertigkeiten, wird der Fokus nicht auf dem Lernprozess liegen, sondern immer nur auf dem Ergebnis. Allein mit einer ehrlichen Ergebnisoffenheit in Hinblick auf den Bildungsweg unserer Kinder würden wir uns einen großen Gefallen tun. Damit könnte es uns gelingen, ein bisschen Druck aus dem System zu nehmen und uns zusammen mit unseren Kindern tatsächlich nur auf den Zuwachs an Wissen und Können, an Fähigkeiten und Fertigkeiten und auf Anstrengung und Mut und schlichtweg darauf, ein weiteres Schuljahr gemeistert zu haben, konzentrieren.

Diese Ergebnisoffenheit können wir uns, wie ich oben bereits herausgestellt habe, mittlerweile auch tatsächlich erlauben. Wir müssen uns nämlich eingestehen, dass wir uns in einer von so rasanten Veränderungen geprägten Zeit befinden, dass wir schlicht nicht mehr wissen können, welche Bildungs- oder Ausbildungswege in Zukunft gefragt sind. In Zeiten, in denen so viel ins Wanken und Verschieben kommt, wird auch dieser Bereich davon nicht ausgenommen werden. Die Art und Weise, wie wir Bildung und Wissen bisher bei uns verankert haben, taugt nicht für eine Zukunft, in der es weniger darum gehen wird, der oder die Beste oder zumindest richtig gut zu sein, sondern mehr denn je darum, flexibel zu sein, sich umorientieren und neu ausrichten zu können und an sich selbst zu glauben – nicht, weil man grandios ist, sondern weil man im Zweifel in der Lage ist, ziemlich viel gut genug zu können.

Wir werden den Informatiker brauchen, der sich zutraut, etwas über Gurkenanbau in Dürregebieten zu lernen, auch wenn er bisher keinerlei Ahnung von Gemüseanbau hatte – aber schließlich hat er es völlig ohne Sprachbegabung immerhin auf eine Drei minus in Französisch gebracht. Wir werden die Bäckerin brauchen, die mit fünfzig noch einmal ein Wirtschaftsstudium beginnt, weil sie weiß, dass sie immer wieder Neues lernen kann, und nicht den Anspruch an sich hat, das Ganze mit Auszeichnung zu beenden. Wir werden den Mechatroniker brauchen, der sich in Onlinekursen im Bereich der häuslichen Pflege weiterbildet, weil genau das auf einmal seine Aufgabe wird. Wir werden Menschen brauchen, die es schaffen können, sich mehrmals im Leben in völlig neue Berufe einzuarbeiten oder auf ganz neue, kreative Art ihren Lebensunterhalt zu verdienen. Und vor allem werden wir Menschen brauchen, die nicht so sehr im Leistungsgedanken gefangen sind, dass jeder Misserfolg, jeder Tiefschlag, jeder biografische Bruch sie umwirft. Wir brauchen Leute, die sich neugierig auf die Suche nach einer neuen Wirkungsstätte machen, wenn die alte durch KIs ersetzt wird, weil sie bis dahin erfahren haben, dass so etwas kein Zeichen von Schwäche oder Scheitern ist, sondern ein ganz normaler Prozess, den man aus eigener Kraft meistern kann, oder aber man die nötige Unterstützung im Umfeld vorfindet.

Bei alldem helfen uns weder gute Schulnoten noch eine reibungslose Bildungsbiografie. Vielmehr sollten unsere Kinder am Ende ihrer Schulzeit, sei es nach neun, zehn oder dreizehn Jahren, erkannt haben, welche Methoden des Lernens und der Wissensaneignung für sie persönlich gut passen und welche nicht, wo ihre Gaben und Talente liegen und an welchen Stellen sie, auch ohne mit solchen ausgestattet zu sein, durch Beharrlichkeit, Ausdauer und Glaube an sich selbst zufriedenstellende Ergebnisse erzielen können. Kurz: Sie sollten Lernen lernen, ihre Stärken entfalten können, ihre Schwächen annehmen, ohne ihnen hilflos ausgeliefert zu sein, und mit einem gesunden Vertrauen in sich selbst genau wie in andere Menschen losziehen können, um ihren Platz in der Welt zu finden.

## 8. 50 Punkte für Gryffindor

„*Die vier Häuser heißen Gryffindor, Hufflepuff, Ravenclaw und Slytherin. Jedes Haus hat seine eigene, ehrenvolle Geschichte und jedes hat bedeutende Hexen und Zauberer hervorgebracht. Während eurer Zeit in Hogwarts holt ihr mit euren großen Leistungen Punkte für euer Haus, doch wenn ihr Regeln verletzt, werden eurem Haus Punkte abgezogen.*" So erklärt die Professorin Minerva McGonagall im ersten Band der Harry-Potter-Reihe den neu auf der Zauberschule Hogwarts angekommenen Schülerinnen und Schülern das dortige Belohnungssystem, durch das man am Ende des Jahres viel Ruhm und Ehre erreichen kann. Nun muss man dem Hogwartschen Belohnungssystem zugutehalten, dass insbesondere der Schulleiter, Albus Dumbledore, seine Punkte auf sehr kreative Art und Weise vergibt. So sind die, die am Ende am meisten Punkte erhalten, oft nicht die, die sich am besten an alle Regeln gehalten haben, sondern oft genau die, die sie gebrochen haben, weil sie das in diesem Moment für eine gute Sache hielten. Auch ein Schüler wie der in den ersten Bänden oft chronisch erfolglose Neville Longbottom kann in Dumbledores System einen Unterschied bewirken, weil der Schulleiter seinen Mut und den – wenn auch kläglich gescheiterten – Versuch belohnt, sich seinen Freunden in den Weg zu stellen.

Belohnungssysteme in unserer realen Welt belohnen selten kläglige Versuche, Scheitern und Mut an sich. Meine Kinder erzählen mir jedes Schuljahr aufs Neue, was ihre Klassenkameraden so alles an Belohnungen für gute Noten erhalten. Für jede Eins fünf Euro, einen Familienausflug fürs gute Zeugnis oder Geschenke dafür, dass sie viel geleistet haben. Doch auch die eine oder andere bestürzende Geschichte habe ich im Laufe der Jahre gehört, unter anderem die von dem Kind, das eins seiner Geburtstagsgeschenke wieder abgeben musste, weil eine Mathearbeit schiefging, aber auch von Hausarrest und „schlimmem Ärger". Meine Kinder haben das Glück, bei Eltern zu leben, die ihnen solche Strafen ersparen – und sie haben das Pech, bei Eltern zu leben, die ihnen auch all die Annehmlichkeiten und Belohnungen vorenthalten, die andere selbstverständlich bekommen, wenn sie sich in der Schule genügend angestrengt haben.

Ich halte von solchen Systemen wenig, wenngleich ich die Intention verstehe, die dahintersteckt. Wie wir im vorangegangenen Kapitel bereits gesehen haben, liegt den meisten Eltern sehr viel an einer guten Schulbildung für ihre Kinder – oder sagen wir besser: an einer erfolgreichen Schulkarriere. Gerade jüngere Schülerinnen und Schüler verstehen aber in den ersten Jahren die Tragweite der Bedeutung von Noten und Schulleistungen in unserer Gesellschaft noch nicht. Eigentlich eine sehr gute Nachricht, weil sie so noch keinen eigenen inneren Druck verspüren und unbefangen, neugierig und aus innerer Motivation heraus an Lerninhalte gehen könnten. Theoretisch könnte die Grundschule noch dieser Schonraum sein, den Klaus Hurrelmann sich für Kinder wünschen würde. Praktisch haben wir aber schon gesehen, dass dem nicht so ist, allein schon, weil die Weichen für den weiteren Weg so früh gestellt werden.

Auch fehlt vielen Eltern das Vertrauen in den grundsätzlichen Lernwillen und die angeborene Lernmotivation von

Kindern. Und tatsächlich: Gerade, wenn sie bereits eine Weile in der Schule sind, scheint es bei vielen so, als wollten sie nicht wirklich gern lernen. Die Anfangseuphorie verfliegt irgendwann und der Realitätsschock der schulischen Regeln, oft langen Schultage und der Hausaufgaben trifft die Kinder. Aus der Freude darüber, endlich ein Schulkind zu sein, wird schnell der erste Schulfrust. Spätestens hier fangen viele Eltern an, dem Lernwillen ihrer Kinder durch äußere Anreize und Belohnungen ein wenig auf die Sprünge zu helfen. Häufig funktioniert das auch. Wenn nach der halben Stunde protestfreier Hausaufgabenzeit die Belohnung in Form von Mediennutzung, extra Zeit mit den Eltern, Süßigkeiten oder eine Freizeitaktivität wartet, überwindet man den Frust oft schneller und erledigt nun mal, was zu erledigen ist. Allerdings merkt man schnell, dass das vor allen Dingen bei den Kindern funktioniert, die grundsätzlich gut in der Lage sind, das Erwartete zu leisten. Für andere droht hier schnell eine doppelte Frustererfahrung – die der Hausaufgaben, die wahlweise als zu schwer, zu umfangreich oder langweilig wahrgenommen werden, und die der nicht erhaltenen Belohnung. Letzteres wird nämlich, sobald das Kind sich an die Belohnung gewöhnt hat, als Bestrafung empfunden.

Ein weiteres Problem ist, dass durch die äußeren Anreize der innere Anreiz, Fähigkeiten und Fertigkeiten zu erwerben, mit denen man sich die Welt ein Stück mehr aneignen kann, überschrieben wird (und das ist gerade bei allem, was in der Grundschule gelehrt wird, ein wichtiger Gesichtspunkt). Es geht dann nicht mehr darum, die Lernwörter zu schreiben, damit man richtig buchstabieren lernt und am Ende eine leserliche Postkarte an die Oma schreiben kann, sondern um die Belohnungsportion Gummibärchen oder eine halbe Stunde länger Medienzeit.

Ein weiterer Effekt von Belohnungssystemen ist, dass sie den unguten Kreislauf aktiv halten, den ich im Eingangskapitel des letzten Teils beschrieben habe. Kinder entwickeln dadurch den Anspruch, sich durch harte Arbeit Belohnungen verdient zu haben, und sind frustriert, wenn diese ausbleiben. Da diese Belohnungen oft zudem materieller Natur sind, nehmen Konsumgüter (Geld, ein Geschenk, das neuste Game ...) hier den Platz von Anerkennung und Wertschätzung ein. So hängen auch unsere Kinder ihr Herz weiterhin an kurze materielle Freuden, statt etwas über sich selbst und ihre eigenen Bedürfnisse zu lernen. Ihnen fällt es fortan ebenfalls schwerer, zu unterscheiden, was sie kurzfristig wollen und was sie eigentlich wirklich längerfristig benötigen.

Es gibt also gute Gründe, als Eltern andere Wege zu gehen. Wir müssen uns an dieser Stelle auch ehrlich eingestehen, dass deutsche Grundschulen vielerorts leider zu einer Arbeitsweise gezwungen sind, bei der bei vielen Kindern die Motivation schnell verloren geht. Personalmangel, zu große Klassen, nicht immer sinnvoll ausgearbeitete Lehrpläne und eine große Diversität unter den Schülerinnen und Schülern verhindern häufig schon in den ersten Schuljahren Unterricht in einer Form, wie er den kleinen Menschen eigentlich guttun würde. Freiere, alternative und spielerische Lehrmethoden klingen oft in der Theorie gut, aber die äußeren Umstände sorgen dafür, dass sie nicht immer angewandt werden können und viele Lehrerinnen und Lehrer trotz anderer Vorsätze doch immer wieder Unterricht machen, der wenig auf die Bedürfnisse so junger Kinder ausgerichtet ist.

*Ich habe einfach ins Heft geschrieben, dass mein Sohn das Lernziel schon nach der Hälfte des Arbeitsblattes erreicht hatte,* erzählte mir eine Freundin zum Beispiel kürzlich, als wir über eine sehr umfangreiche Mathehausaufgabe unserer Kinder sprachen.

Ich habe sie sehr dafür gefeiert, denn sie hatte erkannt, dass ihr Sohn von der Masse an Wiederholungsaufgaben gelangweilt war und dies zu Frust führte. Grund für den Frust war nicht, dass die Aufgaben zu schwer waren, sondern eben einfach, dass er sich langweilte. Hinter Unlust oder Lernfrust steckt gerade bei Kindern, die noch nicht so lange zur Schule gehen, nämlich mehr als die häufig unterstellte Faulheit. Oft ist es eher so, dass sie mit Aufgaben oder der Art der Wissensvermittlung nicht gut klarkommen, dass sie sich langweilen, unter- oder überfordert sind oder die Gründe in ihrem Tagesablauf gesucht werden müssen. Statt mit Belohnungssystemen gegenzusteuern, ist es sinnvoll, hinter das Verhalten unserer Kinder zu schauen. Wenn wir wissen, warum sich ein Mensch verhält, wie er sich verhält (und es gibt immer Gründe), können wir nachhaltig gegensteuern, statt durch Belohnung nur ein Symptom zu behandeln.

Nachhaltig helfen können wir unseren Kindern eher, wenn wir sie dabei unterstützen, herauszufinden, wie sie ihre Aufgaben gut bewältigen können. Das fängt bei Schulanfängern mit der Wahl des Arbeitsortes an: allein im Zimmer oder mittendrin am Esstisch? Wann kann am besten gelernt werden? Direkt nach der Schule, nach einer ausreichenden Spielpause oder gar erst abends? Sollten Eltern sich viel einbringen und unterstützen oder möglichst viel Autonomie lassen? Die Antworten auf all diese Fragen sind individuell.

Manchmal können frustrierende Arbeiten auch in ein Spiel umgewandelt und so aufgelockert werden. Wer sagt denn zum Beispiel, dass die Lernwörter fürs Diktat alle nacheinander auf einen Zettel abgeschrieben werden müssen? Vielleicht kann man sie auch auf Karteikärtchen schreiben und im ganzen Haus verteilen und das Kind muss sie erst suchen. Vielleicht diktieren wir die Sätze auch nicht in der richtigen Reihenfolge, sondern als Quatschsätze, sodass alle etwas zu lachen haben? Oder wir tun als Eltern so, als könnten wir selbst die einfachsten Einmaleins-Aufgaben nicht ausrechnen und lassen uns von unseren Kindern korrigieren? Manchen Kindern hilft es, wenn gerade die Lernschritte, die im Kopf erledigt werden können, gar nicht sitzend am Tisch gemacht werden, sondern uns vom Trampolin aus zugerufen werden dürfen, wenn wir beim Autofahren miteinander buchstabieren oder beim Abendessen ein lustiges Zahlenspiel spielen.

Nach und nach bekommen wir und insbesondere die Kinder selbst ein Gespür dafür, was ihnen beim Lernen nützt und was für sie eher schwierig ist. Was für eine wertvolle Erfahrung für die weitere Bildungsbiografie! Viel besser als Lernfrust, der mit einer kurzfristigen Freude überpinselt wird.

Wenn ich über solche Themen spreche, kommt oft die kritische Nachfrage, ob Kinder denn heutzutage gar keinen Frust mehr aushalten müssten und ob man sie nicht verweichlicht, wenn man ihnen Frusterfahrungen erspart. Abgesehen davon, dass ich in einer Gesellschaft, die sich noch immer mit den Altlasten von „verhärteten" Seelen herumschlagen muss, die Angst vor „verweichlichten Menschen" befremdlich finde, geht es mir darum gar nicht. Ich bin unbedingt der Meinung, dass Kinder lernen müssen, Frusterfahrungen auszuhalten. Ich schrieb ja im letzten Kapitel, dass es für mich zu einer guten Lernerfahrung dazugehört, auch einmal beharrlich an etwas dranzubleiben, wenn es schwerfällt. Aber zum einen ist das auch etwas, was Kinder in kleinen Schritten erlernen müssen und nicht von vorneherein können müssen. Zum anderen kommt es auf die Art der Frusterfahrung an. Sich stundenlang mit etwas zu langweilen, was man nach der ersten Aufgabe verstanden hat, ist genauso unnötig frustrierend, wie stundenlang vor Aufgaben zu sitzen, die einen überfordern. In solchen Situationen lernt niemand mehr etwas, vielmehr entsteht hier gerade bei kleinen Menschen ein Gefühl der Hilflosigkeit und alles, was mit Schule, Lernen oder Hausaufgaben zu tun hat, bekommt eine negative Prägung. Hier nützt es nichts, zu belohnen, sondern neue Wege zu suchen, wie Kinder Erfolgserlebnisse haben können.

Auch das „sich etwas Gönnen" sehe ich nicht per se kritisch. Ich bin ein großer Fan von einer gesunden Balance zwischen Anstrengung und Erholung, zwischen harter Arbeit und Ausruhen und auch zwischen eher unschönen Aufgaben und Dingen, die Freude machen. Ich finde es aber wichtig, dass wir herausfinden, was uns wirklich in dieser Balance hält, weil auch uns Erwachsenen häufig das Gespür dafür fehlt.

Mir geht es zum Beispiel beim Schreiben dieses Buchs oft so, dass ich das Gefühl habe, mich zwischendurch mit Milchkaffee und Schokoriegeln belohnen zu müssen. Wenn ich jedoch in meinen Körper hineinspüre, merke ich, dass dieser viel eher eine warme Badewanne und einen Kräutertee zum Ausgleich bräuchte, genau wie vielleicht eine kurze Runde Yoga oder Nordic Walking. Am Ende, wenn ich dieses Manuskript endlich fertig geschrieben habe, werde ich ebenfalls das Bedürfnis haben, mich zu belohnen. Uns Autorinnen (zumindest allen, die ich kenne) ist es zu eigen, dass wir uns nach dem Schreiben eigener Bücher oft mit dem Kauf anderer Bücher belohnen. Nun sind Bücher immer eine gute Investition – aber ob es das ist, was ich in dem Moment wirklich brauche, stelle ich hier mal ehrlich infrage. Denn natürlich erfüllt das Buch in diesem Fall primär einen kurzfristigen Wunsch. Wirklich benötigen würde ich nach so langer Zeit zurückgezogen am Schreibtisch vielleicht eher ein paar ausgedehnte Spaziergänge mit Freundinnen, viel Zeit in meinem Garten oder die Erlaubnis, ein paar Tage einfach gar nichts zu tun. Trotzdem fallen auch mir natürlich zuerst materielle Wünsche ein, mit denen ich mich selbst für die „Strapazen" des Buchschreibens entschädigen kann.

Ich halte es für sehr sinnvoll für Mensch und Planet, wenn wir unsere Kinder hier zumindest teilweise anders prägen. Materielle Wünsche dürfen da sein und auch erfüllt werden. Ruhig auch einmal, um sich nach Anstrengungen und Entbehrungen selbst eine Freude zu machen. Weit wichtiger wäre aber das Bewusstsein dafür, was wir als Menschen wirklich benötigen, was uns guttut, was unserer Seele und unserem Körper hilft und was wirklich ausgleichend wirkt. Wir können unseren Kindern mit der Art, wie wir gerade ihre ersten Schuljahre begleiten, helfen, dieses Bewusstsein zu entwickeln und ihre eigene Balance zwischen Anstrengung und Ruhe, zwischen Durchbeißen und Müßiggang zu finden. Denn wenn sie diese gefunden haben, werden sie gute Wege wählen und sich seltener in kurzfristigen Freuden verlieren, die sie nicht langfristig zufrieden machen.

Doch bedeutet das jetzt, dass wir Lernerfolge gar nicht mehr feiern und würdigen dürfen? Nein, das bedeutet es aus meiner Sicht auf gar keinen Fall. Im Gegenteil, ich finde es wichtig, dass wir für unser Kind sichtbar machen, dass es etwas gelernt hat, und zwar in jedem Fall. Ich finde es gut, seine Entwicklung immer wieder in den Vordergrund zu stellen und mit ihm zusammen darauf zu schauen, was gut geklappt hat, und gemeinsam zu reflektieren, was dazugelernt wurde. Das kann man bei jedem Ergebnis und ganz unabhängig von Zeugnisnoten machen. Das Ende eines Schulhalbjahres ist zum Beispiel immer ein stichhaltiger Grund, einmal innezuhalten und gemeinsam auf das Geleistete zu schauen – denn das ist in jedem Fall eine ganze Menge.

## 9. Höher, schneller, Superparent

Kennst du noch den kalten Hund, Sackhüpfen, Eierlaufen, Würstchenfangen und diese Tischdecken aus Papier, die man mit Stiften anmalen konnte, während die Eltern in der Küche die Pommes aus dem Ofen holten? Wenn ja, hast du wahrscheinlich in den 1980er-Jahren ab und zu mal einen Kindergeburtstag gefeiert. Meine sahen jedenfalls genau so aus und in meiner Erinnerung haben auch all meine Freundinnen von damals ihre Geburtstage so oder so ähnlich gefeiert. Bei meinem Bruder hatten meine Eltern es noch einfacher, denn seine Gästeschar bestand normalerweise aus der Hälfte seines Fußballvereins und alles, was dann noch gebraucht wurde, war eine Rasenfläche und ein Ball. Als wir älter wurden, wurde das Programm um die Varianten Minigolf und Kegeln erweitert. Ich habe beides nicht sonderlich gemocht.

Als ich selbst anfing, die ersten Kindergeburtstage meiner Kinder zu feiern, stellte ich schnell fest, dass man ja so viel mehr machen kann. Das nahm ich anfangs sehr erleichtert zur Kenntnis, denn ich kann mich bis heute gut dran erinnern, dass mir kalter Hund nicht schmeckte, ich zum Sackhüpfen immer zu kurze Beine hatte, beim Eierlaufen keinen Meter weit kam, ich natürlich als Kleinste meines Jahrgangs *nie* auch nur in die Nähe meines Würstchens kam und die Tischdecken beim Anmalen zerrissen.

So entdeckte ich für uns die Mottopartys, als meine eigenen Kinder klein waren. Was für das jeweilige Kind gerade besonders spannend war, wurde zum Oberthema für die Geburtstagsfeier. Im Laufe der Jahre habe ich unter anderem Feuerwehrpartys, Anna-und Elsa-Geburtstage, Roboternachmittage und natürlich Harry-Potter-Feste gefeiert. Inspirationen zur Gestaltung solcher Kindergeburtstage findet man im Internet zuhauf, sei es die passende Deko, Spiele oder die Gestaltung des Kuchens. Wobei ich bei Letzterem meistens pragmatisch bin und nur Muffins verziere. In meine Küche kommt mir kein Fondant! Und wenn solche Kuchen doch auf meinem Tisch stehen, dann weil meine begabte Schwägerin sie gebacken hat.

Nun könnte das eigentlich eine coole Geschichte darüber sein, wie Traditionen sich von Generation zu Generation verändern und wie am Ende das Wesentliche bleibt, nämlich, dass die kleinen Geburtstagskinder einen tollen Tag hatten (hatte ich damals übrigens auch meistens, trotz Eierlaufens und wegen der Muffins meiner eigenen Mutter und den anderen Kindern, die mir zu Ehren gekommen waren). Doch irgendwie ist das Ding mit den Kindergeburtstagen in der heutigen Elterngeneration aus dem Ruder gelaufen, weil sich auch hier höher-schneller-weiter zur Messlatte für einen erfolgreichen Ehrentag gemausert hat. Und natürlich hat das längst ein ganzer Industriezweig für sich entdeckt. Nicht nur Indoorspielplätze, Kletterhallen und Fast-Food-Läden bieten mittlerweile Kindergeburtstags-Specials an, selbst manches Möbelhaus hier verfügt über einen Geburtstagsraum, den Eltern mieten können, und die Bespaßung der Kinder durch die Mitarbeitenden gleich mit. Man kann sich inzwischen auch Hüpfburgen für den eigenen Garten ausleihen oder im Schwimmbad den Bademeister gleich mitbuchen und die Kinder ein Schwimmabzeichen machen lassen. Es gibt Koch- und Backkurse für Kinder und die Mitgebselbeutel am Ende solcher Feiern sind oft mehr wert als das Geschenk, das man dem Geburtstagskind mitgebracht hat. Man kann für einen gelungenen Kindergeburtstag mittlerweile den Gegenwert eines halben Jahresurlaubs ausgeben – und Eltern tun dies auch. Denn natürlich wünschen sie sich so sehr, dass dieser Tag ganz besonders wird!

Ich kann das so gut nachvollziehen. Denn auch ich finde den Gedanken, dass eins meiner Kinder ausgerechnet am eigenen Geburtstag unglücklich ist, schwer auszuhalten. Außerdem möchten wir doch alle, dass unsere Kinder mit den anderen mithalten können und nicht die sind, die einen „langweiligen" Kindergeburtstag veranstaltet haben, während man bei allen anderen Feiern beim Lasertag waren. Die Frage ist allerdings – werten Kinder ihre Feiern tatsächlich so sehr gegeneinander auf, wie wir vermuten, oder ist das eher das Ding von uns Erwachsenen?

Eine Erfahrung, die ich als Ausrichterin sehr viele Kindergeburtstage gemacht habe, ist nämlich die: Früher oder später wünschen sich die kleinen Gäste tatsächlich Zeit zum freien Spielen. Oft möchten sie einfach nur zusammen sein, sich in Rollenspiele, Lego oder Autorennen vertiefen. Meine Spielideen und ich stören da nur. Kindern geht es bei solchen Feiern vor allen Dingen darum, in einer Gruppe Gleichaltriger, die sie gernhaben, Spaß zu haben. Das Wesentliche ist nicht die Torte, nicht der tolle Ort und auch nicht die Mitgebsel am Ende: Viel wichtiger ist, dass sie mit ihren Freunden zusammen feiern. Bei uns wurden schon komplett geplante Partys über den Haufen geworfen, weil ausgerechnet der beste Freund eines Kindes nicht kommen konnte und seine Anwesenheit so viel mehr wert war als der geplante Besuch beim Bubble-Soccer.

Angesichts des Stresses, den wir uns oft mit solchen Feiern machen und den hohen Kosten, die entstehen können, sollten wir uns daher einmal fragen, aus welchen Motiven wir heraus wir Feiern planen und ob nicht auch da wieder alte Glaubenssätze ein gehöriges Wort mitreden. Dass wir Eltern nämlich das Gefühl haben, wir müssten uns jedes Jahr aufs Neue sieben Beine ausreißen, um einen unvergesslichen Tag zu gestalten, hat natürlich auch hier wieder etwas damit zu tun, dass wir „gut genug" als nicht wirklich gut genug empfinden. Wir Erwachsenen haben das Gefühl, nicht nur eine langweilige Schnitzeljagd aufbieten zu dürfen, wenn doch der Fun-Park, in dem alle so viel Spaß hätten, auch eine Option wäre.

Oft höre ich auch Argumente wie: Sie sind doch nur so kurz klein, da macht es mir nichts aus, all den Aufwand und das Geld in sie zu investieren. Oder: Wir haben nur das eine Kind, da können wir uns das doch leisten. Auch das kann ich gut nachvollziehen. Tatsächlich geht die Zeit, in der sie ihre Geburtstagsfeiern mit uns zusammen gestalten wollen, eigentlich recht schnell vorbei, und selbstverständlich kann eine Familie mit einem Kind mehr Geld in einen Kindergeburtstag investieren als eine, die so eine Feierlichkeit im Jahr drei bis fünf Mal ausrichten muss. Und es spricht auch gar nichts dagegen, unseren Kindern gegenüber großzügig zu sein, wenn uns das möglich ist. Haben wir im Übrigen auch schon gemacht, ich schreibe diese Zeilen nicht vom hohen Ross einer, die alles besser weiß, sondern mitten aus der eigenen Betroffenheit heraus.

Natürlich gibt es viele andere gute Gründe, eine Feier mit fünf bis zehn Kindern auszulagern. Manche Wohnungen sind einfach nicht dafür gemacht, dass dort ein wilder Haufen alles auseinandernimmt. Eltern haben oft großen Respekt vor der Verantwortung, die es bedeutet, einen Tag lang auf eine Gruppe Kinder aufzupassen, und es entlastet sie, wenn jemand anders, der das vielleicht sogar professionell macht, dies für sie übernimmt. Außerdem – seien wir mal ehrlich – wir alle kennen das Gefühl der Erleichterung, wenn endlich der letzte Geburtstagsgast das Haus wieder verlassen hat und dieser Tag rum ist. Für uns Eltern ist eine solche Feier nämlich vor allem eins: außerordentlich anstrengend! Nicht jeder Elternteil hat die Kapazitäten oder die Voraussetzungen, so etwas selbst und im eigenen Zuhause auszurichten. Auslagern kann also eine wirklich gute Alternative sein.

Unsere Motive, einen Kindergeburtstag in der Kletterhalle, beim Lasertag oder im Museum statt zu Hause mit Sackhüpfen zu veranstalten, können gut und für uns und unsere Situation stimmig sein. Sie können aber auch von falschen Glaubenssätzen überlagert werden. Im ersten Teil des Buches habe ich darüber geschrieben, dass oft gerade in den sozialen Medien schöne Bilder von Torten, Deko oder anderen Dingen, die Eltern für ihre Kinder getan haben, mit Geborgenheit oder Fürsorge betitelt werden und so auch uns den Eindruck vermitteln, es läge an uns, diese wichtigen Grundgefühle durch unser Tun zu erzeugen. Auch hier können sie wieder durchbrechen, die alten Muster der Generationen vor uns, die Liebe oft nur durch materielle Zuwendung zeigen konnten. Auch wir haben heute manchmal noch das Gefühl, hauptsächlich dann besonders gute Eltern zu sein, wenn wir unseren Kindern eine bestimmte Art von Luxus ermöglicht haben, wenn unser Geburtstagsausflug sich abhebt von dem der anderen Kinder oder der Sandkasten in unserem Garten größer, bunter und ausgefallener ist als derjenige der Familie nebenan. Denn nicht nur bei Kindergeburtstagen neigen wir dazu, uns zu überschlagen und immer noch eins draufsetzen zu wollen. Gerade unter Mittelschichteltern gibt es auch andere Bereiche, in denen wir aus dem Wunsch heraus, es besonders gut für unsere Kinder zu machen, überdrehen. Von der Ernährung über die Kleidung bis hin zur Gestaltung von Spielverabredungen; von der Hausaufgabenbetreuung über das ehrenamtliche Engagement in ihren Schulen und Vereinen; wir können an der Seite unserer Kinder heute viel Gutes bewirken – oder den Bogen überspannen. Elternsein ist heute auch oft eine Gratwanderung. Ich rate uns daher allen: Wir sollten uns selbst von Zeit zu Zeit fragen, ob wir uns für unsere Kinder engagieren, weil wir der festen Überzeugung sind, ihnen etwas Gutes zu tun, oder ob wir das Gefühl haben, nach außen etwas darstellen zu müssen und unsere Liebe und unsere Fürsorge durch Symbole zur Schau zu stellen.

Und bevor sich jetzt jemand einredet, hier völlig frei zu sein: Ich glaube, das sind wir alle nicht! Ich persönlich backe sehr gern Pfannkuchen oder Waffeln für den Nachmittag, wenn meine Kinder Besuch haben. Und manchmal stelle ich einfach nur eine Packung Kekse auf den Tisch. Und ja – ich habe schon bewusst die gesunden, raffinierten zuckerfreien Dinkel-Möhren-Waffeln gebacken, und zwar nicht, weil ich davon überzeugt war, dass das das Beste für die kleinen Menschen um mich herum ist, sondern um die anderen Eltern zu beeindrucken. Einer dieser Versuche endete besonders kläglich: Ich hatte für zwei Besuchskinder nicht nur eine Tomatensoße aus frischen Tomaten gekocht (Fertigsoßen? Ich doch nicht!), sondern auch ein Kompott aus Nachbars Rhabarber. Die Besuchskinder waren mäßig begeistert und hielten sich dezent zurück, meine eigenen Sprösslinge leider nicht. Sie aßen ihre gesunden Nudeln und nicht nur das eigene Kompott, sondern auch die Portionen ihrer Freunde. Bedauerlicherweise war mir nicht bewusst, dass diese Kombi viel zu säurehaltig für kleine Kindermägen ist – besonders in großer Menge. Das Ende ist schnell erzählt. Eine halbe Stunde später ließ ich die Besuchskinder vorsichtshalber abholen und reinigte vollgespuckte Kinderzimmerteppiche. Meine Freundin Anne macht sich bis heute gern über diesen jämmerlichen Versuch meinerseits lustig, die gute Öko-Mutti zu spielen.

Vielleicht fällt auch dir die eine oder andere Anekdote ein, in der du dich hast mitreißen lassen und in der du mehr darauf bedacht warst, dich selbst als guter Elternteil zu inszenieren, anstatt wirklich einen Mittelweg aus Engagement, kindlichen Vorlieben und Bedürfnissen und gesundem Pragmatismus zu finden. Solange das hin und wieder einmal vorkommt, sind es nette Geschichten zum Lachen (und daraus Lernen). Schwierig wird es, wenn wir uns auch in diesem Bereich vom Höher-schneller-weiter-Sog mitziehen lassen und häufig das Gefühl haben, mehr tun, mehr kaufen, mehr ermöglichen zu müssen, um „das Beste" für unsere Kinder zu geben.

Wir erinnern uns: Wir schleppen diesbezüglich einen Rucksack mit uns herum. Manche tragen schwerer, andere weniger schwer daran. Wir haben verinnerlicht, dass unser Sosein auch immer etwas mit dem zu tun hat, was wir nach außen zeigen. Auch in uns hat sich abgespeichert, dass man sich Liebe und Zuwendung durch Leistung verdienen und seine eigenen Gefühle für die Kinder auch in dieser Form zeigen kann. Großes Engagement in der Elternschaft durch materielle Zuwendung, besonders perfekt geplante Geburtstagsfeiern, vielleicht sogar das Übertrumpfen anderer Eltern, werden so im Extremfall auch für uns zu einer Ausdrucksform von Liebe und Zuwendung, die wir für nötig und wichtig halten!

Genau das haben wir aber *nicht* nötig. Kein Kind fühlt sich geliebter, weil es den besten Kindergeburtstag hatte oder das größte Klettergerüst im Garten. Umgekehrt fühlt sich keins ungeliebt, nur weil ihm solche Dinge verwehrt bleiben. Beide Varianten lösen ein kurzfristiges Glücksgefühl beziehungsweise eine Weile Frustration aus, beides aber ist, wie wir schon gesehen haben, kein Kriterium für eine längerfristige Lebenszufriedenheit.

Das bedeutet nicht, dass materielle Möglichkeiten völlig bedeutungslos sind. Wenn Kindern durch Armut die Teilhabe am Alltag Gleichaltriger unmöglich gemacht wird, wirkt sich das durchaus negativ auf das Selbstwertgefühl und die Entwicklung aus. Doch darüber sprechen wir hier nicht. Von Nichtteilhabe sprechen wir, wenn Kinder in völlig unterschiedlichen Lebenswelten groß werden, wenn beispielsweise für manche Kinder schon ein gelegentlicher Freibadbesuch, die Mitgliedschaft im Verein, die Klassenfahrt oder der Büchereiausweis nicht drin ist, während das für alle um sie herum selbstverständlich ist. Wir müssen hier unterscheiden zwischen einer Basis, die jedem Kind zur Verfügung stehen sollte und für deren Vorhandensein wir auch alle gesellschaftlich die Verantwortung übernehmen müssen, und Dingen, die oft weit darüber hinausgehen.

„Wo ist da noch die Möglichkeit zur Steigerung?", fragte mich eine Freundin einmal, als wir uns über sehr üppig gefüllte Adventskalender einiger Kinder im Umfeld unterhielten. Genau das finde ich generell eine wichtige Frage, wenn wir schon aus „kleineren" Veranstaltungen wie einem achten Kindergeburtstag ein gigantisches Happening machen. Was machen wir dann beim zehnten Geburtstag? Wie gestalten wir andere, wichtige Tage im Lebenskreis – wie die Konfirmation oder den Schulabschluss?

„Und was für Jobs müssen die später mal machen, um diesen Lebensstandard zu halten, den sie von klein auf gewohnt sind?", fragte eine andere Freundin. Auch das ist ein wichtiger Punkt: Wir haben uns schon im ersten Teil des Buches viel mit möglichen Zukunftsszenarien beschäftigt und wissen, dass wir nichts wissen. Doch wir können davon ausgehen, dass die steile Wohlstandsentwicklung, die die Generationen seit den

Nachkriegsjahren erleben durften, sehr wahrscheinlich ihr Ende erreicht hat. Ich habe in den ersten Kapiteln beschrieben, wie sich das auf unser Sicherheitsgefühl auswirkt: Wir fühlen uns subjektiv bedroht, obwohl es uns objektiv noch immer viel besser geht als der großen Mehrheit der Weltbevölkerung. Krisenbewältigung wird in Zukunft auch viel damit zu tun haben, wie wir uns selbst und unsere eigene Situation erleben, was wir als bedrohlich empfinden und wo wir uns gut in neue Wirklichkeiten einpassen können.

Wir tun unseren Kindern keinen Gefallen, wenn wir in unserer Art der Erziehung und Begleitung weiterhin so leben, als müsse immer alles noch größer, noch besser, noch besonderer werden. Unsere Kinder brauchen maßgeblich Zugang zu Dingen und Erlebnissen, die sie dauerhaft zufrieden und nicht nur kurzfristig glücklich machen. Die Erfahrung, dass Verwandte, Freundinnen und Freunde mit ihnen an ihrem Ehrentag zusammen feiern, sie gernhaben und für sie da sind, ist wertvoll. Begegnungen und Gemeinschaft sind wichtig. Gemeinsam etwas erleben, vielleicht eine Aufgabe bewältigen – wie eine Schnitzeljagd oder eine Bastelaktion – schweißt zusammen und schafft Erinnerungen. Doch all das braucht keinen riesengroßen Rahmen.

Das bedeutet natürlich nicht, dass wir nicht auch einmal die Highlights suchen und größere Erlebnisse schenken können. Ich möchte mich nicht selbstgerecht über all die Eltern erheben, die gern mit ihren Kindern in Schwimmbäder und Kletterparks, in Restaurants oder Möbelhäusern Geburtstag feiern. Auch ich habe das wie erwähnt schon gemacht und auch in anderen Bereichen bin ich sicher kein glühendes Minimalismus-Vorbild. Du liebe Zeit, wenn du die Adventskalender meiner Kinder sehen könntest, oder die Kinderzimmer. Von meinem eigenen Bücherregal sprechen wir lieber gar nicht!

Es geht nicht darum, jedes Event zu hinterfragen, jedes Geschenk, jede Art von elterlichem Engagement und jede Stelle, an der du mehr gibst als vielleicht gerade nötig. Es geht mir um ein grundsätzliches Bewusstsein, ein Bewusstsein dafür, dass unser Tun im Hier und Jetzt die Zukunftsvorstellungen unserer Kinder prägt und die Erwartungen an das eigene Leben. Wenn sie immer nur erleben, dass dem materiellen Überfluss kaum Grenzen gesetzt sind, erwarten sie das auch für ihre Zukunft. Begrenzungen in diesem Bereich erleben sie dann als bedrohlich, ihren Lebensstandard ankratzend und Abstiegsängste schürend. Es geht mir auch um ein Bewusstsein dafür, dass wir die Vorstellungen unserer Kinder von Glück und Zufriedenheit prägen. Wir haben das Thema im letzten Teil bereits angeschaut. Eine zentrale Aufgabe von uns als Eltern ist es, in unseren Kindern ein gesundes Bewusstsein dafür zu wecken, was sie wirklich benötigen. Ich wünsche mir, dass sie in der Lage sind, gut auseinanderzuhalten, was sie für ein gutes Maß an Lebenszufriedenheit brauchen und was ihnen kurzfristig ein Glücksgefühl schenkt, aber mittelfristig verzichtbar wäre. Auch hier geht es keinesfalls darum, sich nie kurzfristig glücklich zu machen. Natürlich können wir einander oder uns selbst eine Freude machen. Genau wie ich mir wünsche, dass man mir Bücher schenkt, liebe ich es, meinen Kindern ihr lange gewünschtes Spielzeug zu kaufen oder ihnen die Teilnahme an einem Konzert oder einem Bundesligaspiel zu ermöglichen. Wichtig ist nur, dass sie lernen, dass sich in diesen Dingen nicht entscheidet, wie sie durchs Leben gehen. Sie sollen andere Werte kennenlernen: Gemeinschaft und Verbundenheit, Freude und Dankbarkeit im Kleinen, ein Zutrauen in sich selbst und ihre Fähigkeiten. Deshalb empfinde ich es als wichtig, dass wir uns immer mal wieder in der Art, wie wir unsere Elternschaft leben – und vor allen Dingen was die dahinterliegenden Motivationen angeht – hinterfragen.

Es geht dabei auch nicht nur um Kindergeburtstage, dieses Thema umfasst vielmehr ziemlich viele Bereiche unseres Elternlebens. Selbst mit unserem gesellschaftlichen Engagement können wir übers Ziel hinausschießen und Ungleichheiten zementieren. Es ist etwa völlig in Ordnung, als Elternvertreterin oder Elternvertreter am Schuljahresende Wertschätzung für die Lehrkräfte zu zeigen und ein kleines Geschenk im Namen der Elternschaft zu überreichen. Problematisch wird es, wenn dafür ein Beitrag vonseiten der einzelnen Familien erwartet wird, den nicht alle leisten können. Man kann auf finanzieller Ebene übers Ziel hinausschießen, wenn man automatisch erwartet, dass der Betrag, den man selbst in der Lage ist zu geben, auch für alle anderen machbar ist, aber auch auf andere Art. Kürzlich berichtete mir eine Freundin von einem viel zu komplizierten Bastelprojekt, das auf Anregung einzelner Eltern von allen Familien in der Klasse zu Hause durchgeführt werden sollte. Besser privilegierte Familien bekamen es schon oft nur unter Fluchen und Schimpfen hin, denn schließlich sind wir nicht alle mit dem Bastel-Gen geboren, für viele andere Familien war ein solcher zeitlicher und handwerklicher Aufwand absolut undenkbar. Die Folge waren traurig dreinblickende Kinder, die feststellen mussten, dass es ein Geschenk für die Lehrerin gab, an dem sie nicht partizipieren konnten.

Ich finde, das ist ein anschauliches Beispiel, wie Symbolik mit Wertschätzung verwechselt werden kann. Es wäre auch viel einfacher möglich gewesen, diese der Lehrerin gegenüber zum Ausdruck zu bringen. Aufwendige Basteleien hingegen bedienen vor allen Dingen den Wunsch nach einer großen Außenwirkung, auf Kosten derer, die hier nicht mithalten können.

Jede und jeder von uns hat wohl andere Achillesfersen, wenn es darum geht, große Symbolik und gutes, wertvolles Handeln miteinander zu verwechseln. Deshalb finde ich es wichtig, dass wir uns alle gelegentlich reflektieren, um so vielleicht etwas weniger oft in diese Art der Fallen zu tappen:

Welches Bedürfnis glauben wir, unseren Kindern mit unserem Handeln zu erfüllen und treffen wir damit überhaupt ins Schwarze? Von welchen Grundgedanken lassen wir uns leiten, wenn wir Feiern planen, Geschenke besorgen, Freizeitaktivitäten planen oder Brotdosen befüllen? Wo tappen wir vielleicht in eine Falle und versuchen, uns in unserer Elternschaft über Symbolik größer zu machen und von anderen abzuheben, weil uns weniger hilfreiche Glaubenssätze leiten? Wo fühlen wir uns getrieben und haben das Gefühl, mithalten zu müssen? Was macht uns wirklich Freude, ist gut machbar für uns, bringt uns im Zweifel sogar Erleichterung statt zusätzlichen Stress?

Ich fürchte, ich werde auch in Zukunft immer wieder mal auch falsch abbiegen. Aber ich möchte dich einladen, mit mir zusammen beständig an diesen Themen dranzubleiben! Ich glaube, damit können wir viel Gutes bewirken.

## 10. Findet euren Weg!

*I*ch bin mir im Klaren darüber, dass die letzten Kapitel sehr herausfordernd waren. So tief und konkret in familiäre Werte und die Art, Elternschaft zu leben, hineinzusprechen, wie ich das getan habe, ist eine heikle Sache. Rasch stößt man hier auf Abwehr und Triggerpunkte. Das kann ich gut verstehen. Auch ich habe beim Schreiben immer wieder gezweifelt: Darf ich das schreiben? Wer bin ich, materielle Zuwendung zu kritisieren oder die Bedeutung, die Eltern der Schulkarriere ihrer Kinder beimessen? Habe ich nicht selbst Kinder auf einer Privatschule, hänge ich nicht selbst Jahr für Jahr viel zu üppig befüllte Adventskalender auf und vor allem: Bin ich nicht selbst oft genug genervt, wenn Menschen mir dazu ihre Meinung aufdrängen wollen?

Das Ding ist nämlich, für viele Entscheidungen, die wir diesbezüglich treffen, haben wir ausgezeichnete, individuelle Gründe. Nicht alles, was wir tun, machen wir unreflektiert und um andere zu übertrumpfen oder uns abzuheben. Im Gegenteil, wir sind mehrheitlich eine sehr reflektierte Elterngeneration, die häufig ja sogar dafür kritisiert wird, zu viel infrage zu stellen und in den eigenen Entscheidungen zu viele Standpunkte in Erwägung zu ziehen. Und wir sind nun einmal Kinder unserer Zeit. Töchter und Söhne unserer Eltern, Enkel und

Urenkel unserer Vorfahren. Wir tragen einen Teil ihrer Überzeugungen mit uns herum – und manche Lebensstrategien, Haltungen und Einstellungen, die einst für sie hilfreich waren, sind für uns (jedenfalls in ihrer ursprünglichen Form) heute hinderlich. Diese für uns sichtbar zu machen und die Stellen zu benennen, in denen wir die Klötze am Bein oft unbemerkt mit uns herumtragen, darum geht es mir in diesem Buch. Nicht, um andere zu beschämen, mich zu erheben oder neue, ebenso dogmatische Wege vorzugeben. Wenn ich in den letzten Kapiteln über Stressfaktoren im Familienleben, Bildungsbiografien, Belohnungssysteme oder Kindergeburtstage geschrieben habe, dann nicht, damit du hier und heute alles über den Haufen wirfst, was bisher dein Leben bestimmt hat.

Es geht mir darum, erst einmal überhaupt ein Bewusstsein dafür zu schaffen, dass oft unbewusst ganz andere Motive hinter unserem Handeln stecken, als wir meinen. In manchen Bereichen stellst du aber vielleicht für dich selbst fest, dass dem in eurem Fall nicht so ist und sich euer Weg für euch weiterhin total stimmig anfühlt. Wer wäre ich, dir da hineinzureden und es für dich besser zu wissen? Vielmehr hoffe ich, dass die letzten Seiten dich vor allem an den Stellen berührt haben, an denen du sowieso das Gefühl hattest, dass es im Moment eben nicht stimmig ist. Ich wünsche mir, dass du den Mut findest, dich an den Stellen zu bewegen, an denen es für dich und deine Familie hilfreich und machbar ist. Niemand muss sein Leben komplett über den Haufen werfen. Wir erinnern uns: Es geht in diesem Buch um die Kraft kleiner, machbarer Veränderungen. Ich bin nämlich überzeugt, dass es schon dann einen riesigen Unterschied macht, wenn wir uns überhaupt bewegen. Im Gegenzug kann es die Dinge verschlimmern, wenn wir von heute auf morgen versuchen, alles umzuwerfen. Aus solchen Versuchen entsteht selten eine nachhaltige Verbesserung. Solche gibt es überall dort, wo Familien sich langsam, in ihrem Tempo und in den Bereichen, die sie selbst für sinnvoll halten, auf den Weg machen.

Das Höher-schneller-weiter unserer Generation zu hinterfragen, soll nicht zum zusätzlichen Stressfaktor werden, nicht zu einem neuen Punkt auf deiner sowieso schon überfüllten To-do-Liste. Natürlich wünsche ich mir von diesem Buch, dass sich für uns alle als Gesellschaft etwas verändert: Dass wir bescheidener werden und mehr unsere langfristige Zufriedenheit im Blick haben als kurzfristiges Glück. Ich wünsche mir, dass wir zu einem Lebensstil finden, der weder unsere menschlichen Ressourcen noch die unseres Planeten ständig ins Minus bringt. Doch ich habe auch dich und deine Familie im Blick. In meiner Arbeit geht es mir immer darum, dass Eltern und Kinder gut miteinander leben. Ich möchte Familien helfen, aus dem oft sehr stressigen Lebensentwurf herauszufinden, den Eltern heute leben. Ich sehe immer wieder, welche Folgen es für Mütter, Väter und Kinder hat, wenn der Alltag komplett durchgetaktet ist, die Erwartungen viel zu hoch sind und die eigenen Ansprüche, es möglichst perfekt zu machen, einen daran hindern, ab und zu unperfektes, chaotisches Glück im Kleinen zu genießen.

Ich glaube fest daran, dass wir es uns selbst an so vielen Stellen einfacher machen könnten, wenn wir den einen oder anderen Glaubenssatz hinter uns ließen. Genau dazu lade ich dich ein. Denk noch einmal über die letzten Kapitel nach und wo sie in deinen Alltag gesprochen haben und an welchen Stellen du eher das Gefühl hattest, dass meine Worte wenig mit dir zu tun haben. Ich bin mir sicher, es gab Stellen, da haben dich meine Worte erleichtert und du hast dir gewünscht, mehr Leichtigkeit zu finden und Ansprüche loszulassen. An anderen dachtest du aber vielleicht auch „Auf keinen Fall!" oder „Wie soll das gehen?" Beides sind wichtige Botschaften. Wenn du etwas verändern willst, fang da an, wo du mitgehen konntest.

Ein weiterer entscheidender Faktor hin zur Veränderung ist, dass wir diese nicht länger nur als Einzelkämpfer angehen, allein in unserer Kleinfamilie. Denn neben den eben genannten Stressfaktoren führt auch dies dazu, dass wir es in unseren Familien – aber auch als gesamte Gesellschaft an vielen Stellen unnötig schwer haben. Um die Möglichkeit, dem entgegenzutreten, soll es im dritten Teil gehen.

# Teil III

## 11. Wir sind Herdentiere – über die Kraft der Gemeinschaft

Den Jahreswechsel 2006/2007 wollten mein Mann und ich ganz besonders verbringen. Wir hatten uns für fünf Tage in dem kleinen Hotel eingemietet, in dem mein Mann mich einige Monate zuvor gefragt hatte, ob ich seine Frau werden wolle. Wir freuten uns auf entspannte Tage im Schnee und den Geruch der Apfelweinkelterei. Ich hatte mir vorher in den buntesten Farben ausgemalt, wie es sein würde, nach Winterspaziergängen in genau dieser Kelterei zu sitzen, heißen Apfelwein zu trinken und die leckere Pfannenpizza zu essen. Außer Acht gelassen hatte ich dabei jedoch die Tatsache, dass auf diese Idee auch richtig viele andere Menschen kommen würden. Und so fand ich mich zwei Tage vor Silvester in einem bis auf den letzten Platz besetzten Gastraum wieder, in der leider keine Pizza angeboten wurde, sondern ein Menü des Abends für alle. Dieses Menü, das sei hier der Fairness halber erwähnt, schmeckte ganz wunderbar – ein echtes kulinarisches Highlight. Das ist allerdings leider das einzig Positive, was ich über diesen denkwürdigen Abend zu berichten habe. Der Rest war traurig.

Unseren Tisch teilten wir mit zwei anderen Paaren. Eins war in unserem Alter und ich habe nur noch sehr grobe Erinnerungen an sie. Die anderen werde ich wohl nie vergessen. Mein

Mann und ich haben sie Schnabbel und Gerd getauft, weil wir etwa zu dieser Zeit Hape Kerkelings Buch „Ich bin dann mal weg" gelesen hatten und uns ziemlich sicher waren, mindestens die Zwillinge des unsympathischen deutschen Ehepaars getroffen zu haben, das Kerkeling auf dem Jakobsweg immer wieder über den Weg lief – wenn nicht sogar selbige höchstpersönlich.

Außer uns war an diesem Abend noch eine Reisegruppe im selben Hotel und hatte für sich den Raum über der Apfelweinkelterei gebucht. Allerdings führte zu diesem Raum eine enge, steile Wendeltreppe hinauf. Eine schon deutlich betagte Teilnehmerin dieser Gruppe war nicht mehr in der Lage, diese hinaufzugehen. So kam es, dass der Wirt uns fragte, ob wir auf unseren Sitzbänken etwas zusammenrutschen könnten, damit die Frau stattdessen bei uns unten sitzen kann. Mein Mann und ich bejahten fröhlich, Schnabbel verzog das Gesicht, rutschte aber schließlich mit dem Kommentar: „Nur, wenn wir dafür ein Getränk aufs Haus bekommen" doch zur Seite. Die sehr unglücklich wirkende Frau nahm also bei uns Platz, nippte still an einem Heißgetränk und wünschte sich wahrscheinlich, ein großes Loch möge sich im Boden auftun, in dem sie verschwinden könnte – oder die grantig dreinschauende Schnabbel. Ungefähr, als wir mit unserem Hauptgericht fertig waren, wurde sie von ihrer Gruppe wieder eingesammelt.

Kaum war sie weg, begannen Schnabbel und Gerd laut zu schimpfen. Was für eine Zumutung das gewesen sei, dass diese Frau bei uns gesessen hatte. Wie eng das gewesen wäre. Dass wir nun endlich das Freigetränk bekommen müssten und sie eine Entschuldigung von der Seniorchefin des Hauses persönlich erwarteten. Und diese Frau, so stellte Schnabbel klar, sollte mal einsehen, dass sie zu alt für solche Reisen sei. Was die alten Menschen sich nur immer einbildeten, körperlich nicht mehr fit genug, aber immer alles mitmachen wollen.

Mein Mann und ich warfen uns abwechselnd irritierte Blicke zu oder schauten peinlich berührt nach unten, wenn die Rede wieder auf das Freigetränk kam, dass uns doch jetzt zustehen würde. Zu meinem Entsetzen nickte das andere junge Ehepaar jedoch öfter zustimmend.

Nachdem Schnabbel und Gerd ihren sich erschimpften Apfelsherry aufs Haus gekippt hatten, nahmen sie sich die nächste Randgruppe vor, deren Anwesenheit sie als Zumutung empfanden: die Kinder, die mit ihren Eltern fünf Tische weiter saßen. Wieso um alles in der Welt, wollte Schnabbel wissen, seien die denn nicht mit dem Babyfon im Hotelbett? Was hätten die in einem Restaurant verloren? Als dann auch noch ein Baby zu weinen begann, war es ganz um unsere Sitznachbarn geschehen. Eine Zumutung sei das – wirklich völlig daneben. Wieso die Mütter von heute nicht verstehen würden, dass sie sich zurücknehmen müssten, und warum sie denn nicht aufs Zimmer gingen, sondern hier alle Menschen mit Babylärm und – pfui Teufel! – öffentlichem Stillen belästigen.

Begleitet von einem lauten „Na endlich!"-Ruf von Gerd verließ die Mutter wenig später mit hochrotem Kopf das Restaurant. Zu meiner Verwunderung nickte das junge Paar an unserem Tisch wieder zustimmend.

Während wir auf die Nachspeise warteten, hatten die größeren Kinder dann noch die Idee, nach draußen zu gehen, um auf den zugefrorenen Pfützen vor der Kelterei zu rutschen. Blöderweise waren die besten davon direkt neben unserem bodentiefen Fenster. Schnabbel forderte alsbald den Kellner auf, den Kindern dies zu verbieten, man höre ihr Geschrei ja bis drinnen und es sei auch unanständig, dies direkt neben unserem Tisch zu machen. Zu meinem absoluten Entsetzen ging der angesprochene Mann tatsächlich hinaus und schickte die Kinder woanders hin.

An diesem Abend habe ich das erste Mal in meinem Leben gespürt, dass etwas in unserer Gesellschaft in Schieflage geraten ist. Ich selbst bin immer Teil einer wuseligen Großfamilie gewesen, in der man die Alten zu Hause gepflegt und die Kinder in einer Gemeinschaft mehrerer Generationen erzogen hat. Sich über die Gebrechen des Alters zu erheben, das hatte ich früh gelernt, war unanständig. Wenn nach einem harten, oft arbeitsreichen Leben die Kräfte nachlassen, verdienen Menschen Hilfe, Liebe und vor allem Respekt. Dass es offensichtlich Orte gab, an denen man für das Niedermachen von Menschen mit körperlichen Einschränkungen noch mit einem Freigetränk belohnt wurde, verstörte mich. Nicht minder machte mir die Tatsache zu schaffen, dass es Menschen gab, die sich an spielenden Kindern (hinter nahezu schalldichten Fenstern) störten und die so viel Macht besaßen, dass sie ebendieses fröhliche Spiel beenden lassen konnten. Doch am schwersten lag mir im Magen, was Schnabbel über die Mütter gesagt hatte.

Mein Mann und ich standen kurz vor unserer Hochzeit und wünschten uns Kinder. Und ich wollte leben, Teil einer Gemeinschaft sein, mich mit meinen zukünftigen Babys nicht verstecken, sondern sie genauso zu einem Restaurantbesuch mitnehmen, wie schon meine Eltern, Tanten oder Onkels das mit ihren Babys zu besonderen Anlässen getan hatten. Zum ersten Mal dämmerte mir jedoch, dass das öffentliche Leben vielleicht nicht so funktionierte, wie ich es zeit meines Aufwachsens in meinem großen Familienclan kennengelernt hatte.

Nun wirst du dir jetzt vielleicht denken, ich hätte hier aber auch ein sehr extremes Beispiel gebracht und vielleicht, vermutest du, meine beiden Sitznachbarn ja auch ein bisschen überzeichnet. Ich verspreche dir, Letzteres war nicht der Fall. Ersteres stimmt. Schnabbel und Gerd sind natürlich die Fleischwerdung eines Klischees, von dem man denkt, dass es das doch eigentlich so nicht gibt. Kinderlose, rüstige Frührentner mit viel Geld und wenig Toleranz für alles, was ihre heile Welt stört.

Doch leider musste ich in den darauffolgenden Jahren immer wieder feststellen, dass die beiden für eine gesellschaftliche Tendenz stehen, die ich sehr bedenklich finde. Natürlich hätte ich das Erlebnis abtun können, indem ich mir einrede, die beiden seien einfach nur zwei verkniffene, schlecht gelaunte Miesmacher gewesen. Doch ich glaube, der Motor hinter ihrem Verhalten ist keine ihnen grundlos innewohnende Boshaftigkeit: Sie waren Störungen in ihrem Leben offensichtlich nicht gewohnt. Ich würde unterstellen, dass sie kaum Kontakt zu Kindern hatten. Oder zu alten Menschen. Ich denke nicht, dass sie sich zu dieser Zeit ihres Lebens viel mit Gebrechen und Krankheiten auseinandersetzen mussten. Vielmehr lebten sie ein privilegiertes Dasein jenseits der Rushhour des Lebens – und kamen dabei hauptsächlich mit Menschen in Kontakt, denen es ähnlich ging.

Das ist auch gar nicht verwunderlich. Aufgrund der Art und Weise, wie das öffentliche Leben in westlichen Gesellschaften zumeist gegliedert ist, gibt es immer weniger Berührungspunkte zwischen Generationen oder gesellschaftlichen Gruppen. Kinder verbringen in immer früherem Alter ihre Tage in institutioneller Kinderbetreuung, wo sie abgesehen von den pädagogischen Fachkräften nur auf andere Kinder treffen. Aus dem öffentlichen Raum sind sie fast verschwunden.

Wie wenig unsere Leistungsgesellschaft mit Kindern anfangen kann, wurde in der Coronapandemie überdeutlich, als ebendiese Institutionen ihre Türen schlossen und Eltern sich auf einmal vor der Herausforderung sahen, ihren Nachwuchs betreuen zu müssen und gleichzeitig weiter im Arbeitsleben zu funktionieren. Gerade Frauen reduzierten in dieser Zeit ihre Arbeitsstunden oft stark oder gaben ihren Beruf ganz auf, weil Familie und Erwerbstätigkeit mittlerweile zwei so stark voneinander getrennte Lebenswelten sind, dass sie nicht mehr miteinander zu vereinbaren waren. Die, die es trotzdem versuchten, zahlten nicht selten einen hohen Preis dafür: Stresserkrankungen, psychische Belastungen, manche Familien sind sogar zerbrochen ... und das waren nur einige Nebenwirkungen des Lockdowns, an denen zahlreiche Eltern und Kinder bis heute zu knabbern haben. Wirklich unterstützt werden sie bei der Bewältigung der Folgen bis heute nicht. Es fehlen Therapieplätze, Kurkliniken sind überfüllt, die Wartezeiten lang, die Ablehnungsquote hoch. Soziale Träger haben kaum noch ausreichend Personal, um alle Familien zu betreuen, die aufgrund der jahrelangen Überlastung nun so in Schieflage geraten sind, dass sie ohne Hilfe nicht mehr zu einem guten Miteinander finden, und gerade Frauen stecken nach dem Scheitern von Ehen oft in der Armutsfalle. Unsere auch schon vorher immer stärker belasteten pädagogischen Institutionen finden sich nach der Pandemie durch Personalknappheit und die psychischen Folgen, die diese Jahre für Kinder und Jugendliche hatten, in einer Situation wieder, in der die anfallenden Aufgaben kaum noch zu bewältigen sind.

Davon, dass die Sorge für die kommende Generation ein gesamtgesellschaftliches Anliegen ist, ist wenig zu spüren.

Wer in unserer Gesellschaft alt ist und sich nicht mehr allein versorgen kann, findet sich in ähnlich schwieriger Situation. Wer nicht mehr funktioniert, verliert auch seinen Platz in unserer Gesellschaft und steht genauso am Rand wie die Kinder. Alte und hochbetagte Menschen verbringen ihren Alltag oft in Pflegeheimen oder Tagesgruppen. Doch auch da ist die Personalsituation knapp, die Qualität der Pflege lässt oft stark zu wünschen übrig. Wer sich für häusliche Pflege der eigenen Angehörigen entscheidet, bekommt sehr wenig Unterstützung, ist oft in überfordernden Situationen und der gewünschte Effekt, nämlich, dass die pflegebedürftige Person so Teil einer Gemeinschaft bleibt, ist oft auch nicht gegeben. Vielmehr gerät zusätzlich zu ihr auch noch das pflegende Familienmitglied nicht selten in soziale Isolation, weil diese Mammutaufgabe nun einmal nicht mit unseren gesellschaftlichen Logiken zu vereinbaren ist. Wer Angehörige pflegt, hat wenig Zeit für Freizeitaktivitäten, Feiern, Restaurantbesuche oder Reisen.

Diese Situation ist jedoch nicht nur für alte und sehr junge Menschen problematisch. Sie hat auch Auswirkungen auf diejenigen dazwischen. Ja, sogar auf die, die scheinbar zu den Gewinnern unserer Leistungsgesellschaft zählen. Auf die beruflich erfolgreichen Mittelalten, auf die jungen Singles und auf rüstige Frührentner wie Schnabbel und Gerd. Susanne Mierau beschreibt die Auswirkung des fehlenden Kontakts zu alten Menschen, Kindern, Kranken, kurz gesagt: zu allen Menschen, die auf Fürsorge angewiesen sind, folgendermaßen: „Es hat aber auch Nachteile für uns selbst, denn wir werden zunehmend entfremdet von Care[10] in all seinen Facetten: Wer nie ein zahnendes Kleinkind über Nächte in seinem Weh und Nähebedürfnis begleitet hat, weiß nicht, wie es sich anfühlt. Wer nicht die Gefühlsstürme eines Kleinkindes miterleben und aushalten musste, fühlt nicht nach, wie emotional anstrengend diese Tage sind. [...] Wer nie einen kranken Menschen gepflegt hat, weiß nicht, wie nah Liebe und Verzweiflung manchmal beieinanderliegen. Und wer nie Menschen beim Sterben begleitet oder das in der Familie erlebt hat, weiß nicht, wie mit Abschied, Trauer und Verlust umgegangen werden kann [...]."[11]

---

10 Anmerkung Daniela Albert: Care ist der Begriff, den Susanne Mierau in ihrem Buch für Fürsorgearbeit im weitesten Sinne verwendet.
11 Siehe: Dies. *Füreinander sorgen. Warum unsere Gesellschaft ein neues Miteinander braucht.* Rowohlt, Hamburg 2023. S.84-85. Kindle-Edition.

Susanne Mieraus Worte machen es deutlich: Wer in seinem Alltag abgekapselt ist von Fürsorge für andere Menschen, verliert ein Stück Einfühlungsvermögen, und zwar sowohl in die Sorgen und Nöte der Fürsorgenden, als auch in Alte, Kranke, Menschen mit Behinderung – und in Kinder. Gerade viele Konflikte zwischen Eltern und Kinderlosen, wenn es um scheinbar falsche Kindererziehung oder störendes Verhalten von Kindern geht, haben ihren Ursprung in fehlendem Wissen über Entwicklungsschritte von Kindern und in damit einhergehenden zu hohen Erwartungen. Menschen, die keinen Kontakt zu Kindern haben und nie am Wachsen und Lernen kleiner Menschen teilhaben durften, wissen oft nicht, dass es Phasen gibt, in denen diese einfach anstrengend sein müssen und in denen sie Verhalten zeigen, das in unserer Leistungsgesellschaft mit ihren getrennten Lebensräumen schnell als störend empfunden wird – wenngleich es eigentlich ganz normal und typisch kindlich ist.

Menschen, die nie miterleben durften, wie ein einst fitter und leistungsfähiger Mensch langsam altert, wie Kräfte und Fähigkeiten nachlassen und jemand allmählich hilfsbedürftig wird, versteht die Sorgen und Nöte dieser Menschen und ihrer Angehörigen nicht. Auch das Wissen darüber, dass es gerade in diesem Alterungsprozess wichtig für die Menschen ist, sich so viel Autonomie und Selbstständigkeit wie möglich zu erhalten und immer wieder am gesellschaftlichen Leben teilnehmen zu können, geht so verloren. Und dann sitzt man da – wie Schnabbel und Gerd – und hat kein Verständnis für eine alte Frau, die gern noch einmal mit ihrem Freundeskreis Silvester feiern wollte, auch wenn nicht mehr alles so funktioniert wie früher.

Hier bricht dann auch wieder unser starker Fokus auf Leistung und Belohnung hervor. Wer selbst noch leistungsfähig ist und nicht auf Hilfe angewiesen, hat sich doch schließlich auch verdient, in Ruhe auszuspannen – die Konfrontation mit dem Leiden und Gebrechen anderer ist dann genauso störend wie Babylärm. Dazu kommt, dass viele Menschen selbst auch nicht mit der Tatsache konfrontiert werden möchten, dass sie einmal hilfsbedürftig und nicht mehr leistungsfähig sein könnten. Auch wenn es die meisten von uns später betreffen wird, schieben wir das gern weg. Unangenehme Gedanken und Gefühle – das haben wir uns ja über Generationen gegenseitig beigebracht, wie wir im ersten Teil schon gesehen haben, übertüncht man am besten, indem man sich „etwas Gutes" tut. Mit ein bisschen Konsum, etwas Luxus, einer Reise, gutem Essen oder dem neusten Gadget.

Eigentlich geht es auch hier tief unter der Oberfläche um das Bedürfnis nach Sicherheit. Der Verlust der eigenen Leistungsfähigkeit, die Auseinandersetzung mit Gebrechen und Hilfsbedürftigkeit – all das macht Angst. Wir hätten am liebsten die Zusage, dass uns das nicht treffen kann. Da es diese aber nicht gibt, benötigen wir einen Rahmen, in dem wir uns geliebt und aufgefangen, gut versorgt, wissen, wenn es uns einmal trifft. Doch auch dieser ist, wie bereits beschrieben, immer schwerer zu finden. Also treten Wünsche an die Stelle unserer Bedürfnisse. Wir kapseln sie ab und versuchen, sie nicht mehr zu spüren. Ein Einfühlen in Menschen, die der Fürsorge bedürfen, ist uns dann jedoch kaum noch möglich.

Durch die immer stärker voneinander getrennten Lebenswelten fehlt uns die Sicherheit, in soziale Gefüge eingebettet zu sein, in denen uns geholfen wird – in denen andere Menschen für uns sorgen, wenn wir dies einmal nicht mehr selbst können.

Gerade unser Einfühlungsvermögen und die Tatsache, dass wir Menschen uns seit jeher umeinander gekümmert haben, machen uns aus. Es gibt mittlerweile zahlreiche Belege dafür, dass wir Menschen – also unser Menschenstamm, der

Homo sapiens – nicht etwa, wie lange vermutet, zur Erfolgsgeschichte wurde, weil wir andere Menschen (wie die Neandertaler) abgeschlachtet haben, sondern weil wir die nettesten und fürsorglichsten unter den Menschenstämmen waren. Rutger Bregen bezeichnet das in seinem Buch „Im Grunde gut" als the survival of the friendliest, also das Überleben der Freundlichsten.[12]

Nun stockst du hier beim Lesen vielleicht, denn wir alle haben oft gelernt, dass sich menschheitsgeschichtlich immer die Stärksten durchgesetzt haben. Die, die fitter, schneller, klüger waren, körperlich überlegen, erfindungsreicher – und kaltblütiger. Diese Sicht auf den Menschen hat unser Menschenbild lange Zeit dominiert. Nur langsam setzen sich andere Erkenntnisse durch. Rutger Bregen hat zahlreiche Belege gesammelt, die aufzeigen, dass es die nettesten Primaten waren, die die meisten Kinder zeugten – bei Affen und bei Menschen.

Die Anthropologin Sarah Blaffer Hrdy beschreibt in ihrem Buch „Mothers and Others", wie die Tatsache, dass wir Menschen unseren Nachwuchs menschheitsgeschichtlich die längste Zeit in großen Clans aufzogen und viele Menschen Verantwortung für Kinder trugen, uns zu dem gemacht hat, was wir sind. Kleine Menschen mussten früh lernen, sich auf die unterschiedlichsten Wesenszüge der sie umsorgenden Menschen einzustellen. Sie mussten lernen, aus Gesichtern zu lesen, Emotionen zu erkennen, persönliche Grenzen verschiedener Menschen zu wahren, kurz, sie mussten lernen, sich einzufühlen.

Große Menschen wiederum mussten Signale von Babys lesen lernen, die natürlich über lange Zeit darauf angewiesen sind, dass Menschen verstehen, was sie benötigen, und es ih-

---

12 Vgl. dies., S. 85. Kindle-Edition.

nen dann auch geben. Erwachsene mussten am Verhalten des Babys ablesen, ob es Hunger hatte, Nähe brauchte, es Schmerzen hatte oder vielleicht krank war. Diese Aufgabe übernahmen in Jäger-Sammler-Gesellschaften nicht nur die biologischen Mütter, sondern eher ein ganzer Clan. Häufig waren vorwiegend Frauen jenseits der Wechseljahre stark in die Versorgung der Babys eingebunden, aber durchaus und in starkem Maße auch Männer.

Das war für alle Beteiligten eine riesige soziale und emotionale Lernerfahrung. Wer sich auf so intensive Art mit den Bedürfnissen eines komplett hilflosen Menschen auseinandersetzen muss, wird insgesamt sozialer und einfühlsamer[13]. Durch dieses Einfühlungsvermögen und weitere soziale Kompetenzen, die wir durch das Umsorgen und Umsorgtwerden von Anfang an erfahren haben, sind wir zu allen Zeiten gut in der Lage gewesen, miteinander klarzukommen.

Rutger Bregen schreibt dazu: „Menschen scheinen supersoziale Lernmaschinen zu sein. Wir werden geboren, um zu lernen, uns miteinander in Verbindung zu setzen und zu spielen. Ist es dann noch verrückt, dass Erröten ein einzigartiger menschlicher Gesichtsausdruck ist? Erröten ist eine typische soziale Fähigkeit. Leute, die erröten, lassen erkennen, dass sie etwas darauf geben, was andere von ihnen denken. Das schafft Vertrauen, weshalb wir besser zusammenarbeiten können."[14]

Unser Gemeinsinn hat uns letztlich also dahin gebracht, wo wir heute stehen. Doch gerade sind wir dabei, einen Teil davon aufzugeben. Wir sind heute vielfach auf unsere kleinsten Einheiten fokussiert: die Kleinfamilie, der (meistens sehr homogene)

---

13 Vlg. Blaffer Hrdy, Sarah: *Mütter und andere: Wie die Evolution uns zu sozialen Wesen gemacht hat.* Berlin Verlag 2010. Berlin, S. 98ff.
14 Vgl. ebd. S.90

Freundeskreis, die ein bis zwei Nachbarn, zu denen wir eine Beziehung aufgebaut haben. Vielleicht noch auf unsere eigenen Eltern und Geschwister. Gerade in der turbulenten Lebensphase, in der sich die meisten Eltern befinden, bleibt nicht einmal für diese engen Beziehungen genug Raum – die Herkunftsfamilie ist oft nicht vor Ort und manchmal ist das Verhältnis auch schwierig, Freundschaften brauchen in dieser Phase einen langen Atem, um stabil zu halten, denn regelmäßig schaffen wir es nicht, ausreichend Zeit miteinander zu verbringen. Die Nachbarn grüßt man im Vorbeigehen, wenn überhaupt. Seine Abende und Wochenenden verbringt man mit der Kleinfamilie, oder aber am Rand von Sportplätzen, in Gottesdiensten oder im Elterntaxi. Zwar treffen wir an diesen Orten immer auch andere Leute, aber oft bleiben die Beziehungen dennoch an der Oberfläche. Kontinuierliche Nähe außerhalb unserer Kernfamilien fehlt vielen Müttern und Vätern von kleinen Kindern häufig.[15]

Diese Art zu leben, das wurde sicher deutlich, entspricht uns Menschen nicht. Es wird Zeit, dass wir uns wieder mehr füreinander verantwortlich fühlen, dass wir unseren Blick weiten für Menschen, die wir aus den Augen verloren haben. Es ist wichtig, dass unsere Kontakte vielfältiger werden. Natürlich ist es gut, einen Freundeskreis zu haben, bei dem wir uns sicher fühlen und der aus Leuten besteht, die uns ähnlich sind, in einem ähnlichen Alter, mit ähnlichen Werten und Lebensthemen und einem Erfahrungshorizont, den wir zumindest in groben Zügen teilen. Sie sind wichtig, weil wir uns mit ihnen zusammen versichern können, dass wir auf dem richtigen Weg sind, weil wir bei ihnen Einfühlungsvermögen und Verständ-

---

15 Vgl. u.a. *The Parenting Index*. (kantar/Nestlé: „The Parenting Index", theparentingindex.com, 2021. https://www.theparentingindex.com, zuletzt abgerufen am 13.11.2013.

nis voraussetzen können, ohne dass wir uns und unsere Situation großartig erklären müssen. Doch ebenso wichtig ist es, dass wir regelmäßig mit Menschen in Berührung kommen, die in einer ganz anderen Lebenssituation oder Lebensphase sind, deren Werte und Erfahrungen sich von uns unterscheiden, die andere Bedürfnisse und Nöte haben. Wir müssen wieder lernen, auch sie und ihren Erfahrungshorizont in unser Leben zu integrieren und uns in Lebensgeschichten und Situationen einzufühlen, die weit weg von unseren sind. Wir müssen wieder zulassen, voneinander zu lernen, einander zu unterstützen und zu begleiten.

Nun klingt das nach einer ganz schön großen und abstrakten Aufgabe. Immerhin ist unsere Lebensrealität ja so, wie sie nun einmal ist. Die Homogenisierung unserer Welten hat bereits stattgefunden. Unsere Kinder gehen in Kitas, unsere Alten wohnen in Heimen. Wir haben unseren eigenen Alltag, den wir nicht einfach unterbrechen können, nur um mal eben Kranke zu pflegen, eine Flüchtlingsfamilie aus einem anderen Kulturkreis aufzunehmen oder ein Mehrgenerationen-Café zu leiten.

Natürlich geht das nicht. Aber vielleicht können wir irgendwo anfangen. Wir können uns zum Beispiel bewusst Zeit nehmen, eine Person, die ganz anders ist als wir – und vielleicht allein – eine Stunde pro Woche zu besuchen. Die ältere Nachbarin? Die neu angekommene Familie aus dem fernen Land? Die chronisch kranke Frau aus der Gemeinde, die so schwer Anschluss findet? Diese eine Stunde erscheint uns vielleicht zunächst nur als etwas, das wir geben. Als ein Stück unserer Zeit, die wir jemandem anderen schenken – und die uns, seien wir ehrlich, anderswo dann fehlt. Betrachten wir sie aber vor dem Hintergrund, dass genau diese Erweiterung unserer Kontakte und unserer Lebenswelt, genau dieses vorsichtige Einfühlen in eine Welt, die nicht unsere ist, eigentlich eine riesengroße, vergessene menschliche Ressource ist, die wir so langsam wieder ausgraben, dann fällt es uns vielleicht leichter, ein bisschen Zeit in ganz neue und andere Begegnungen zu investieren.

Wer mehr Kraft hat und an den richtigen Stellen in Gemeinschaften, seien es Kirchengemeinden, Vereine, Schulen, Kindergärten oder in der Kommunalpolitik sitzt, kann hier auch ein Stück weiter gehen. Statt in solchen Bereichen immer homogenisierter zu denken, kann dies bewusst aufgebrochen werden. Gerade in unseren Kirchengemeinden haben wir die Vereinzelung der verschiedenen Gruppen ja im Grunde perfektioniert. Es gibt Kindergottesdienste und Seniorennachmittage, Eltern-Kind Kreise und Treffen für Singles. Frauenfrühstückstreffen und Männerabende. All das hat konzeptionell sicher seinen Sinn – doch wo bleibt der Raum für Begegnung? Wo können verschiedene Gruppen so miteinander in Kontakt kommen, dass dieser Kontakt nicht nur oberflächlich ist, sondern dass Verbindungen wachsen können? Insbesondere diejenigen unter uns, die haupt- oder ehrenamtlich Verantwortung in Glaubensgemeinschaften tragen, könnten hier ihre Zeit und ihren Einfluss nutzen, um neue Konzepte auszuprobieren und vielfältigere Begegnungen und Beziehungen möglich zu machen.

In den letzten zwei Abschnitten des Buches haben wir uns damit beschäftigt, wie unsere Werte und Glaubenssätze uns geprägt haben und wie sie uns heute manchmal im Weg stehen, wenn es um die Bewältigung von Herausforderungen in einer sich rasant veränderten Welt geht. Außerdem haben wir uns in Teil II intensiv mit einigen Bereichen des Familienlebens beschäftigt, in denen sich diese Glaubenssätze oft besonders schwerwiegend auswirken und wir oft, ungewollt, auch unseren Kindern Botschaften und Werte mit auf den Weg geben, die sie in demselben Hamsterrad gefangen halten, aus dem wir doch eigentlich so oft gern aussteigen wollen, weil wir mehr und mehr merken, dass unsere Art zu leben uns nicht mehr guttut. Nicht uns als erwachsenen Menschen, nicht den kleinen Menschen und auch nicht unserem Planeten.

Im dritten Teil gehen wir nun der Frage nach, wie es gelingen mag, Halt zu finden in einer Welt, die sich scheinbar immer schneller dreht. Wir schauen auf das Thema Gemeinschaft. Ich habe am Anfang des Buches schon darüber geschrieben, wie das Zusammensein mit anderen Menschen und wie eine gute, als sicher und beständig empfundene Gemeinschaft uns stärken und uns in Krisenzeiten ein Stück Stabilität zurückgeben kann. Nun geht es darum, was das konkret für uns bedeutet und wie wir im Alltag Weichen stellen können, damit unser Zusammenleben mit anderen uns wirklich bereichert und nicht zum zusätzlichen Ballast oder Unsicherheitsfaktor wird. Denn wir brauchen einander. Wir Menschen sind nicht dafür gemacht, in kleinen, homogenen Einheiten zu leben. Dies bringt mehr Probleme mit sich, als es löst.

Doch gleichzeitig sind Vereinzelung und Homogenisierung mittlerweile so fest gesellschaftlich verankert, dass es nicht leicht wird, zu einem innigeren und wohltuenderen Miteinander zurückzukehren. In den folgenden Kapiteln schauen wir uns daher gemeinsam gangbare Wege an und beschäftigen uns mit Glaubenssätzen und Verhaltensweisen, die uns auch hier wieder hinderlich sind.

Mit Schnabbel und Gerd habe ich übrigens damals dann am Ende doch nicht aufs Neue Jahr angestoßen. Eine heftige allergische Reaktion, für die nie eine Ursache gefunden wurde, zwang mich noch am selben Abend zur Heimreise. Vielleicht war es eine Allergie gegen Ausgrenzung und Vereinzelung – sollte dem wirklich so sein, habe ich nicht vor, mich desensibilisieren zu lassen.

## 12. Gott ist kein Kleinfamilienvater

Dass die Art und Weise, wie wir heute als Gesellschaft miteinander – oder besser gesagt aneinander vorbei- – leben, mit vielen problematischen Nebenwirkungen daherkommt, wurde im letzten Kapitel bereits deutlich. Das beeinflusst auch unser Familienleben. Eltern fragen sich ja oft, warum sie so müde und erschöpft sind. Manche fragen auch schon längst nicht mehr und haben diesen Zustand längst akzeptiert – als normal angenommen.

„Schlaf wird überbewertet."

„Stress – normal halt."

„Hobbys? Ich bin Mutter, ich sitze gern allein auf dem Klo."

Das sind ein paar der teils lustig gemeinten Sätze, die wir einander sagen, wenn wir irgendwie versuchen, den Familienalltag rund um unsere Kinder auf die Reihe zu bekommen. Fast jede Mutter und die meisten Väter, die ich kenne, würden hier zustimmend nicken. Und weil es uns allen mehr oder weniger so geht, nehmen wir an, dass es so auch sein müsste. Wir hinterfragen gar nicht mehr, ob es normal ist, ständig an der Grenze zur Überlastung spazieren zu gehen, wenn wir Kinder ins Leben zu begleiten, sondern glauben, das sei eben ein Zustand, der uns für ein paar Jahre begleitet – das natürliche Nebenprodukt der Tatsache, dass wir uns für eine Familie entschieden haben.

Das Ding ist: So war das nie gedacht mit uns Menschen. Ich bin mir ziemlich sicher, es war niemals Gottes Traum für die Menschheit, dass ein bis zwei Elternteile über Jahre die herausfordernde Aufgabe der Aufzucht eines menschlichen Lebewesens komplett allein übernehmen. Menschheitsgeschichtlich war es die allerlängste Zeit eine Gemeinschaftsaufgabe, komplett hilfsbedürftige kleine Wesen ins Erwachsenenleben zu begleiten. Und so, wie wir Menschen geschaffen sind, ergibt das auch total Sinn.

Wenn wir geboren werden, gehören wir zu den hilflosesten Wesen, die die Schöpfung zu bieten hat. Überdies bleiben wir auch unfassbar lang komplett hilflos. Keine andere Spezies auf diesem Planeten ist so lange mit der Aufzucht ihres Nachwuchses beschäftigt. Doch das ist noch nicht alles: Die Geburt eines Babys ist für Frauen, gerade im Vergleich zu vielen Tierarten, auch außerordentlich anstrengend und belastend. Im Vergleich zu vielen anderen Lebewesen sind wir danach auch lange nicht in der Lage, so zu funktionieren wie vorher. Wenn wir einen kleinen Menschen ins Leben gebracht haben, sind wir selbst erst einmal auf Fürsorge angewiesen. Es ist von daher völlig logisch, dass die Fürsorge für Mütter und Babys eine Gemeinschaftsaufgabe ist.

Gott hätte das anders regeln können: Hätte er gewollt, dass wir mit unseren Kindern unabhängig, frei und sofort voll leistungsfähig in die Welt treten, hätte er uns weniger hilfsbedürftig gemacht, das Gebären unproblematischer, die Aufzucht des menschlichen Nachwuchses eine Sache von wenigen Wochen und vor allem nicht so anstrengend. Stattdessen mutet er uns Bedürftigkeit und Schwäche zu. Er mutet uns zu, dass wir auf andere angewiesen sind: auf Pflege und Fürsorge, auf Versorgung und Sicherheit, die andere für uns bereitstellen.

Ich glaube, es gibt einen guten Grund dafür, dass Gott es so und nicht anders eingerichtet hat, und dieser wurde im vorherigen Kapitel deutlich: Sich umeinander Kümmern ist ein wichtiger sozialer Lernprozess, der uns als Menschen zu der Art gemacht hat, die wir heute sind. Die Kinder, die früher traditionell von einem ganzen Clan versorgt wurden, haben sich zu sozialen Superlernern entwickelt, wie Rutger Bregen es formuliert hat. Sie haben von Anfang an gelernt, Stimmungen, Temperamente und persönliche Grenzen unterschiedlicher Menschen zu erspüren, sie wurden auf ganz natürlichem Weg zu empathischen Wesen, die in der Lage waren, sich miteinander zu verbinden und ineinander einzufühlen.

Mütter konnten sich in ihren verletzlichsten Momenten auf das Gehaltensein durch eine Gemeinschaft verlassen. Ihr Bedürfnis nach Sicherheit war nicht abhängig von persönlichem Wohlstand und Privilegien und nichts, was sie sich allein erfüllen konnten – es wurde befriedigt durch die Zugehörigkeit zu ihrem Clan, ihrem Dorf, ihrer Großfamilie, die sie pflegten, beschützten und versorgten, während sie in einem Ausnahmezustand waren.

Dazu kommt, dass dieses gemeinschaftliche Kümmern ja noch einen weiteren Nebeneffekt hatte, der uns als Menschen diesen gewaltigen Standortvorteil verschafft hat: Nicht nur die, die umsorgt werden, werden dadurch sozialer und emotional kompetenter. Auch die, die für sie sorgen, bauen dadurch ihre sozialen Fähigkeiten aus. Wir erinnern uns – es gibt mittlerweile viele Hinweise darauf, dass es unsere sozialen und eben nicht unsere kriegerischen Fähigkeiten waren, die unsere Geschichte auf diesem Planeten zur Erfolgsstory gemacht haben!

Schon ab der Sesshaftwerdung des Menschen gaben wir diesen Standortvorteil schrittweise auf. Die Zahl derer, die sich für Mütter und Kinder verantwortlich fühlten, sank bereits mit Beginn der Landwirtschaft und der stärkeren Verteilung von inner- und außerhäuslichen Aufgaben unter den Geschlechtern.

Durch die Industrialisierung kamen weitere starke Einschnitte hinzu – die familiären Einheiten wurden immer überschaubarer. Heute haben wir eine einzigartige Reduzierung der Bezugspersonen erreicht, die ein Kind im häuslichen Umfeld zur Verfügung hat. Während Mehrgenerationenhaushalte noch vor wenigen Jahrzehnten eine sehr häufige Lebensform waren, wohnen heute nur in etwa zwei Prozent der deutschen Haushalte mehr als zwei Generationen zusammen.

Vieles, was früher die Aufgabe der Großfamilie, des Clans oder des Stamms war, ist heute institutionalisiert. Wir haben das große Glück, in einem Land zu leben, in dem die Geburtshilfe in Krankenhäusern (trotz allem, was man hier Kritisches darüber sagen könnte) zuverlässig funktioniert. Wir haben dadurch erreicht, dass die Müttersterblichkeit ein nie da gewesenes niedriges Niveau erreicht hat[16] und Gleiches gilt für die Überlebenschancen der Kinder in kritischen Geburtssituationen. Hier sind die moderne Medizin und auch das Auslagern einer Geburt in professionelle Hände ein großer Segen.

Doch spätestens, wenn Mutter und Kind nach der Geburt wieder zu Hause sind, zeigen sich auch Schattenseiten unseres Kleinfamilienlebens. Denn in der Regel sind beide – obwohl immer noch auf Hilfe und Fürsorge angewiesen – dann auf sich allein gestellt. Zwar hat jede Mutter das Recht auf eine Nachsorge durch eine Hebamme in den ersten acht Wochen nach der Geburt, doch die Stundenzahl, die diese in der Familie verbringen kann, ist auf ein Minimum beschränkt und deckt gerade mal die Sicherstellung des körperlichen Wohlergehens

---

16 Bundesinstitut für Bevölkerungsforschung: „Müttersterblichkeit in Deutschland (1892-2020)", © Bundesinstitut für Bevölkerungsforschung – 2023. https://www.bib.bund.de/Permalink.html?cms_permaid=1217688, zuletzt abgerufen am 13.11.2013.

von beiden ab. Abgesehen davon, dass wir uns seit Jahren in einer großen Versorgungskrise in diesem Bereich befinden und immer mehr Mütter Probleme haben, überhaupt Begleitung im Wochenbett zu finden.

Die Einführung von bezahlten Partnermonaten im Rahmen des Elterngeldes ermöglicht es heute, dass beide Elternteile, wenn sie das wollen, in den ersten Wochen nach der Geburt auch gemeinsam zu Hause bleiben können. Auch das empfinde ich als eine große Errungenschaft, um die uns viele unserer europäischen Nachbarn beneiden. Doch all das ändert nichts daran, dass junge Familien oft zu wenig Hilfe haben. Dazu kommt, dass es oft auch eine Frage von Privilegien ist, wie gut man in der Anfangszeit mit einem Baby zurechtkommt. Eine Mutter, die ihre Herkunftsfamilie in der Nähe hat und zu den eigenen Eltern ein so gutes Verhältnis, dass sie Unterstützung erfährt und annehmen kann, hat es in der Anfangszeit einfacher. Manche Familien sind in der Lage, sich eine solche Unterstützung einzukaufen und etwa eine private Mütterpflegerin hinzuzuziehen, eine Haushaltshilfe oder stundenweise Kinderbetreuung. Auch hier entscheidet sich wieder an Geldbeutel und Privilegien, wie gut das eigene Sicherheitsbedürfnis befriedigt werden kann. Dabei sollte es eigentlich das selbstverständliche Wissen um ein Gehaltensein inmitten von anderen Menschen sein, das uns Sicherheit gibt.

Selbst wenn Mutter und Kind das Glück haben, in den ersten Wochen nach der Geburt nicht allein zu sein, weil auch der Vater zu Hause bleiben kann, sich Großeltern kümmern oder die Mütterpflegerin da ist, kommt aber meist sehr früh die Zeit, in der die kleine Familie doch vermehrt auf sich gestellt ist. Spätestens, wenn das Wochenbett zu Ende ist und der Körper der Mutter sich ein wenig regeneriert hat, haben wir das Gefühl, es doch jetzt irgendwie allein schaffen zu müssen. Schließlich schaffen andere das ja auch. Dabei wird schnell übersehen, dass es eine sehr herausfordernde und anstrengende Aufgabe bleibt, allein und ohne Hilfe für einen kleinen Menschen verantwortlich zu sein. Sie haben lange keinen Schlafrhythmus, der sich mit dem Bedürfnis nach Erholung von uns Eltern vereinbaren lässt. Das ist ganz normal (eine Ausnahme ist nämlich eher das Baby oder Kleinkind, das früh durchschläft) und auch hier war das menschheitsgeschichtlich lange kein Problem, weil Mütter sich trotzdem ausruhen konnten und genug helfende und tragende Hände vorhanden waren. Schlafprogramme, die versprechen, den Mutter-Einzelkämpferinnen da zu helfen, wo die helfenden Hände verloren gegangen sind, sind eine Erfindung der Neuzeit und der Leistungsgesellschaft. Sozusagen Höher-schneller-weiter, die Schlafedition! In einem Leben, das unseren Bedürfnissen als Menschen stärker entgegenkäme, könnte niemand damit Geld verdienen.

Kindererziehung bleibt lange Zeit eine große Aufgabe. Unsere Kleinkinder, die sich täglich im Spannungsfeld zwischen dem Wunsch nach Verbundenheit mit uns und ihrem Drang, die Welt zu entdecken, befinden, sind oft mit ihren starken Emotionen überfordert. Sie benötigen unsere Hilfe, um sich wieder zu beruhigen, wenn sie einen kleinen Nervenzusammenbruch erlitten haben, weil wir ihnen verboten haben, die Gabel in die Steckdose zu stecken, was sie doch so gern mal ausprobieren wollten. Im Kleinkindalltag kommen solche Situationen mehrmals am Tag vor – das Kind will etwas entdecken, erfahren, sich weiterhin in ein Spiel vertiefen und wir greifen ein, weil unsere Erwachsenenerfahrung uns Gefahr meldet oder irgendwelche anderen Logiken, die das Kind noch nicht begreift, dagegensprechen. Das Kind empfindet darüber Frust. Das kleine Nervensystem ist überfordert – und diese Überforderung entlädt sich durch Toben, Schreien, Weinen, Strampeln, Hauen und was es so gibt. Unsere Aufgabe ist dabei immer wieder, verlässlich da zu sein, den Gefühlssturm mit dem Kind auszuhalten, Gefahren abzuwenden, uns selbst und andere Kinder vor allzu destruktiven Wutausbrüchen unseres Kindes zu schützen. Vor allem aber müssen wir unserem Kind helfen, sich selbst und seine Gefühle nach und nach besser zu verstehen.

Früher war es der große Clan, der unsere Kinder zu emotional kompetenten Wesen gemacht hat. Seit dieser weggefallen ist, lernen Kinder auch hier nur noch von uns. Die Entwicklung von Empathie, für die fast immer eine große Gemeinschaft gesorgt hat, lastet nun auch auf den Schultern sehr weniger Personen.

Dass dies mitunter negative Folgen auf die Entwicklung von Empathie haben kann, legt eine Studie der Universität Michigan nahe. Das dortige Institut für Sozialforschung untersucht seit Jahrzehnten die Empathiefähigkeit seiner Studierenden. Und diese ist in den frühen 2000er-Jahren im Vergleich zu den Jahrzehnten davor abgefallen. Schon seit den 1970er-Jahren lässt sich der Abwärtstrend beobachten.[17]

Allerdings gibt es in diesem Bereich auch erfreulichere Entwicklungen. So zeigen aktuellere Studien zum Beispiel für deutsche Jugendliche durchaus hoffnungsvollere Ergebnisse. Die SINUS-Jugendstudie erfasst seit 2008 die Lebenswelt von Jugendlichen zwischen 14 und 17 Jahren in Abständen von vier Jahren. Die Ergebnisse von 2020 zeigen eine junge Generation, die eine deutlich ernsthaftere, in Teilen leider auch sorgenvollere Sicht auf die Welt hat. Sie zeigt aber auch, dass wir es aktuell

---

17 Swanbrow, Diane: „Empathy: College students don't have as much as they used to", *Michigan News,* University of Michigan, 27.05.2010. https://news.umich.edu/empathy-college-students-don-t-have-as-much-as-they-used-to, zuletzt abgerufen am 13.11.2013.

mit jungen Menschen zu tun haben, die mehrheitlich einen weniger hedonistischen Lebensstil pflegt als die Generationen zuvor. Das bedeutet, junge Leute stellen nicht mehr hauptsächlich ihr persönliches Glück, kurzfristige Freuden, Partys und Action in den Mittelpunkt, sondern machen sich mehr Gedanken um andere Menschen und die Schöpfung. Diese Generation sehnt sich mehrheitlich nach Geborgenheit und Zugehörigkeit, wichtige Werte sind Hilfsbereitschaft, Toleranz und Loyalität. Sie orientiert sich nicht mehr so sehr an möglichst coolen und erfolgreichen Menschen, sondern sucht sich Vorbilder, die für sie für ein gutes und wahrhaftiges Leben stehen. Oft kommen diese Menschen aus dem nahen Umfeld oder der Familie. Auch Wettbewerb, Konkurrenz und zu extremer Leistungsorientierung steht sie eher kritisch gegenüber.[18]

Das klingt nicht nach einer empathielosen, kaltherzigen Generation. Tatsächlich gibt es weitere Zahlen, die die Annahme stützen, dass die derzeitige Jugend keineswegs immer weiter verroht. Dafür können deutlich veränderte Erziehungsstile in der westlichen Welt verantwortlich sein, die sich immer mehr durchsetzen. Immer mehr Eltern ist die Bedeutung von sicheren Bindungen und konstruktiven Beziehungen zu ihren Kindern bewusst und sie arbeiten daran, diese von Beginn des Lebens an aufzubauen. Sie wissen um die zerstörerische Wirkung von körperlicher und psychischer Gewalt in der Erziehung und versuchen immer öfter darauf zu verzichten. Dass dies sich auszahlt, konnte schon der Kriminologe Christian Pfeiffer be-

---

[18] Calmbach, Marc; Flaig, Bodo; Edwards, James; Möller-Slawinski, Heide; Borchard, Inga; Schleer, Christoph: *SINUS-Jugendstudie 2020. Lebenswelten von Jugendlichen im Alter von 14 bis 17 Jahren in Deutschland.*
© Bundeszentrale für politische Bildung, Bonn. Epub. https://www.bpb.de/system/files/dokument_pdf/SINUS-Jugendstudie_ba.pdf, zuletzt abgerufen am 13.11.2013.

legen, der herausgefunden hat, dass die Gewaltbereitschaft von Jugendlichen abgenommen hat, seitdem Eltern selbst in der Erziehung häufiger auf die Anwendung von Gewalt verzichten.[19]

Eltern sind heute mehrheitlich offen für demokratische Erziehungsstile und Begleitung auf Augenhöhe. Gefühle und Emotionen und ihr Ausdruck haben mehr Platz im Familienleben und Kinder werden insgesamt mehrheitlich liebevoller und zugewandter begleitet, als es in vorherigen Generationen der Fall war. Das könnte eine gute Nachricht sein. Allerdings kommt sie mit einer Schattenseite daher: Eltern sind heute erschöpfter, gestresster, fühlen sich mehr unter Druck und beansprucht als in den Generationen zuvor.

Kein Wunder – auch was die Empathieentwicklung angeht, übernehmen sie mehrheitlich allein die Aufgabe eines ganzen Clans. Die Liebe und die Fürsorge von Einzelpersonen müssen ausgleichen, was die Geborgenheit und Vielfältigkeit größerer Bezugsgruppen einmal geleistet haben. Verständnis für die Situation anderer entwickeln die Kinder nicht mehr einfach, weil sie mit unterschiedlichen Menschen in ganz verschiedenen Lebensphasen in Berührung kommen, sondern weil Eltern und vielleicht noch pädagogisches Personal viel dafür tun, es zu erhalten, zu wecken und zu fördern.

Dieses System ist äußerst störungsanfällig. Denn damit Kinder Empathie lernen, müssen sie zuerst einmal selbst empathisch begleitet werden. Wir wissen aber, dass gerade Stress uns weniger mitfühlend macht und wir in stressigen Situationen seltener in der Lage sind, zugewandt auf schwieriges Verhalten von Kindern zu reagieren. Alte, selbst erfahrene Erziehungsmuster, die eher mit Drohungen, Beschimpfungen oder Gewalt

---

19 Pfeiffer, Christian: Gegen die Gewalt. *Warum Liebe und Gerechtigkeit unsere besten Waffen* sind. Kösel, München 2019.

einhergehen, brechen sich insbesondere dann Bahn, wenn wir selbst nicht ausgeglichen und mit uns im Reinen sind. Passiert das ab und zu mal, ist das nicht weiter schlimm. Die vielen guten Erfahrungen, die unsere Kinder mit uns machen dürfen, überwiegen dann und prägen das kindliche Gehirn mehr als unsere dunklen Seiten. Dies gilt insbesondere dann, wenn wir ins Gespräch mit unseren Kindern gehen, wenn wir ihnen gegenüber schwieriges Verhalten gezeigt haben, die Verantwortung übernehmen und uns entschuldigen. Selbst etwas längere schwierige Phasen können hinterher wieder ausgeglichen werden, wenn das Leben nach einer belasteten Zeit, in der wir nicht so empathisch an der Seite unserer Kinder sein konnten, wieder in ruhigere Fahrwasser kommt und wir bewusst wieder an der Beziehung zu ihnen arbeiten.

Problematisch wird es vor allem da, wo dauerhaft zu wenig Kraft vorhanden ist. Die Tatsache, dass viele Eltern heute über hohe Belastungen klagen, zeigt, dass sich tatsächlich – trotz aller guten Entwicklungen – etwas ändern muss. Eltern haben eine ganze Weile versucht, einen Job allein zu machen, der eigentlich für ein ganzes Team gedacht war, und das auch gar nicht so ganz schlecht. Allerdings war das schon immer ein Spaziergang an den eigenen Grenzen in einem nie familiengerechten System. Die Coronapandemie mit all ihren Herausforderungen hat dann nicht wenige Mütter und Väter weit jenseits des Grenzstreifens befördert.

Die dicken Klebebänder, die wir mit unserem Einsatz auf die Risse gepappt haben, die die fehlende gesellschaftliche Sorge füreinander hat entstehen lassen, sind porös geworden. Die Probleme, die unser Lebensstil mit immer stärkerer Homogenisierung und Vereinzelung mit sich gebracht hat, lassen sich nicht länger verbergen. Wir müssen einsehen, dass wir so nicht auf Dauer weitermachen können. Wir müssen anfangen, Familie und die Sorge füreinander wieder größer zu denken. Wir müssen aus unseren kleinen, homogenen Höhlen herauskriechen in die großen Hallen und die anderen rufen. Die, die auch allein und einsam sind. Die, die auch mit etwas straucheln und täglich unsichtbare Kämpfe ausfechten. Die, die neugierig genug auf neue Menschen und andere Lebenswirklichkeiten sind und mit denen wir ernsthaft in einen Dialog treten können. Die, die Lust haben, ihre Liebe und Schaffenskraft für andere einzusetzen und die die Vereinzelung verschiedener Gruppen auch nicht länger hinnehmen wollen. Wir müssen wieder Lagerfeuer anzünden, zu denen viele verschiedene Menschen kommen möchten.

Nun fragst du dich vielleicht, wie du, mit all deinen Aufgaben und dem, was du jeden Tag wuppst, nun auch noch ein Lagerfeuer für all diejenigen anzünden sollst, die auch allein sind. Schließlich habe ich ja selbst gerade seitenlang dargestellt, wie herausgefordert Eltern heute oft sind. Sei beruhigt: Ich erwarte nicht, dass du ein Feuer anzündest. Ich möchte nur, dass du in die große Halle läufst und das Naheliegendste in deiner Situation tust: Ruf nach Hilfe!

Natürlich meine ich damit nicht, dass du dich in den nächsten Supermarkt oder auf den Marktplatz stellen und den Eindruck erwecken solltest, als müsste sofort jemand den Notruf wählen. Ich meine damit, dass du an einen Ort gehen sollst, an dem du dich ein bisschen auskennst und an dem es in Ordnung ist, dich verletzlich zu machen.

Eine Freundin von mir hat das vor einigen Jahren getan. Ihre eigenen Eltern waren bereits verstorben, als sie selbst das erste Mal Mutter wurde, und die damit einhergehenden Aufgaben und vor allem die wenige Zeit, die ihr noch für sich blieben, erschlugen sie. Ihre große Halle war ihr Hauskreis. Sie öffnete sich dort – und fand so eine ältere, alleinstehende Frau, die ihr seither mit ihrem Baby half. Mittlerweile ist „das Baby" fast 10 und Tante Elke[20] wird langsam alt. Doch sie ist ein fester Bestandteil der Familie meiner Freundin geworden und darf sich nun deren Unterstützung sicher sein.

Auch in meinem Hauskreis gibt es mittlerweile eine ähnliche Konstellation – meine Freundin Sabine, deren eigene Söhne gerade aus dem Nest geflogen sind, unterstützt eine junge Mutter dabei, die große Herausforderung zwischen Referendariat und Kleinkind zu meistern.

Ich kenne einige solcher Geschichten. Da ist das ältere Ehepaar, etwa in der Lebensphase, in der sich Schnabbel und Gerd befunden haben müssen – und doch so anders. Sie haben sich einer alleinerziehenden, zugewanderten Mutter und ihrer Kinder angenommen – Letztere nennen die beiden mittlerweile Oma und Opa.

In meiner Familie gibt es das Mädchen, das wir spaßeshalber immer unser viertes Kind nennen, weil ich es in seinen kleinen Jahren sehr regelmäßig mitbetreut habe. Dadurch sind enge Bindungen und eine tiefe Freundschaft mit einem unserer Kinder entstanden. Ich gebe zu, es war zu Anfang ein großer Schritt heraus aus meiner Komfortzone, einen anderen Menschen – und somit auch dessen Familie – so nah an meinen Familienalltag und mich heranzulassen. Das vierte Kind hat viel Freud und Leid unseres Lebens hautnah mitbekommen, mich in emotionalen Nöten erlebt und in schwierigen Familiensituationen, hat mit uns Geburtstage gefeiert, die Herausforderungen der Pandemie durchgestanden und war dabei, als wir von der Ankunft unseres kleinen Neffen auf dieser Welt erfuhren. Doch bereut habe ich es nie, dass ich meine Tür so weit geöffnet

---

20 Den Namen habe ich aus Rücksicht auf die Persönlichkeitsrechte meiner Freunde geändert.

habe. Heute ist das vierte Kind eine tolle, lebenskluge Teenagerin, die mich schon beim Babysitten meiner kleinen Tochter unterstützt hat und mir auch sonst gern zur Hand geht, wenn sie da ist.

Außerdem war die offene Tür nie eine Einbahnstraße. Auch eins meiner Kinder hat solch ein weiteres Zuhause gefunden und einen Ort, an den es gehen kann, wenn das Leben hier mal richtig ätzend ist. Die Mama meines vierten Kindes hat versprochen, immer ein sicherer Ort für mein Kind zu sein, wenn ich das mal nicht leisten kann – so wie wir es für ihr Kind immer bleiben.

Bei mir sind es meine eigenen Eltern, denen ich seit jeher zurufen kann, dass ich Hilfe brauche. Seit einigen Jahren unterstützt uns auch meine Schwiegermutter tatkräftig. Wir sorgen hier füreinander. Die ältere Generation für uns als Familie und vor allem für unsere Kinder – wir aber natürlich auch zunehmend für diese, wenn es nötig wird. Der Kompromiss, den ich dafür eingehen musste, heißt Nordhessen. Als mein Mann und ich noch jünger waren, haben wir uns immer irgendwo an einem cooleren Ort gesehen. Berlin vielleicht, Hamburg wäre nett gewesen oder München. Meine Heimat mit der Schmuddelschönheit Kassel als „Hauptstadt" fanden wir für uns eher nicht so attraktiv. Dass wir doch genau hier gelandet sind, ist das Ergebnis vieler Zufälle – oder göttlicher Fügungen.

Manchmal, wenn ich heute von alten Studienfreunden höre, die es an die coolen Orte verschlagen hat, denke ich an die alte Sehnsucht. Wäre es nicht schön, die Vielfalt einer echten Großstadt genießen zu können, schnell am Meer zu sein oder aus dem Dachfenster Berge zu sehen? Doch spätestens, wenn ich das nächste Mal laut Hilfe rufe und sofort eine Oma oder der Opa vor der Tür stehen, weiß ich, dass kein Bergpanorama und kein noch so attraktives Jobangebot der Welt mich hier wieder wegbringen können.

Unsere mobile, globalisierte Welt hat dafür gesorgt, dass wir nicht nur vereinzelter wohnen, sondern tatsächlich oft auch weit weg von unseren eigenen Eltern oder anderen Verwandten leben. Und selbst da, wo das nicht der Fall ist, sind Verhältnisse manchmal belastet, Einstellungen gehen weit auseinander und gegenseitige Unterstützung, wie ich sie erleben darf, ist aus diversen Gründen nicht möglich. Doch gerade dann finde ich es wichtig, anderswo nach Unterstützung zu suchen, Wahlverwandtschaften zu etablieren, das eigene Leben für neue Leute zu öffnen und sich nicht länger mit dem Status quo abzufinden.

Dafür musst du dich vielleicht verletzlich machen und deine Bedürftigkeit gegenüber anderen Menschen eingestehen. Vielleicht bedeutet es auch, dass erst einmal du dein Leben öffnen und deine Ressourcen zur Verfügung stellen musst, bevor andere es für dich tun. Manchmal reicht es auch aus, den Lebensentwurf etwas kleiner und bescheidener zu denken und nahe der Heimat zu bleiben. Vielleicht denkst du jetzt, dass all das leichter gesagt als getan ist. Das trifft auf manches davon in mancher Situation sicher zu. Anderes kostet aber viel weniger, als man denkt. Und ich bin davon überzeugt, dass wir viel mehr Möglichkeiten haben, wieder enger zusammenzurücken, als uns selbst bewusst ist. Wir können wieder dafür sorgen, dass es unsere Beziehungen sind, die die Welt für uns ein wenig sicherer und stabiler machen, und nicht unser Wohlstand und unsere Privilegien.

Also, ab in die Halle mit dir! Ruf die anderen!

## 13. Misstrauen – der Sand im Getriebe unserer Verbundenheit

„Rechne immer mit der Blödheit anderer Menschen."
Diesen Satz hat mir meine Fahrlehrerin mit auf den Weg gegeben. Ich glaube manchmal, ich habe ihn zu stark verinnerlicht. Was wohl nur meine Aufmerksamkeit für den Verkehr schulen sollte, sorgt dafür, dass ich eigentlich immer mit halbem Fuß auf der Bremse stehe und eine dieser nervigen Verkehrsteilnehmerinnen bin, die langsamer werden, wenn sie auf eine Kreuzung zufahren, obwohl sie Vorfahrt haben. Der Satz sorgt auch dafür, dass ich Autobahnen, wo andere Menschen mit ihrer potenziellen Blödheit auch noch in ziemlich rasantem Tempo unterwegs sind, am liebsten gar nicht befahren würde. Kurz gesagt: Er hat mich nicht aufmerksamer gemacht (das wäre ich sowieso gewesen), sondern ängstlich.

Ich vermute, ich bin nicht die einzige Autofahrerin, die ständig vor anderen auf der Hut ist. Spätestens, wenn ich an einer Kreuzung stehe, die Vorfahrt achten muss und der andere Verkehrsteilnehmer erbärmlich langsam angefahren kommt und damit die Lücke zwischen sich und dem nächsten Auto so verkleinert, dass ich es nicht mehr schaffe, mich dazwischenzuschieben, muss ich mich und meinen ansteigenden Puls daran erinnern, dass er nur, wie ich, auf der Hut ist – in dem Fall vor meiner potenziellen Blödheit.

Doch ich glaube, der Straßenverkehr ist nicht der einzige Ort, an dem wir ständig auf der Hut vor anderen sind. Ich fürchte, viele von uns haben die Annahme, dass andere entweder blöd oder sogar böswillig sind, mit auf die Straßen ihres gesamten Lebens genommen. Wir Menschen, die wir doch einst unsere Stärke daraus zogen, uns aufeinander verlassen zu können, trauen einander häufig nicht mehr über den Weg. Wir stehen auch im Leben oft mit halbem Fuß auf der Bremse, wenn es um Vertrauen und den Aufbau von Beziehungen geht.

- *Trau! Schau! Wem?* – Das habe ich schon von den Erwachsenen gehört, die mich ins Leben begleiteten.
- *Erzähl niemandem deine Geheimnisse – jeder hat nur eine Freundin, der er es weitererzählt – und so weiß es am Ende jeder.*
- *Frauen auf einem Haufen vertragen sich nie.*
- *Nichts ist unendlich, außer das Universum und die menschliche Blödheit.*
- *Jeder ist sich selbst der Nächste.*

Kommen dir solche Sätze bekannt vor? Sie haben alle eins gemeinsam: Sie sollen uns zeigen, dass wir nicht einfach naiv davon ausgehen dürfen, dass andere Menschen es gut mit uns meinen. Doch wie kommt es eigentlich, dass wir, die supersozialen Lernwesen, die einstigen Herdentiere, mittlerweile oft eine solch schlechte Meinung voneinander haben?

Die Antworten darauf – das sei schon vorweggenommen – sind äußerst vielschichtig. Der schon erwähnte Rutger Bregen hat diese Entwicklung in einem Buch ausgezeichnet und ausführlich nachgezeichnet. Auch Susanne Mierau erklärt, wie ausgerechnet die Zivilisation ihren Beitrag dazu geleistet hat, dass wir einander nicht mehr so bedingungslos vertrauen, wie es durch weite Teile der Menschheitsgeschichte selbstverständlich war. Es hat viel mit Machtverhältnissen zu tun und unter anderem auch mit der Tatsache, dass es für Menschen, die ebendiese Macht innehaben, sehr von Vorteil sein kann, wenn Untergebene einander nicht trauen – denn wenn sie es täten, könnten sie sich ja viel eher zusammenschließen und die eigene Macht und Herrschaft angreifen.

Paradoxerweise spielt auch unsere große Fähigkeit zur Empathie dem Misstrauen gegen andere Menschen in die Hände. Diese kommt nämlich mit einer Schattenseite daher: Wir sind vor allen Dingen in der Lage, uns in diejenigen Menschen einzufühlen und uns mit denen zu verbinden, die uns ähnlich sind. Gleichzeitig sorgt sie dafür, dass wir gegen Fremdes automatisch einen Abwehrreflex haben. Ein wenig Misstrauen gegenüber Menschen, die nicht zum eigenen Stamm gehören, war in Jäger-Sammler-Gesellschaften vermutlich auch angebracht. Heute, in einer globalisierten Welt, in der wir ständig mit Diversität in allen Facetten in Berührung kommen können und unsere eigener „Stamm" überschaubar klein ist, ist das allerdings eher hinderlich.

Dazu kommt, dass unser Gehirn eher negative Erlebnisse mit anderen Menschen speichert und positive ausblendet. Auch das ist ein Erbe unserer Zeit als Jäger und Sammler. Für unsere Vorfahren war es überlebenswichtig, Gefahren gut erkennen zu können und sich zu merken, wo solche drohten. Positive Erlebnisse hingegen waren für das Überleben nicht relevant. Forscher haben herausgefunden, dass unser Gehirn vor allem sehr emotional aufgeladene negative Ereignisse besonders gut abspeichert, dabei jedoch häufig vorrangig die Gefühle, die wir in solch einer Situation empfinden: Angst, Wut, Enttäuschung, Verlust und Trauer. Der Kontext, in dem solch ein Erlebnis entstanden ist, ist uns hingegen weniger präsent. So kann es zum Beispiel sein, dass wir uns noch lange an einen schlimmen Streit mit einer Arbeitskollegin erinnern, an ihre Worte, an das, was sie in uns ausgelöst haben, unsere Verletzung, das Misstrauen, das wir ihr seither entgegenbringen. Allerdings können wir oft nicht mehr abrufen, was diesem Streit vorausgegangen ist, wie es dazu kam und welche Probleme auf der Sachebene unserer Auseinandersetzung zugrunde lagen.

Es ist jedoch nicht so, dass wir nicht auch positive Erfahrungen mit anderen Menschen speicherten – das tun wir durchaus. Doch auch hier ist es wieder so, dass wir vorwiegend die im positiven Sinne emotional aufgeladenen abspeichern. Natürlich erinnern wir uns an den ersten Kuss vom Partner. Wir erinnern uns vielleicht an den Moment, an dem unsere beste Freundin uns gesagt hat, dass wir ihr sehr wichtig sind. Wir erinnern uns an gemeinsame Urlaube, bewegende Reden bei Familienfeiern, an den Moment, in dem wir das erste Mal unser Kind in den Armen gehalten haben, aber natürlich auch an seine ersten Schritte, das erste „Mama" oder die Meilensteine in seinem Leben, die wir gemeinsam mit ihm erlebt haben.

Doch viele *alltägliche* positive Momente speichern wir eben nicht ab. Unser Gehirn kann mit der Information, dass der Kassierer im Supermarkt uns weder gestern noch vorgestern noch heute beim Wechselgeld betrogen hat, nichts anfangen. Wohl aber merkt es sich, dass wir dieses eine Mal vor ein paar Wochen zu wenig Geld herausbekommen haben.

Es gibt aber nicht nur in uns angelegte Gründe, warum uns bei anderen Menschen eher die negativen Erfahrungen und ihre vermeintlichen Fehler auffallen. Wie bereits im zweiten Teil geschrieben, sind wir in einem gesellschaftlichen Klima aufgewachsen, in dem der Fokus eher auf dem lag und auch heute noch liegt, was fehlt, was nicht funktioniert, was wir (noch) nicht können. Kinder, die mit einer solchen Defizitorientierung groß werden und lernen, dass es hauptsächlich auf das ankommt, was bisher *nicht* klappt, was sie *nicht* können, und dass die Situationen im Fokus stehen, in denen sie sich *nicht* den Regeln entsprechend verhalten haben, betrachten auf diese Weise auch die Welt um sich herum. Uns wird regelrecht anerzogen, bei anderen Menschen die Fehler zu suchen.

Und letztlich haben wir Christen da noch eine ganz eigene Achillesferse, wenn es darum geht, anderen Menschen zu vertrauen und uns auf das Gute zu konzentrieren. Wir finden sie, wenn wir die Bibel aufschlagen. 1. Mose 8, Vers 21.

*Denn das Dichten und Trachten des menschlichen Herzens ist böse von Jugend auf.*

Bäm! Da haben wir es. Es steht schon in der Bibel, schwarz auf weiß. Wir sind böse und verdorben. Unser Herz trachtet nach dem, was nicht gut ist – und zwar von klein auf. Was soll ich da schon noch sagen? Wenn der Mensch so ist, dann ist unser Misstrauen doch begründet. Nur wird in der Bibel an mehreren anderen Stellen deutlich, dass es bei dem Hinweis überhaupt nicht darum geht, dem Gegenüber zu misstrauen. Es geht auch nicht darum, das Böse von Jugend an schon dem Kind auszutreiben, wie manche Christen bis heute glauben. (Genau genommen wurde mit diesem Blick auf junge Menschen mehr Boshaftes in die Welt gebracht, als dort von allein je war!)

Es geht vielmehr darum, sich der eigenen, inneren Ambivalenz bewusst zu sein. Denn ja, wir Menschen, wir sozialen Superlerner, sind zum Bösen fähig. Man müsste nicht nur große Teile der Weltgeschichte, sondern auch Ereignisse der Gegenwart komplett ausblenden, würde man anderes behaupten. Ich habe es schon angedeutet: Ausgerechnet das, was uns zu solch sozialen Wesen macht, sorgt auch dafür, dass wir uns anderen gegenüber unsozial, ja geradezu boshaft verhalten. Rutger Bregen hat sich auch damit beschäftigt: So kann er zum Beispiel belegen, dass die meisten Soldaten in Kriegen nicht kämpfen, weil sie von einer Sache überzeugt sind, weil sie bereit sind, für ihr Land zu sterben, oder weil sie kaltblütige Killer sind. Untersuchungen haben gezeigt, der Hauptantrieb, der sie weiterkämpfen lässt, ist Kameradschaft. Sie haben in der Ausnahmesituation eines Krieges enge Bindungen zueinander aufgebaut, stehen sich nah, fühlen sich wie Brüder. Demgegenüber stehen anonyme, unbekannte andere Menschen, die sie und ihre Kameraden bedrohen – und in einer solchen Situation sind wir sehr wohl zum Bösen fähig. Aus dem guten Gefühl der Verbundenheit heraus können wir sehr feindselig gegenüber „den Anderen" werden, mit denen wir uns nicht verbunden fühlen.

Dazu kommt, dass man herausgefunden hat, dass wir je mehr zum Bösen fähig sind, desto anonymer die Adressaten unserer Taten sind. Es gibt zum Beispiel mehrere Hinweise darauf, dass Soldaten sehr selten in 1:1-Situationen ein sichtbares Gegenüber töten. Im Gegenteil, Bregen erzählt in seinem Buch von mehreren Fällen, in denen Generäle in Kriegen herausgefunden haben, dass ihre Soldaten nicht auf andere schießen. Sie machen es nicht, schießen absichtlich daneben, tun so, als hätten sie keine Munition mehr, nur um keinen Menschen töten zu müssen.

Wir Menschen haben Hemmungen, einander das Leben zu nehmen.

Anders ist es, wenn das Ziel unseres Angriffs weit weg ist und für uns schlecht einsehbar. Befehle zur Tötung von Menschen zu geben, die man nicht selbst ausführen muss, geht einfacher. Ebenso der Abwurf von Bomben oder das Steuern bewaffneter Drohnen. Mitfühlen können wir mit Vertrautem, mit dem, was uns ähnlich ist, mit den Menschen, die uns gegenüberstehen, in deren Gesichtern wir lesen können. Je anonymer und fremder uns die anderen jedoch sind, desto weniger fühlen wir uns ein. Im Gegenteil: Wenn wir davon überzeugt sind, auf der richtigen Seite zu stehen, und diese Fremden stellten eine potenzielle Bedrohung für uns und den uns zugehörigen Menschen dar, dann sind wir am ehesten zu grauenhaften Dingen in der Lage. Kriegspropaganda macht sich diese Tatsache zu eigen, genau wie terroristische Vereinigungen.

Wir sehen also: Menschen sind zu schlimmen Dingen fähig, leider manchmal sogar aus den besten Motivationen heraus. Gleichzeitig ist die Annahme, Menschen seien allem voran verdorben und trachteten nach dem Bösen, so nicht haltbar. Im Gegenteil: Die allermeisten wünschen sich, gut miteinander auszukommen.

Auch hier wieder ist übrigens die Frage, wessen Machterhalt durch die Annahme gestützt wird, der verdorbene, sündhafte Mensch wäre von sich allein heraus nicht zum Guten fähig. Wer glaubt, Geschichten von Geistlichen, die genau daraus Kapital schlagen, seien nur düstere Anekdoten aus dem Mittelalter, hat wahrscheinlich bisher wenig über geistigen Missbrauch, der überall in der Welt auch heute noch in manchen Gemeinden an der Tagesordnung ist, mitbekommen. Bis heute gibt es Gemeindeleiter, die ihre Macht missbrauchen und ihre Position sichern, indem sie ihre Gemeindemitglieder möglichst klein und erlösungsbedürftig halten.

Wir sehen also: Die negativen Gedanken, die wir oft über andere Menschen, ihr Handeln und ihre Motive haben, sind teilweise in uns angelegt und ein altes Relikt aus anderen Zeiten. Zu einem nicht unerheblichen Teil sind sie uns aber auch anerzogen worden. Genau da können wir ansetzen, wenn wir unseren Mitmenschen zukünftig offener, zugewandter und unvoreingenommener begegnen wollen und nicht immer mit dem halben Fuß auf der Bremse der sozialen Beziehungen stehen möchten. Was einst anerzogen wurde, kann man auch wieder aberziehen. Und auch in unserem Gehirn sind manche Abläufe zwar angelegt, jedoch nicht statisch und unveränderbar. So kann es lernen, positiver zu denken und auch andere Erlebnisse abzuspeichern, wenn wir es darauf trainieren.

Iben Sandahl, über die ich im ersten und zweiten Teil des Buches bereits ein wenig geschrieben habe, sieht in dieser Neuorientierung einen entscheidenden Bestandteil des dänischen Erziehungsstils, den sie ja für einen wichtigen Grund dafür hält, dass die Dänen zu den glücklichsten Menschen der Welt zählen. Sie verwendet dafür den bereits angesprochenen Begriff „Reframing". Kurz gesagt handelt es sich hier um einen Perspektivenwechsel. Dieser ermöglicht uns, eine soziale Situation noch einmal anders zu interpretieren.

Nehmen wir zum Beispiel die Person, die sich an der Supermarktkasse mit den knappen Worten: „Hab es eilig" vor dich drängelt und sich hinterher nicht einmal dafür bedankt, dass sie zuerst bezahlen durfte. Ein erster Gedanke von mir – und sicher den meisten anderen Menschen – wäre, dass es sich hier schlicht um rücksichtsloses Verhalten handelt.

Genauso könnte es aber sein, dass diese Person ganz dringend ein Kind aus der Kita holen muss, gerade zu einem Notfall gerufen wurde, als sie zur Kasse gehen wollte, oder fürchterliche Bauchkrämpfe hat und so schnell wie möglich nach Hause will. Es gäbe noch tausend andere Erklärungen für dieses Verhalten – doch wir gehen von der aus, die uns am vertrautesten erscheint: der Rücksichtslosigkeit des anderen.

Wie wäre es, wenn wir stattdessen denken, dass jemand, der sich so verhält, sicher im Moment wirklich einen wichtigen Grund hat und so etwas normalerweise bestimmt nicht tut?

Denn ehrlich gesagt ist das mit riesengroßer Wahrscheinlichkeit der Fall!

Iben Sandahl rät dazu, Reframing auch in Konflikten zwischen Kindern einzusetzen, um sie immer wieder zu ermutigen, dem anderen gute Motive zu unterstellen oder aber zumindest sich zu verdeutlichen, dass andere zwar Fehler machen, aber auch ganz viele gute Seiten haben.

Was können wir denn konkret tun, um der Kultur des Misstrauens eine Kultur des Vertrauens entgegenzusetzen? Ich denke, es gibt ein paar Punkte, die wir in unserem Alltag einüben können.

1. **Gewöhne dir ab, zu lästern.**
Ja, du hast richtig gehört. Lass es bleiben. Rede nicht schlecht über andere Menschen. Ich selbst habe das Lästern über andere lange als etwas erlebt, durch das ich Verbindungen entstehen lassen kann. Seien wir ehrlich: Selten fühlen wir uns so einander zugehörig, wie wenn wir ordentlich über die Fehler und schlechten Eigenschaften eines Dritten sprechen können, der gar nicht dabei ist. Geteilte Ablehnung des anderen schweißt zusammen. Wir erinnern uns: Kameradschaft und das, was uns fremd erscheint.

Allerdings sorgt Lästern langfristig nicht dafür, dass Menschen wirklich tragfähig zusammenwachsen. Im Gegenteil, bei jemandem, mit dem ich zusammen über Dritte gelästert habe, stehe ich eigentlich auch immer mit dem halben Fuß auf der sozialen Bremse, denn wer weiß, vielleicht bin ich ja das nächste Opfer solch üblen Geredes?

2. **Konzentriere dich auf das Gute**
Wir haben schon gesehen: Schlechte Erfahrungen speichern wir viel eher ab als gute, weil sie in uns oft stärkere Emotionen

auslösen. Aber wir können auch lernen, die guten Erfahrungen aufzusaugen. Dafür müssen wir sie auch mit Emotionen verbinden. So können wir uns zum Beispiel abends bewusst ins Gedächtnis rufen, wo und mit wem wir an diesem Tag gute Erfahrungen gemacht haben. Vielleicht mit der Kassiererin im Supermarkt, die so nett gelächelt hat. Vielleicht mit der jungen Frau, die uns die Tür aufgehalten hat, als wir schwer beladen waren. Der Nachbar, der uns zugehört hat, als wir von unserem anstrengenden Tag erzählt haben.

Vielleicht kannst du sogar ein kleines Tagebuch anfangen, in das du jeden Abend ein paar erfreuliche alltägliche Situationen mit anderen Menschen schreibst.

### 3. Betone Fähigkeiten statt Defizite
Es ist eigentlich so einfach. Niemand möchte doch gern ständig nur hören, was er noch nicht so gut kann. Wir möchten so nicht angesehen werden und es ist auch nicht gut, dass wir andere so betrachten. Wir tun uns selbst einen großen Gefallen, wenn wir uns anderen Menschen für all die Sachen zuwenden, die sie gut und richtig machen, statt sie für die wenigen Dinge zu verurteilen, die sie in unseren Augen falsch machen.

### 4. Setz auf Kooperation statt auf Wettbewerb
Gerade unser leistungsorientiertes System fördert Misstrauen und Vorsicht im Umgang miteinander. Menschen, die ständig im Wettbewerb miteinander sind, einander übertrumpfen wollen oder um Auszeichnungen und Wertschätzung konkurrieren müssen, misstrauen sich auch eher. Vielleicht, so kann ein Gedanke anfangen, möchte der andere mir ja schaden, damit er besser dasteht.

Leider werden schon kleine Kinder früh auf Wettbewerb getrimmt. Die meisten Spiele für Kinder zielen darauf ab, dass jemand gewinnt und jemand verliert. Viel schöner und zielführender finde ich es, wenn Kinder erfahren, wie viel man erreichen kann, wenn man zusammenarbeitet.

Ich bin ein großer Fan von kooperativen Spielen, bei denen es nicht darum geht, andere „abzuzocken", sondern das Ziel gemeinsam zu erreichen.

### 5. Vertrauen und Gutgläubigkeit beibringen

Unsere Kinder ahmen uns nach und übernehmen viel von dem, was sie als unsere Weltsicht erleben. Mit wie viel Offenheit und wie viel Skepsis sie selbst später einmal anderen Menschen gegenüberstehen, ist nicht allein das Produkt unserer Erziehung, sondern eher eine Mischung aus ebendieser und ihrem angeborenen Temperament und schon thematisierten Funktionsweisen ihres Gehirns. Aber durch Erziehung und Vorleben können wir gute Weichen stellen. Wir entscheiden mit, ob sie ihre Umwelt später als eher schwierig und wenig vertrauenswürdig wahrnehmen oder ob sie zu gutgläubigen, anderen gegenüber offenen und nachsichtigen Menschen werden.

Sie sehen, wie wir mit anderen Menschen umgehen, wie wir über sie reden oder ob es uns leichtfällt, anderen zu vertrauen. Wir können ihnen – und uns selbst – zuliebe darauf achten, was wir vorleben. Manchmal dürfte uns das leichtfallen – wenn wir andere grundsätzlich sympathisch finden und viele Gemeinsamkeiten mit ihnen haben, fällt es uns sicher leichter, auch kleine Fehler hinzunehmen. Komplizierter wird es, wenn wir mit Einstellungen, Werten oder Verhaltensweisen anderer stark hadern. Ich etwa gerate immer wieder an meine Grenzen, wenn meine Kinder mir von anderen Familien berichten, in denen Dinge so laufen, wie sie hier bei uns auf keinen Fall sein sollen. Es ist eine sehr bewusste Übung – und nicht immer gelingt sie mir –, hier nicht zu werten und zu verurteilen, sondern stattdessen nach den (vielleicht nur wenigen) Gemeinsamkeiten Ausschau zu halten, die es zwischen mir und solchen Eltern gibt.

Was mir hilft, auch, um gegenüber meinen Kindern dann authentisch zu bleiben, ist, sachliche Gründe zu benennen, die mein Handeln und meine Werte erklären und stark machen, statt die der anderen Familien abzuwerten.

Aber Kinder lernen Vertrauen und einen positiven Blick auf andere Menschen nicht nur durch unser Vorleben. Noch wichtiger ist, wie wir mit ihnen umgehen. Bringen wir ihnen Vertrauen entgegen – gewähren wir ihnen vielleicht manchmal sogar einen Vertrauensvorschuss, selbst wenn sie dem nicht immer gerecht werden? Oder treten wir stark kontrollierend auf? Lassen wir ihnen Freiheit und können wir sie auch mal gut loslassen und ihre eigenen Erfahrungen machen lassen oder greifen wir sehr stark ein und geben viel vor?

Vielleicht hältst du mich jetzt auch immer noch für ein bisschen naiv. Schließlich kann man fast täglich die Erfahrung machen, dass andere Menschen sich rücksichtslos verhalten, boshaft, hinterlistig. Wenn wir davon betroffen sind, ist es eigentlich egal, ob die Motivation dahinter auf verschrobene Weise gut gewesen sein mag. Und gerade unseren Kindern können wir doch nicht beibringen, dass alle anderen es höchstwahrscheinlich gut mit ihnen meinen – bei allem, was man so hört und liest.

Natürlich gibt es Dinge, vor denen wir sie warnen müssen. Ja, es ist wichtig, dass sie wissen, dass sie auch auf der Hut sein sollten und nicht in fremde Autos steigen, sich nicht weglocken lassen und dass große Versprechungen von wildfremden Menschen, die sie auf der Straße ansprechen, mit ziemlicher Sicherheit nicht eingehalten werden, sondern Gefahr bedeuten.

Doch wir sollten ihnen auch sagen, dass solche Dinge außergewöhnlich selten vorkommen.

Generell bin ich davon überzeugt, dass wir viel öfter als menschliches Fehlverhalten und Bosheit erleben können, dass andere Menschen sich korrekt verhalten, ehrlich, vertrauenswürdig und zuverlässig sind. Wir registrieren es nur nicht, weil es so selbstverständlich ist, dass keiner ein Thema daraus macht. Nicht nur unser Gehirn speichert es nicht ab – auch in der öffentlichen Wahrnehmung spielt es keine Rolle.

Es ist doch so: Unsere Erlebnisse an den Kreuzungen stehen nur dann in der Zeitung, wenn doch einer die Vorfahrt missachtet hat und es einen ordentlichen Unfall gab. Viel öfter könnten Journalisten berichten: „Daniela Albert heute wie Millionen andere Autofahrer auch unfallfrei von A nach B gefahren." Das interessiert nur keinen, deswegen lesen wir es nicht und bekommen so eine sehr verzerrte Wahrnehmung der Realität.

In Wirklichkeit besteht nämlich viel seltener Anlass zu Misstrauen, als wir denken.

## 14. Neugier ist besser als ihr Ruf

Kürzlich hatte ich ein Erlebnis, das meine Hoffnung in diese Welt und die Menschen darin ein wenig ins Wanken gebracht hat. Ich war mit unserem Auto unterwegs zwischen zwei kleinen nordhessischen Dörfern. Sie liegen circa zehn Kilometer auseinander und dazwischen ist nichts als Wald. Ich war ein ganzes Stück gefahren, hatte das erste Dorf längst hinter mir gelassen und das zweite war noch nicht in Sicht, als mein Auto nicht mehr weiterfahren wollte. Ich versuchte es noch mit Herunterschalten, Gaspedal durchtreten, es nett bitten und beten, aber nichts davon half. Ich stand. Auf einer einsamen Landstraße, gefühlt recht weit vom nächsten Ort entfernt – und natürlich im Funkloch. Als mir ein Motorradfahrer entgegenkam, wähnte ich mich schon im berühmten Glück im Unglück. Ich kurbelte meine Scheibe runter, lehnte mich ganz weit aus dem Fenster und winkte bereits, als er noch ein ganzes Stück weg war, und hörte auch nicht auf, als er an mir vorbeifuhr. Nur nützte das Ganze nichts: Der Mann fuhr einfach weiter. Dasselbe tat der Wagen, der mich als Nächstes überholte. Irgendwann beschloss ich, mein Auto, das nun schon eine Weile gestanden hatte, noch einmal zu starten – und hatte Glück. Ich konnte an einer Haltebucht wenden und mit stotterndem Motor zurück in das Dorf fahren, das ich zuletzt durchquert hatte. Raus aus dem Funkloch, rein in die Zivilisation. Mit zitternden Fingern wählte ich die Nummer des ADAC und als sich eine Stimme am anderen Ende der Leitung meldete, liefen mir Tränen der Erleichterung über die Wangen. Nach und nach wurden die Dinge für mich geregelt. Allerdings sollte es fast den ganzen Tag dauern, bis ich schließlich mit einem Abschleppwagen auf den Hof einer Werkstatt rollte.

Es war ein schwül-heißer Tag, den ich am Straßenrand eines Dorfes verbrachte, wo ich niemanden kannte. Bei mir hatte ich eine kleine Flasche mit Wasser und ein Handy, das von Stunde zu Stunde schwächer wurde, auf das ich aber angewiesen war, um jemanden zu koordinieren, der meine Kinder betreute, für die ADAC-Mitarbeiter erreichbar zu sein, Termine umzulegen und was man alles so macht, wenn man im wahrsten Sinne des Wortes plötzlich ausgebremst wird. Ich hatte nichts zu essen, war das letzte Mal morgens um neun auf Toilette gewesen und insgesamt ziemlich aufgewühlt. Der Schrecken dieser Panne allein im Wald saß mir ordentlich in den Knochen, außerdem konnte ich mehrere wichtige Termine nicht wahrnehmen.

Links und rechts an der Straße gab es viele Häuser. Und Menschen. Sie saßen auf schattigen Bänkchen und warteten auf Besuch, arbeiteten in ihren Gärten, kamen von der Arbeit, trugen Einkäufe ins Haus, hielten mit ihren Autos am Straßenrand, um mit Bekannten zu quatschen, die dort entlangliefen – und nahmen keine Notiz von mir. Ich habe an diesem Tag insgesamt sicher fünf Stunden dort verbracht, ohne dass irgendjemandem auffiel, dass ich Hilfe brauchte. Ohne dass jemand mir einen Platz im Schatten anbot, ein Glas Wasser oder (ich hätte alles darum gegeben) einen Kaffee. Nach einigen Stunden überwand ich mich, sprach einen älteren Herrn an und bat darum, sein Badezimmer zu benutzen und meine

Wasserflasche aufzufüllen zu dürfen. Er willigte ein. Danach ging ich wieder zu meinem Auto und wartete weiter. Allein!

Ich weiß nicht, was die Menschen in diesem Ort an jenem Tag davon abgehalten hat, mir Hilfe anzubieten. Vielleicht bin ich ihnen wirklich nicht aufgefallen, weil sie so sehr mit sich und ihrem Alltag beschäftigt waren. Vielleicht war ihnen gar nicht bewusst, dass ich Hilfe benötigen könnte. Vielleicht waren einige von ihnen gerade selbst hilfsbedürftig und hätten sich gewünscht, dass jemand kommt und in der schwülen Hitze den Rasen für sie mäht, weil sie dazu eigentlich keine Kraft mehr haben. Oder dass jemand ihre Hand hält, weil sich doch auf so einem Dorf sicher längst herumgesprochen hat, dass sie einen lieben Menschen verloren, eine schlimme Krankheit bekommen oder einen fürchterlichen Streit mit ihren Kindern gehabt haben. Vielleicht sehnten sie sich so sehr danach, dass jemand ihre Einkäufe hochträgt, ihnen zuhört oder ungefragt ein Essen vor die Tür stellt. Oder aber, sie hatten am Wochenende zuvor das Haus voller Menschen und wollten endlich, endlich, endlich, endlich ein einziges Mal ihre Ruhe!

Und da ist da noch das Thema mit den fremden Menschen, denen wir ja per se misstrauischer gegenüberstehen als denen, die wir kennen. Ich bin mir sicher, hätte ich in diesem Dorf oder gar in dieser Straße gewohnt, wäre die Wahrscheinlichkeit, dass mich jemand angesprochen hätte, deutlich größer gewesen. Aber wer weiß, vielleicht hatten sie auch einfach nur verinnerlicht, dass es sich nicht gehört, neugierig zu sein. Dass man sich um seinen eigenen Kram kümmern sollte und dass es einen doch schlicht gar nichts angeht, was diese Fremde dort an der Straße für Probleme hat.

Meine Uroma Berta, die ich eingangs erwähnte, hielt wenig davon, *nicht* neugierig zu sein. Sie wollte wissen, was in ihrer Welt vorging. Sie erzählte uns, nach welchem Essen es aus dem Küchenfenster der Nachbarin roch, und tauschte mit ihren Freundinnen täglich Neuigkeiten über die Menschen in ihrem Dorf aus. Ihr Bänkchen vor der Haustür stand strategisch gut. Sie sah, wer zum Supermarkt lief und womit er zurückkam, wer die Hauptstraße hinunter in den Nachbarort fuhr oder hinauf zum Friedhof. Sie wusste, wer sonntags in die Kirche ging und wer nicht, und wenn vormittags außerplanmäßig die Glocken läuteten, wusste sie meist schon, welches am Vortrag verstorbenen Menschen auf diese Weise gedacht wurde. Und es fiel ihr auf, wenn etwas nicht stimmte. Wenn Frau K. von nebenan nicht pünktlich nach draußen kam, wenn der Schulbus nicht fuhr oder jemand ungewöhnlich still war.

Und ja, sie und ihre Freundinnen mischten sich auch in Dinge ein, die sie überhaupt nichts angingen, verbreiteten Gerüchte fröhlich weiter, ohne je zu prüfen, ob etwas dran war, und wir Kinder hätten bisweilen auch gern mal etwas getan, ohne dass sie oder ihr Sohn, unser Opa, der ihre Neugier geerbt hatte, etwas davon mitbekamen. Doch es wäre bei den beiden sicher nicht vorgekommen, dass eine fremde Frau stundenlang am Straßenrand steht, ohne dass sich jemand nach ihr erkundigt, denn sie waren mit ihrer Aufmerksamkeit gern und oft im Außen und nahmen wahr, was um sie herum passierte.

Dass meine Not an jenem Morgen nicht wahrgenommen wurde, ist eher eine Kleinigkeit im Vergleich zu dem, was dem zwölfjährigen Sohn einer Freundin kürzlich passiert ist. Der Junge war abgelenkt und stürzte am Bahnhof in ein tiefes Gleisbett, in das in sehr kurzen Abständen Zügen einfahren. Dieses Unglück trug sich zur allerbesten Pendlerzeit am Morgen zu – also im Beisein vieler, vieler anderer Menschen. Trotzdem half ihm keiner, hinauszuklettern. Es war selbst dem Notarzt, der ihn später behandelte, ein Rätsel, wie der Junge es geschafft hatte, allein, mit Schulranzen auf dem Rücken und gebrochenem Handgelenk rechtzeitig wieder hinaufzuklettern.

Bei sich und seinen eigenen Themen und Problemen zu bleiben, mag eine gute Idee sein, wenn es darum geht, seine Nase nicht in Angelegenheiten zu stecken, die einen nichts angehen, keine zerstörerischen Gerüchte über andere Menschen zu verbreiten oder nicht übergriffig in anderleuts Leben hineinzureden. Es wird aber zu einem Problem, wenn wir so sehr mit uns selbst beschäftigt sind und so wenig Notiz von anderen nehmen, dass wir übersehen, wenn jemand Hilfe braucht – oder schlimmer noch, es wahrnehmen, uns aber nicht zuständig fühlen.

Letzterer Umstand lässt sich übrigens nicht mit Ignoranz oder mangelnder Hilfsbereitschaft erklären – dass ein Mensch in Not keine Hilfe erfährt, obwohl viele Leute in der Nähe wären und Hilfe leisten könnten, ist leider gar nicht so selten. Es gibt auch einen Begriff dafür: Zuschauereffekt. Gerade in Situationen, die nicht als lebensbedrohlich empfunden werden, bei denen man also Zeit hat, sich zu überlegen, ob man hilft oder nicht, sinkt die Wahrscheinlichkeit, dass jemand jemandem zur Hilfe kommt, wenn eine Vielzahl anderer Menschen anwesend ist. Menschen neigen dann schnell zu der Annahme, dass sich schon irgendjemand anders kümmern wird und man selbst nichts zu unternehmen braucht, weil bestimmt genügend Leute da sind, die das tun könnten. Das gilt allerdings glücklicherweise nur dann, wenn die Not der anderen als eher gering wahrgenommen wird – geht es, wie gesagt, um Leben und Tod, steigt die Wahrscheinlichkeit der Hilfe von außen mit der Anzahl der anwesenden Menschen. Für die unterlassene Hilfeleistung am Gleisbett, die der Sohn meiner Freundin erfahren musste, liegt die Erklärung daher möglicherweise darin, dass die Situation von den Umstehenden nicht als brenzlig wahrgenommen wurde.

Der Zuschauereffekt lässt sich aber nicht nur dadurch aushebeln, dass eine Situation von den Anwesenden als besonders ernst wahrgenommen wird. Sie kehrt sich auch ins Gegenteil um, sobald der Erste beginnt, zu helfen. Hätte mich an besagtem Morgen ein Anwohner angesprochen, wären höchstwahrscheinlich weitere hinzugekommen, um ebenfalls das an Hilfe anzubieten, was sie hätten leisten können. Hätte jemand dem Sohn meiner Freundin aus dem Gleisbett geholfen, hätte er dabei höchstwahrscheinlich Unterstützung erfahren.

„Wir schauen uns hier nicht in die Töpfe", sagte eine Nachbarin, als wir neu in unser Haus einzogen. Das sollte die Art und Weise beschreiben, wie in meiner neuen Nachbarschaft miteinander gelebt wurde. Man kannte sich, man unterhielt sich und man wahrte Grenzen. Ein sehr gesunder Stil des Miteinanders, finde ich. Gleichzeitig nahm man sehr wohl Anteil an dem, was bei den anderen vorging.

- *Weißt du, ob Herr X. krank ist, ich habe ihn lange nicht gesehen.*
- *Was war denn gestern bei euch los? Ich habe den Krankenwagen stehen sehen. Braucht ihr Hilfe?*
- *Denk daran, Frau Z. wird nächste Woche 70, erinnerte mich meine Nachbarin Regina gern, die sich so etwas gut merken konnte.*
- *Aber auch: Bei Familie K. hat es einen Trauerfall gegeben – ich möchte, dass du Bescheid weißt, wenn du sie das nächste Mal triffst!*

All das ist kein Tratsch – es ist ein hilfreicher Austausch, der Beziehungen untereinander und Empathie füreinander fördert.

Neugierig aufeinander sein, Anteil am Leben anderer Menschen nehmen und Veränderungen wahrnehmen, das sind keine schlechten Eigenschaften. Im Gegenteil – im extremsten Fall kann eine solche Art der Neugier Leben retten, beispielsweise, wenn eine Nachbarin Angehörige oder den Rettungsdienst informiert, wenn der hochbetagte Herr von nebenan nicht zur gewohnten Zeit die Rollos hochgezogen hat.

Du denkst es dir vielleicht schon: Auch das Neugierigsein auf andere Menschen ist natürlich etwas, was in uns Menschen von Anfang an angelegt ist. Ist ja auch kein Wunder, immerhin sind wir ja die sozialen Superlerner – und dafür ist es notwendig, dass wir uns für andere Menschen interessieren, dass wir neugierig auf sie sind. Ohne neugierig auf seine Umgebung zu sein, hätte der Mensch nie dazugelernt, nie das Feuer erfunden, sich nie weiterentwickelt. Auch um uns in andere Menschen einfühlen zu können, mussten wir von jeher Wissen über sie sammeln. Je mehr wir über sie, ihre Gewohnheiten, ihre Vorlieben, ihre Stärken und Schwächen wussten, desto besser. Man kann einander gar nicht vertraut werden, ohne sich kennenzulernen.

Nun leben wir aber mittlerweile in einer Zeit, wo wir gar nicht mehr mit jedem um uns herum so vertraut werden wollen und können, wie es in früheren Zeitaltern der Fall war, als man außer im eigenen Nahbereich nur selten andere Menschen traf. Wer heute in einer Großstadt lebt, hat mitunter sehr viele Nachbarn und oft auch einen hohen Wechsel an Leuten, die da so rechts und links, über oder unter einem ein- und ausziehen. Es ist uns nicht mehr möglich, mit allen vertrauensvolle und enge Beziehungen einzugehen. Die Menschen, mit denen wir vertraut sein wollen, suchen wir uns heute meistens selbst aus.

Das Problem dabei: Es gibt Menschen, die dadurch durchs Netz fallen. Die, die sich nicht so geschickt anstellen, wenn es darum geht, Kontakte zu suchen. Die, die vielleicht nicht so gut das Haus verlassen können. Die, die nicht so gut hineinpassen in unsere immer homogener werdenden Gruppen. Menschen, die einsam und unbemerkt von allen um sie herum in ihren

Wohnungen sterben, deren Tod oft erst Tage oder gar Wochen später bemerkt wird, versinnbildlichen die traurige Seite einer Gesellschaft, in der vor allem die sichtbar sind, die mitschwimmen, Leistung erbringen und keine Probleme haben, sich selbst in soziale Netze einzubinden. Sie werden unsichtbar inmitten von Menschen, die sich nur auf ihre eigenen kleinen Einheiten konzentrieren.

Die Lösung kann hier natürlich nicht sein, dass wir uns zukünftig darum bemühen, enge Beziehungen zu hunderten uns unbekannten Menschen aufzubauen, denn auch dafür sind wir nicht gemacht. Die Anzahl der sozialen Beziehungen, die wir eingehen und auch tatsächlich pflegen können, ist begrenzt. Zwar ist mittlerweile die Annahme widerlegt, dass Menschen maximal 150 Sozialkontakte haben könnten, vielmehr scheint es so zu sein, dass es durchaus Personen gibt, die mit einer deutlich größeren Anzahl anderer verbunden sind – genauso wie es Menschen gibt, die von ihren genetischen Anlagen her in der Lage sind, sehr viel weniger Kontakte zu haben. Nichtsdestotrotz – irgendwo ist Schluss. Niemand von uns kann sich unbegrenzt jedes Gesicht, jeden Namen, geschweige denn jede Gewohnheit und jedes Schicksal derer einprägen, die uns so tagtäglich begegnen.

Aber wir können die uns angeborene Neugier nutzen, um unseren äußeren Kreis, bestehend aus den Menschen, die wir vielleicht eher flüchtig kennen und zu denen wir lockere, weit gefasste Beziehungen haben, zu erweitern. Gerade in diesem Bereich, den wir nicht zu nah an unser Leben lassen müssen, sollte auch Platz sein für die, denen wir in unseren homogenen Gruppen nicht begegnen.

Es ist uns durchaus möglich, lockere Beziehungen zu Menschen anzustreben, die uns nicht sonderlich ähnlich sind, die nicht in unserer Lebensphase stecken, nicht unsere Sprache sprechen, ganz anders als wir sozialisiert wurden, politisch konträr zu uns denken und mit denen wir scheinbar nichts gemeinsam haben. Daraus müssen sich keine engen Freundschaften entwickeln (aber wer weiß, vielleicht passiert sogar das einmal), es reicht, wenn wir ab und zu ein gutes Wort füreinander haben und uns im Auge behalten. Selbst der alte Griesgram aus dem zweiten Stock links, der nie grüßt, immer meckert, wenn die Treppe nicht geputzt wurde, und von dem du vermutest, dass er bei der nächsten Wahl sein Kreuzchen neben einer katastrophalen, unwählbaren Partei macht, hat es schließlich verdient, dass jemand merkt, wenn er mit gebrochenem Oberschenkelhals in seiner Wohnung liegt.

Aber es gibt noch ein unschlagbares Argument dafür, neugierig auf andere Menschen zu bleiben. Wir haben schon gelernt, dass wir uns am ehesten an die Menschen binden, die uns ähneln, während wir bei allem, was uns fremd ist, innerlich schneller eine Abwehrhaltung eingehen. In einer globalisierten Welt, in der wir auf die unterschiedlichsten Menschen treffen, ist es daher sehr sinnvoll, neugierig auf die anderen zu bleiben, schon deshalb, weil wir so vielleicht auf den ersten Blick unerwartete Gemeinsamkeiten entdecken. Solche Gemeinsamkeiten schaffen wiederum Verbindung.

Genau diese Suche nach Gemeinsamkeiten, nach Gesprächsstoff und nach Anknüpfungspunkten ist die Art von Neugier, die gesund ist für unser Miteinander. Sie unterscheidet sich von jener anderen Art, die wir an den Tag legen, wenn wir einander, wie meine Nachbarin es ausdrückte, in die Töpfe gucken. Es geht nicht darum, zu wissen, dass es bei Familie Z. wieder die ganze Woche Fertiggerichte gegeben hat, und sich darüber gemeinsam mit der Freundin auszulassen. Es geht nicht darum, als Erstes zu wissen, dass das Paar nebenan sich getrennt hat, um etwas zu erzählen zu haben. Es geht auch nicht um eine übergriffige Art von Neugier, die vorgibt, Interesse am anderen zu haben, nur um dann in dessen Leben hineinzureden und die neuen Informationen als Einfallstor zu nutzen, die eigenen Ansichten auch anderen überzustülpen. All das schadet sozialen Beziehungen. Lasst uns nach einer guten Art des Neugierigseins streben. Nach einer, die Wege ebnet, statt Beziehungen noch schwieriger zu machen.

Denn da, wo Verbundenheit herrscht, lässt man einander nicht im Regen stehen – oder in der prallen Sonne im Auto sitzen. Das habe ich auch am Tag meiner Panne erfahren. Zwar stand ich allein und verlassen auf dieser Straße, doch dank meiner Freundinnen und Nachbarn wurde am Ende doch sehr viel für mich geregelt.

## 15. Verbunden mit der Welt

*Manchmal habe ich das Gefühl, wir leben in Chicago, nicht in einem beschaulichen Vorort*, schrieb ich meiner Freundin eines Nachmittags während einer kurze Kaffeepause auf der Terrasse. Seit sicher einer halben Stunde hörte ich nichts als Martinshörner. Nun sind die in unserem Örtchen wirklich keine Seltenheit, denn eine gut befahrene Bundesstraße und eine Autobahn führen hier in der Nähe vorbei und zwei Orte weiter gibt es eine größere Klinik. Doch an diesem frühen Nachmittag war etwas anders. Es war zu viel Tatütata.

Ein Hubschrauber kreiste in der Luft und es roch komisch. Und dann gab das Handy in meiner Hand einen Ton von sich, den ich sonst praktisch nie höre: Meine Katastrophen-Warn-App meldete sich. Mein Herz pochte wie verrückt und meine Finger zitterten, größtenteils durch den Schreck, den mir dieser ungewöhnlich laute, schrille Warnton eingejagt hatte. *Warnung*, vermeldete meine App. *Schwerer Waldbrand zwischen Helsa und Kaufungen. Gefahreneinschätzung mittel bis hoch. Starke Rauchentwicklung. Lage unübersichtlich. Bitte warten Sie weitere Informationen ab.*

Ich ging von der Terrasse ins Schlafzimmer im Dachgeschoss. Bevor ich das Fenster sicherheitshalber schloss, lehnte ich mich noch einmal weit hinaus und blickte in Richtung

Wald. Und dann sah ich sie: eine riesige Rauchsäule, die zwischen den Bäumen aufstieg. Die Windräder drumherum gaben mir, einer geografischen Null, die nötige Orientierung. Es brannte ganz in der Nähe meines liebsten Waldsees. Dort, wo nach starken Sturmschäden gerade erst aufgeforstet worden war. *Immerhin, sie können das Wasser aus dem See nehmen*, war mein erster Gedanke.

Ich ging durchs Haus und schloss auch die weiteren Fenster und trug den Kindern auf, ihre Zimmer erst einmal nicht zu lüften. Und dann tat ich, was man als Mutter an Tagen tut, an denen die Welt ins Wanken gerät: Ich bemühte mich um möglichst viel Normalität, gewürzt mit ein paar Spritzern Seelenwärme. Ich unterstützte bei Mathehausaufgaben und wir spielten ein Gesellschaftsspiel. Ich erlaubte mehr Eis und Süßigkeiten, als ich es an gewöhnlichen Mittwochnachmittagen tue, und erlegte mir größtmögliche Disziplin bei der Handynutzung auf, um nicht endlos nach neusten Informationen zu suchen. Und ab und zu sahen wir dann doch aus dem Fenster, beobachteten den Hubschrauber und die Rauchsäulen.

Am frühen Abend half alles nichts, ich musste zum nächstgelegenen Supermarkt, um ein paar Dinge einzukaufen. Ich packte meine jüngste Tochter ein und wir fuhren los. Kurz vor dem Parkplatz des Einkaufszentrums liegt unser Festplatz. Hier werden normalerweise Dorffeste gefeiert und Konzerte gegeben. Nun jedoch war er Sammelplatz für alle Feuerwehren, die aus anderen Orten zu Hilfe geeilt waren. Ich blickte in eine Masse von roten Autos, verschwitzten Menschen, Blaulichtern und mittendrin das Rote Kreuz, das Lebensmittel und Getränke verteilte. Sie kamen nicht nur aus den Nachbarorten, sondern aus dem ganzen Landkreis: Männer und Frauen, die alles hatten stehen und liegen gelassen, um hier zu helfen. Mütter, Väter, Töchter und Söhne, jemands Frau oder Mann, Freund oder Freundin, waren gekommen, um körperliche Schwerstarbeit zu leisten und im Zweifel ihr Leben zu riskieren, um unseren Wald zu schützen, die Tiere, die darin lebten, die Menschen, die in Kaufungen und Helsa wohnten. Einige von ihnen würden bis zum nächsten Morgen bleiben, andere würden die ganze Woche immer wieder kommen, um die Gefahrenstellen im Blick zu behalten und um im Notfall schnell reagieren zu können. Fast alle taten dies freiwillig. Sie sind ehrenamtliche Helfer, die sich in den freiwilligen Feuerwehren unserer Region engagierten. Fortwährend gesellten sich weitere Freiwillige dazu: Die Menschen aus Kaufungen und Helsa kamen zu den Sammelpunkten und unterstützten das Rote Kreuz dabei, diese ungewöhnlich hohe Zahl an Feuerwehrleuten zu versorgen. Sie brachten Getränkekästen und schmierten Brötchen, jemand kam mit zwei Kühltaschen voller Eis, ein anderer hatte ein paar Thermoskannen Kaffee vorbereitet. All diese Menschen standen da und hatten eine Message, die sie der Katastrophe entgegensetzten: *Wir halten zusammen!*

Der gemeinsame Kraftakt zeigte schnell Wirkung. Das Feuer war am späten Abend unter Kontrolle, die große Katastrophe, wie sie in den letzten Jahren Menschen in Brandenburg, Frankreich, Kanada, Australien oder anderen Orten auf der Welt erleben mussten, blieb aus.

Wenn Menschen im Angesicht einer Bedrohung zusammenstehen, kann viel erreicht werden. Nicht nur da, wo tatsächlich größere Katastrophen verhindert werden können, sondern auch an Orten, wo sie eingetreten sind. Ich denke an die monatelange engagierte Hilfe, die Freiwillige im Ahrtal geleistet und die überwältigende Spendenbereitschaft, die wir in Deutschland im Zuge dieser Katastrophe gezeigt haben, und an viele andere kleine und große Ereignisse, in denen der Zusammenhalt von Menschen einen echten Unterschied bewirkt hat.

Gut, dass wir Menschen so sind. Gut, dass wir in der Regel nicht wegschauen, wenn etwas Schlimmes geschieht, sondern dass in uns sofort der Wunsch entsteht, anderen zu helfen. Die Sache hat nur einen Haken. Ich habe ihn im vorherigen Kapitel schon herausgestellt: Wir halten vorzugsweise zu Menschen, die uns vertraut erscheinen, mit denen wir uns verbunden fühlen, die uns ähnlich sind und die uns mehr oder weniger nah sind.

Als 2010 unfassbare Wassermassen zu einer schlimmen Flutkatastrophe im nordwestlichen Pakistan führten, reagierten die sonst so spendenbereiten Menschen in Deutschland sehr verhalten. Dabei handelte es sich dabei nach Einschätzung des damaligen UN-Generalsekretärs Ban Ki Moon, der das Unglücksgebiet bereist hatte, um ein Unglück, das mit nichts vergleichbar war, was er zuvor gesehen hatte.[21]

Doch Pakistan hat, wie es ein Reporter damals formulierte, ein Imageproblem. Viele verbinden mit diesem Land erst einmal negative Assoziationen: korrupte Politiker, Terrorismus, ein uns sehr irritierendes Gesellschaftssystem – und Atombomben. So kam es dazu, dass erst einmal nur sehr wenige Menschen den Impuls empfanden, etwas zu geben. Je fremder uns etwas ist, desto weniger empathisch reagieren wir, desto stärker können wir uns abgrenzen und Leid ausblenden. Nach einigem Zögern entschied sich das ZDF dann aufgrund des großen Leides in der Unglücksregion, in einer Sondersendung darüber zu berichten. Zu sehen waren Familien, die alles verloren hatten, Kinder, die um ihr Leben kämpften, Menschen, die

---

21 Peters, Katharina Graça und Reimann, Anna: „Politiker fordern mehr Einsatz für Pakistan", spiegel.de, 16.08.2010. https://www.spiegel.de/politik/deutschland/flutkatastrophe-politiker-fordern-mehr-einsatz-fuer-pakistan-a-711986.html, zuletzt abgerufen am 13.11.2013.

um Angehörige trauerten. Danach kamen endlich Spendengelder zusammen. Unser Land, dem es vorher gelungen war, Not und Leid zu übersehen, war aufgerüttelt, Empathie war doch noch geweckt worden, und zwar dadurch, dass uns die Fernsehbilder vor Augen führten, dass die betroffenen Menschen uns eben doch sehr ähnlich waren: Mütter und Väter, die doch nur ihre Familien beschützen wollten. Menschen, die sich etwas aufgebaut und es verloren hatten. Trauernde. Kinder, die eine Chance auf ein würdiges Leben verdient hatten. Menschen wie du und ich, die einfach nur das Pech hatten, in einem Land mit Imageproblem geboren zu sein – und die es nicht verdienen, im Elend alleingelassen zu werden.

Die Katastrophe in Pakistan konnte für uns doch noch greifbar gemacht und unser Wunsch zu helfen geweckt werden. Doch Pakistan ist nur eins von vielen Beispielen, in denen uns Leid zu weit weg erscheint. Auf dieser Welt passieren täglich schlimme Dinge, die Menschen in ihrer Existenz bedrohen. Menschen leben und arbeiten unter unwürdigsten Verhältnissen, sterben an Hunger, durch Kriege, werden in ihren Menschenrechten beschnitten, können nicht frei leben und sich entfalten. Auch heute noch werden jeden Tag Kinder geboren, die von Anfang an kaum eine Chance auf ein Leben in Sicherheit, ganz zu schweigen von auch nur einem Ansatz von Wohlstand, haben. Dass wir nicht jedes einzelne Schicksal und auch nicht jede Katastrophe im Blick haben können, ist normal – und für unser eigenes Leben sogar wichtig. Stell dir vor, auf dich würde täglich das geballte Leid einprasseln, das es auf dieser Welt gibt.

Es ist vernünftig und gut eingerichtet, dass selbst die Feinfühligsten von uns die meisten Geschehnisse auf dieser Welt ausblenden können. Ein Einfühlen in jede Katastrophe, jedes einzelne Schicksal würde uns nicht hilfsbereiter und achtsamer machen, sondern handlungsunfähig. Dass unsere Empathie begrenzt ist, ergibt durchaus Sinn. Gleichzeitig leben wir allerdings in einer so miteinander verbundenen Welt, dass vieles, was geschieht, mehr mit uns zu tun hat, als wir auf den ersten Blick glauben:

In den Schulklassen unserer Kinder sitzen geflüchtete Kinder aus Ländern, in denen schlimme Kriege herrschen.

Wenn in Bangladesch eine Textilfabrik einstürzt, müssen wir uns der Tatsache stellen, dass dort mitunter auch Kleidung produziert wurde, die wir hier in Deutschland billig gekauft haben.

Wenn wir Kaffee und Schokolade kaufen, können wir mit unserer Entscheidung für oder gegen eine Sorte auch darüber mitbestimmen, ob anderswo auf der Welt Kinder zur Schule gehen dürfen oder arbeiten müssen.

Wenn uns der Klimawandel nicht sonderlich interessiert, weil wir selbst in einer Region leben, in der die bisherigen Folgen gut abgefedert werden können, vergessen wir, dass es bereits Gebiete auf dieser Erde gibt, in denen Menschen ihre Lebensgrundlage aufgrund der klimatischen Veränderungen verloren haben. Entscheiden wir uns dagegen, etwas zum Klimaschutz beizutragen, treffen wir damit auch eine Entscheidung über die Zukunft von anderen Familien, die nicht das Glück gehabt haben, auf unserem privilegierten Fleckchen Welt geboren zu sein.

In einer globalisierten Welt können wir es uns nicht mehr erlauben, nur mit unserem Nahbereich mitzufühlen, denn so absurd es angesichts der Tatsache, dass wir acht Milliarden Menschen auf diesem Planeten sind, auch klingen mag: Wir haben doch alle miteinander zu tun. Meine Kaufentscheidungen im Supermarkt, die Frage, wie ich meinen Urlaub verbringe, ob ich meinen Müll trenne und wie viel ich überhaupt produziere, wie oft ich mein Auto nutze und wie lange ich meine Schuhe trage – all das macht für jemanden dieser acht Milliarden Menschen einen Unterschied.

Ich verstehe, wenn du dich jetzt beim Lesen erschlagen fühlst – denn bei all diesen Themen weiß man doch gar nicht mehr, wo man anfangen soll. Das stimmt. Wenn wir versuchen, alles richtig zu machen, wenn es darum geht, Gottes Schöpfung für alle lebenswert zu gestalten, können wir nur scheitern. Ich mag, was die Autorin Anja Schäfer dazu schreibt:

*„Ich weiß zu viel, um nichts zu tun, und gleichzeitig lähmt mich die Fülle an Informationen in der globalisierten Produktion und mich befällt manchmal das Gefühl, erst an der Uni die passenden Seminare belegen zu müssen, bevor ich einwandfrei einkaufen gehen kann."*

Denn genauso geht es mir auch oft. Wenn ich mir wirklich klarmache, wie fatal sich mein Lebensstil auf andere Orte dieser Welt auswirkt und wie viel ich scheinbar ändern müsste, damit auch nur die Chance besteht, dass wirklich ein Unterschied daraus entsteht, möchte ich gar nichts mehr tun. Dann bin ich auch sehr dankbar für mein Gehirn, das all das die meiste Zeit ausblendet. Allerdings mag ich noch mehr, was Anja Schäfer ein paar Seiten weiter schreibt: *„Lieber konkret etwas anpacken, als mich vom Perfektionismus bremsen lassen."*

Fakt ist: Keiner von uns kann im Alleingang die Welt lebenswerter und besser machen. Aber das ist kein Grund, gar nicht erst zu versuchen, einen Unterschied zu machen. Jede Familie hat die Möglichkeit, irgendwo anzufangen und sich eine Sache herauszusuchen, die sie künftig anders macht. Gerade wenn wir uns darüber Gedanken machen, welche Werte wir unseren Kindern weitergeben wollen, sollte klar sein: Es wäre fatal, ihnen zu vermitteln, dass sie nichts ändern können – genauso wie es ihnen eine untragbare Last aufbürden würde, wenn wir ihnen mitgeben, dass sie alles im Blick behalten müssen. Aber wir können ihnen immer wieder zeigen, dass es sehr wohl einen Unterschied macht, wenn jemand anfängt, seinen kleinen Teil zu leisten.

- *Wenn wir zukünftig eine Nuss-Nougat-Creme aus fairem Handel kaufen, schauen sich das ein paar deiner Freunde vielleicht ab und irgendwann sind wir viele.*
- *Wenn jeder gelegentlich ein bisschen Müll von der Straße aufhebt, ist es weniger dreckig.*
- *Wenn wir weniger billig produzierte Kleidung kaufen, merken Unternehmen, dass wir kein Interesse mehr daran haben, und werden gezwungen, anders zu produzieren.*
- *Wenn jeder ein bisschen Geld in eine Krisenregion schickt, kommt am Ende genügend zusammen.*
- *Wenn jeder den Feuerwehrleuten ein paar belegte Brötchen bringt, werden alle versorgt.*

Ich glaube an einen Gott, der die fünf Brote und zwei Fische eines kleinen Jungen genommen hat, um 5.000 Menschen satt zu bekommen. Bin ich ihm nicht schuldig, ihm meine ein bis zwei Dinge hinzuhalten, die ich verändern kann, damit er seine wundervolle Schöpfung für alle Menschen lebenswert erhält?

## 16  Die guten Lagerfeuergeschichten

Diesen Sommer war ich mit meiner Familie und mit unserem Wohnwagen in Schweden unterwegs. Irgendwie war bei unseren Fahrzeugen ein wenig der Wurm drin. Zuerst strandeten wir auf dem Weg zur Fähre mit einer Autopanne und dann setzten wir mitten in den schwedischen Wäldern mit unserem Stützrad auf. Letzteres war danach zum Rangieren auf den Campingplätzen nicht mehr brauchbar. Also recherchierten wir im Netz nach dem nächsten Händler und stellten uns widerwillig auf eine ungeplante Tagestour dorthin ein. Das bekam unser Platznachbar mit – und bot sofort an, das Rad für uns abzuholen. Er wolle sowieso mal in die Nähe dieses Ladens, sagte er, und könne das für uns erledigen. Zwei Tage später stand er mit einem neuen Stützrad in unserem Vorzelt.

„Wow", sagte ich hinterher, „der ist jetzt einfach mal 100 Kilometer durch die Gegend gefahren und hat uns das Teil geholt".

„Tja, typisch Camper, oder? Man hilft sich halt", antwortete mein Mann.

*Typisch Mensch eigentlich,* dachte ich.

Wir haben es in den vorherigen Kapiteln gesehen: Menschen helfen anderen Menschen im Grunde gern. Wir haben auch die Einschränkungen gesehen, die es dabei gibt – die Hinwendung zum Nahbereich, während man weiter Entferntes gern ausblendet oder sogar feindselig betrachtet. Wir haben uns auch mit der Frage beschäftigt, wie wir dem durch die Suche nach Gemeinsamkeiten entgegenwirken können und wie wir unsere Kinder in einer Welt, in der alle mit allen irgendwie verbunden sind, so begleiten können, dass sie ein Verantwortungsgefühl für Menschen an anderen Orten dieser Welt entwickeln, ohne an der Größe dieser Aufgabe zu zerbrechen oder abzustumpfen.

Ich möchte einen letzten Punkt vorbringen, wenn es darum geht, gemeinsam als Familie nach Verbundenheit mit anderen Menschen zu suchen und den Wert der Gemeinschaft zu stärken: Es sind die Geschichten, die wir einander übereinander erzählen.

Wir haben schon festgestellt, dass unser Gehirn vorzugsweise weniger gelungene Situationen und Ereignisse abspeichert. Und so kommt es, dass wir auch von unserem zwischenmenschlichen Miteinander oft das erzählen, was weniger toll gelaufen ist, was wir an anderen Menschen nicht so mögen oder was wir befremdlich finden. Dadurch verstärken wir allerdings den Fokus auf das Negative. Wir geben dem in uns angelegten Misstrauen einen Schub.

Doch in einer Welt, in der wir darauf angewiesen sind, dass sich Menschen umeinander kümmern, und in einer Gesellschaft, in der wir dringend Homogenisierung und Vereinzelung entgegenwirken müssen, ist es wichtig, einander zu vertrauen. Dass wir uns dieses Vertrauen in unsere Mitmenschen ruhig leisten können, haben wir in den letzten Kapiteln schon gesehen: Die überwiegende Mehrheit der Menschen, die dir in deinem Leben begegnet, meint es gut mit dir – oder zumindest nicht schlecht. Dass wir es manchmal anders empfinden, liegt an dem, was unser Gehirn abspeichert, daran, dass es für unser Überleben die längste Zeit der Menschheitsgeschichte eben wichtig war, mögliche Gefahren zu speichern.

Nun haben wir es schon gesehen: Unser Gehirn ist nicht statisch. Wir sind nicht sklavisch an unsere alten Programmierungen gebunden. Wir haben es in der Hand, neue Verknüpfungen zu erstellen und uns einen positiven Blick auf uns und die Welt anzugewöhnen und ihn auch unseren Kindern zu vermitteln. Eine wichtige Rolle spielen dabei die Geschichten, die wir einander erzählen. Geschichten erzählen ist etwas, was Menschen seit jeher tun. Ich stelle mir gern vor, wie unsere Vorfahren gemeinsam an Lagerfeuern saßen und einander erzählten. Manchmal dienten die Erzählungen hauptsächlich zur Unterhaltung oder dazu, die anderen zum Lachen zu bringen. Doch oft hatten sie auch einen erzieherischen Effekt: Sie lehrten die anderen etwas, wenn etwa die Alten berichteten, was sie gesehen und erlebt hatten, lange bevor die Jungen geboren waren. Sie gaben die Geschichte ihres Stammes weiter – ihre Familiengeschichten, teilten ihr Wissen, sorgten dafür, dass Traditionen an die nächste Generation weitergegeben wurden. Diese Geschichten prägten das Leben aller – und die Sicht der Kleinsten auf sich selbst und die Welt um sie herum.

Auch wir erzählen einander heute noch Geschichten. Manchmal ganz bewusst, indem wir uns an die Betten unserer Kinder setzen, ein Buch vorlesen oder die immer gleiche Einschlafgeschichte erzählen. Oft jedoch vermitteln wir Werte, Normen und Einstellungen eher nebenbei: wenn wir in der Küche stehen und eine Anekdote aus dem Alltag erzählen, über etwas sprechen, was wir im Radio gehört haben, oder Erlebnisse wertend kommentieren, die unsere Kinder mit nach Hause bringen.

Die Art und Weise, wie wir über die Welt und die Menschen darin sprechen, ist selten neutral und unsere Kinder werden von dem geprägt, was sie von uns hören. Die Geschichten, die wir erzählen, haben einen Anteil daran, ob sie offen und positiv mit anderen umgehen oder misstrauisch und zurückhaltend. Nun ist es vollkommen in Ordnung, ja sogar manchmal wichtig, dass wir unsere Kinder vor Gefahren warnen. Die eine oder andere schlimme Geschichte können wir ihnen nicht ersparen. Es ist wichtig, dass sie wissen, dass es Orte gibt, die sie lieber meiden sollten, dass man nicht jedem Fremden vertrauen kann, dass sie niemals zu Menschen, die sie nicht kennen, ins Auto steigen dürfen und es auf dieser Welt Leute gibt, die sie belügen und betrügen wollen.

Doch genauso wichtig ist es, dass wir ihnen von Anfang an vermitteln, dass die allermeisten ganz anders sind: fürsorglich, hilfsbereit, wohlwollend, vertrauenswürdig. Wir können darauf achten, dass wir bei uns zu Hause auch die Geschichten erzählen, die sonst übersehen werden.

Im Film „Der Hobbit – eine unerwartete Reise" sagt der Zauberer Gandalf: „Saruman ist der Meinung, dass nur große Macht das Böse fernhalten kann. Aber ich habe anderes erfahren. Ich finde, es sind die kleinen Dinge, alltägliche Taten von gewöhnlichen Leuten, die die Dunkelheit auf Abstand halten. Einfache Taten aus Güte und Liebe."[22]

Recht hat er! Doch seien wir ehrlich: Diese „einfachen Taten aus Güte und Liebe, die kleinen Dinge gewöhnlicher Leute", werden oft übersehen. Sie erscheinen uns so selbstverständlich oder unwichtig, dass wir keine große Sache daraus machen.

Doch ich glaube, dass sich unfassbar viel verändern würde, wenn wir die guten Lagerfeuergeschichten erzählen würden. Die kleinen Aufmerksamkeiten, die unscheinbaren Heldentaten eines ganz normalen Stinkesockenalltags, die Extrameilen, die

---

22 Cunningham, C., Jackson, P., Walsh, F. (Produktion) & Jackson, P. (Regie) 2012. *Der Hobbit: Eine unerwartete Reise.* Neuseeland, USA: New Line Cinema, WingNut Films, Metro-Goldwyn-Mayer.

Menschen täglich und kaum wahrgenommen miteinander gehen – oder füreinander fahren, wie unser Campingnachbar für uns: Ich denke, wenn wir all diese Geschichten nur oft genug hören würden, würde sich unsere Sicht auf die Welt verändern, könnten wir Zukunftsängste in Schach halten und mehr vertrauen. Und ich glaube, wir selbst handeln anders, wenn wir genug gute Geschichten gehört haben. Gutes bringt Gutes hervor. Sich für andere engagieren, hinsehen, teilen – all das ist ansteckend.

Und es gibt so viele gute Geschichten, es ist so viel Engagement, so viel Selbstlosigkeit, so viel Hilfsbereitschaft in der Welt. Lasst uns Platz dafür schaffen. Eine Bekannte von mir ist vor einigen Jahren mit ihrer Familie in finanzielle Schwierigkeiten geraten. Eines Morgens fand sie in ihrem Briefkasten einen Umschlag mit tausend Euro. Sie hat nie erfahren, wer ihr das Geld gespendet hat, aber feststeht, jemand – oder vielleicht viele – haben ihre Not gesehen und sich dazu entschlossen, miteinander zu teilen.

Eine herzkranke Freundin schrieb vor einer Weile auf Facebook, sie sei so traurig darüber, dass sie nie mit ihren Kindern Fahrrad fahren könne. Jemand erkundigte sich in den Kommentaren, ob es ihr möglich wäre, wenn sie ein E-Bike hätte. Sie bejahte, konnte sich jedoch diese Anschaffung nicht leisten. Einige Wochen später stand eins vor ihrer Tür.

Als wir auf dem Weg in unseren Schwedenurlaub bei Hannover mit einer Autopanne strandeten und unser Ersatzteil nicht schnell genug lieferbar war, fuhr der KfZ-Meister, bei dem wir unseren Wagen in der Werkstatt hatten, einen Händler in sechzig Kilometer Entfernung an, um unser Teil schneller zu beschaffen. Wir taten ihm leid und er wollte uns eine schnelle Weiterfahrt ermöglichen.

Als eine Freundin von mir vor einigen Jahren, mitten in der Pandemie, mit ihrer Tochter unerwartet ihre Wohnung räumen musste, machte ein älteres Ehepaar aus der Gemeinde für einige Monate ein bisschen Platz in ihrem Haus frei und nahm Mutter und Tochter auf.

Eine Frau aus meiner Nachbarschaft, die mit Arbeit, zwei Kindern und einem großen Garten sicher genug zu tun hat, geht zweimal pro Woche eine Stunde mit einem dementen Herrn aus unserer Straße spazieren, um dessen Frau zu entlasten.

Eine Lehrerin im Ruhestand gibt geflüchteten Familien kostenlos Deutschunterricht und hilft ihnen bei Amtswegen.

Unsere Nachbarsjungen sammeln mehrmals im Monat mit kleinen Zangen den Müll auf, der an unserer Straßenbahnhaltestelle hinterlassen wurde.

Als ein todkranker Mann den Wunsch hatte, seine letzten Wochen in der Nähe seines Sohnes zu verbringen, leistete eine ganze Gruppe von Handwerkern in der Vorweihnachtszeit unbezahlte Überstunden, um den Umzug noch rechtzeitig möglich zu machen.

Eine meiner persönlichen Lieblings-Heldengeschichten ereignete sich vor einigen Jahren im Kaufunger Ruheforst, wo auch mein Schwiegervater begraben liegt. An seinem Geburtstag hatten unsere Kinder ihm Bilder gemalt und an Heliumballons gebunden, die sie in den Himmel steigen lassen wollten. Wir gingen bewusst auf einen breiten Weg, damit die Ballons nicht in den Bäumen hängen blieben, doch eins der Kinder ließ seinen zu früh los und er blieb, für uns unerreichbar, in einem hohen Strauch hängen. Bittere Tränen flossen und wir versuchten, das Kind zu trösten. In diesem Moment fuhr ein weißer Kastenwagen an uns vorbei, das Kennzeichen ließ darauf schließen, dass die Insassen von weit weg stammten. Vermutlich hatten sie die ganze Woche auf Montage an den Windrädern oberhalb unseres Waldes gearbeitet und freuten sich jetzt darauf, zurück in ihre Heimat zu fahren. Doch als sie uns sahen, hielten sie an. Sie kramten in ihrem Kastenwagen herum, holten eine Leiter heraus, kletterten in die Böschung und befreiten den Ballon, sodass er in den Himmel steigen konnte. Danach sprangen sie wieder in ihren Wagen und waren schon davongebraust, noch bevor wir uns anständig bedanken konnten.

Ich bin mir sicher, auch in deinem Leben und in deinem Umfeld gibt es eine Menge gute Geschichten. Wie wäre es, wenn du sie sammelst und anfängst, sie zu erzählen?

# Teil IV

## 17. Gott hat alles für uns bereitet

Was gibt uns Halt, wenn das, worauf wir uns so lange verlassen haben, ins Wanken zu kommen scheint? Wie finden wir Sicherheit, in einer Welt, in der wir gelernt haben, uns auf so trügerische Dinge wie Geld, die eigene Leistungsfähigkeit und einen sich fortwährend steigernden Wohlstand zu verlassen? Welche Werte vermittele ich meinen Kindern, wenn manches von dem, was wir mit ins Leben genommen haben, heute eher hinderlich als nützlich zu sein scheint?

Mit all diesen Ausgangsfragen im Kopf habe ich angefangen, dieses Buch zu schreiben. Ich habe dich mitgenommen auf eine gedankliche Reise durch alte Glaubenssätze und eine neue Art zu denken, durch Stressfallen, die sich heutzutage im Familienleben verstecken, und Möglichkeiten, diesen aus dem Weg zu gehen, und ich habe die Sicherheit und Geborgenheit, die wir im Zusammensein mit anderen Menschen finden können, trügerischen Sicherheiten, auf die wir uns bisher verlassen haben, gegenübergestellt.

Vieles, was wir auf den letzten Seiten gemeinsam durchdacht haben, erscheint dir jetzt aber vielleicht noch sehr theoretisch. Zu wissen, dass Glaubenssätze nicht mehr taugen und uns das Leben eher erschweren als hilfreich zu sein, ist das eine, Veränderungen bewusst angehen aber eine ganz andere Sache.

Deshalb wird es im letzten Teil dieses Buches ganz praktisch. Denn es gibt nur einen Ort, an dem wir Gedanken umsetzen und neue Wege festigen können: unseren Alltag.

Die gute Nachricht ist, dass all das, wonach wir uns sehnen – Sicherheit und Gemeinschaft, ein gesunder Lebensrhythmus aus Arbeit und Pausen, ein Fokus auf Dankbarkeit und gute Geschichten und eine sinnvolle Einteilung unserer Lebenszeit, jenseits der Angst etwas zu verpassen –, bereits in dieser Welt angelegt ist. Gott hat das alles für uns eingerichtet. Jeder Tag funktioniert für ihn nach einer Logik des Arbeitens und des Ruhens. Des Alleinseins und Besinnens und der Gemeinschaft. In unseren Wochenrhythmus hat Gott uns einen eigenen Ruhetag eingebaut – in jede einzelne Woche. Unsere Jahreszeiten sind perfekte Orientierungszeichen, die sich unseren Bedürfnissen anpassen und in deren Logik wir eintauchen und Sicherheit finden dürfen. Das Kirchenjahr ist ein wahrer Schatz an Entschleunigung und Besinnung, an Gelegenheiten, Freude und Gemeinschaft zu genießen, aber auch zusammen zu trauern, einander zu danken und gute Geschichten zu würdigen.

Ich lade dich im letzten Teil dieses Buches daher ein, mit mir in diesen, von Gott so gesund erdachten, Rhythmus einzutauchen. Vielleicht wird nicht jeder Gedanke zu dir und deiner Familie passen. Das ist in Ordnung. Denk immer daran, hier geht es darum, dir hilfreiche Ideen mit auf den Weg zu geben, die dir und deiner Familie guttun, es geht nicht darum, euch zusätzlichen Ballast aufzubürden. Nimm auf den nächsten Seiten mit, was dir hilfreich erscheint, und lass liegen, was du nicht gebrauchen kannst. Probiere neue Dinge aus, passe sie auf euch und eure Alltagslogiken an oder sieh dich, gerade durch den Kontrast zu dem, was ich schreibe, in deinem Weg bestätigt.

Als meine Kinder klein waren und ich nach Möglichkeiten

für uns als Familie gesucht habe, in diesen heilsamen Rhythmus einzutauchen, bin ich auf „Das neue Hausbuch für die ganze Familie" von Maria Radziwon[23] gestoßen. Die Österreicherin kennt sich mit gesunden Rhythmen, harter Arbeit und nötigen Pausen, aber auch mit den Grenzen, die Gott mit größter Absicht in unser Leben eingebaut hat, gut aus. Sie ist nicht nur Seelsorgerin in einem Klinikum, sondern bewirtschaftet mit ihrer Familie außerdem einen Bergbauernhof. Näher kann man am wahren Leben mit seinen festen Jahreszeiten, eigenen Rhythmen, aber auch schweren Themen wie Krankheit und Sterben, gesund werden und danken, nicht dran sein.

Besonders gut hat mir an ihrem Hausbuch daher die Unterteilung gefallen, mit der sie unser Leben und seinen sich immer wiederholenden Rhythmus für mich greifbar gemacht hat. Maria spricht von Kreisen: einem Tageskreis, einem Jahreskreis und einem Lebenskreis. In diese drei Kreise können wir alles einbetten, was für uns zählt. Wir können uns gute Rhythmen und Rituale schaffen, die uns durchs Leben tragen. Wir können uns strukturieren und Halt finden. Wir können bewusst Pausen einbauen und kleine Freuden, harte Arbeit und Zeit, um sie mit Menschen zu teilen.

Deshalb werde ich mich hier auch an diesen Kreisen orientieren.

---

23 Radziwon, Maria: *Das neue Hausbuch für die ganze Familie*, St. Benno Verlag, Leipzig 2012.

## 18. Der Tageskreis und der Wochenkreis – Lagerfeuer im Alltagswahnsinn

*Tischgemeinschaft*
Ich liebe gemeinsame Mahlzeiten. Sie sind mein Lagerfeuer im Alltag. Unser Esstisch ist der Ort, an dem wir zusammenkommen. Er ist der Raum für unsere Geschichten, für Sorgen und Nöte. Manchmal auch der Ort, an dem wir einen Streit nachbesprechen. Auf jeden Fall haben hier all die lustigen Erlebnisse Platz, die sich so im Lauf des Tages ansammeln, und es wird viel gelacht.

In meiner Wunschvorstellung kommen wir hier dreimal am Tag zusammen, um gemeinsam zu essen. Ich fände es toll, wenn wir alle zusammen in den Tag starten könnten, uns nette Worte zusprächen, und wenn sich mittags dort alle wieder für eine Pause versammelten, berichteten wir uns, was wir erlebt haben. Abends wäre es unser Ort, um den Tag ausklingen zu lassen. Müde könnten wir uns ein letztes Mal stärken und gemeinsam zur Ruhe kommen.

Die Realität ist selbstverständlich auch in unserer Familie eine ganz andere. Morgens hetzen zwei von drei Kindern mittlerweile unverschämt früh aus dem Haus, das dritte Kind ist da noch gar nicht wach. Außer mir ist niemand hier in der Lage, zu solch einer Zeit auch nur an Essen zu denken und so fällt das gemeinsame Frühstück aus. Wie viele Menschen sich mittags um unseren Tisch versammeln, hängt von Stundenplänen, Arbeitszeiten und der Frage ab, wer wann Präsenz- oder Homeofficetag hat. Alle fünf kommen wir jedoch unter der Woche nur selten um diese Zeit zusammen. Umso heiliger sind mir mittlerweile unsere Abende.

Abends sind wir sehr häufig alle zu Hause. Es gibt eine feste Abendessenszeit, zu der wir uns um den Tisch versammeln. Es ist mir wichtig, dass jeder dabei ist. Wenn unsere Kinder noch Besuch haben, wird dieser kurzerhand eingeladen und darf sich sehr gern auch bei uns nähren, zur Ruhe kommen und Teil unserer Tischgemeinschaft sein. Technische Geräte hingegen haben in dieser halben Stunde im wahrsten Sinne des Wortes Sendepause. Wir haben uns darauf geeinigt, dass weder der Fernseher läuft noch Handys etwas am Tisch verloren haben.

In dieser kurzen Zeit am Abend geht es um mehr als um Nahrungsaufnahme. Es geht auch darum, dass die Seele satt wird. Denn gerade, wenn der Alltag wuselig ist, die Kinder größer werden und die gemeinsam verbrachten Zeiten weniger, ist es wichtig, dass wir uns begegnen. Wir müssen Raum für Gespräche schaffen, damit wir aneinander dranbleiben.

Gerade, weil wir als Eltern auch beide berufstätig sind, unsere Kinder ihre Hobbys und eigenen Freundeskreise haben, der Dienst in der Gemeinde Zeit frisst und uns technische Geräte und Bildschirme oft selbst dann voneinander ablenken, wenn wir im selben Raum sind, ist es wichtig, dass unsere Kinder wissen, wann sie uns auf jeden Fall finden können, wann sie unsere Aufmerksamkeit haben, wann Zeit für sie und ihre Themen ist. Eine gemeinsame Mahlzeit am Tag ist ein wichtiger Anker.

Gemeinsames Essen sollte sich für alle gut anfühlen. Es geht um so viel mehr als nur um Schmecken. Es geht auch um Geborgenheit, Nähe und Fürsorge. In der Diätindustrie, die unsere Gesellschaft ja seit einigen Jahrzehnten in ihren eiskalten Klauen hat, hat das emotionale Essen einen miserablen Ruf und viele Anbieter von Ernährungskursen legen es darauf an, Emotionen und Nahrung voneinander zu trennen. Doch Essen und Emotionen gehören immer zusammen. Zu einer Mahlzeit gehört auch das Gefühl, das wir dabei empfinden, und es ist vollkommen in Ordnung, dass Essen für uns zum Beispiel für Geborgenheit steht, weil uns unser Familientisch genau diese geben kann. Genauso wie die Schale Grießbrei, die Kinder bei uns bekommen, wenn sie mit Halsweh im Bett liegen, für sie vielleicht immer für Fürsorge stehen wird.

Ich plädiere nicht dafür, Löcher in unserer Seele mit einer Tüte Chips zu stopfen. Wer mein Kapitel über das Glück aufmerksam gelesen hat, wird sich daran erinnern, dass es natürlich immer auch darum geht, Wünsche und Bedürfnisse voneinander zu unterscheiden. Aber ich möchte der Diätindustrie mit ihren fragwürdigen Idealen nicht das letzte Wort geben, wenn es darum geht, was eine gute Tischgemeinschaft bedeuten kann. *Wenn Hunger nicht das Problem ist, ist Essen auch nicht die Lösung,* heißt ein Slogan, den viele dieser Diätanbieter in ihren Kursen nutzen. Ich finde ihn kalt, abgestumpft und gemeinschaftsschädigend. Selbstverständlich kann eine gemeinsame Mahlzeit eine Lösung bringen. Schon Jesus wusste um den Wert von Tischgemeinschaft, der weit über das Essen hinausging, lud sich gern bei anderen zum Essen ein – und führte bei Brot und Wein seine besten und tiefsten Gespräche. Ein liebevoll gedeckter Tisch, wenn du nach einem langen Tag nach Hause kommst, dein Lieblingsessen nach der frustrierenden Mathearbeit, der sich wöchentlich wiederholende Pizzaabend – all das kann für Halt und Geborgenheit stehen.

Und ja, auch wenn du dir, ohne großen Hunger zu haben, wenn du krank bist, allein einen Grießbrei kochst, um deinem Bedürfnis nach Fürsorge Rechnung zu tragen, ist das in Ordnung. Immerhin erinnerst du dich damit daran, dass du Liebe und Zuwendung kennengelernt hast und heute in der Lage bist, sie dir selbst zu geben.

Gemeinsames Essen darf also durchaus emotional sein. Ich bitte sogar darum.

## *Sonntage heiligen*

Nun ist es nicht in jeder Familie möglich, täglich zusammen zu essen. Gerade Teenager treffen sich gern auch abends mit Freunden, in der Gemeinde gibt es eine Sitzung, einer von uns ist irgendwo eingeladen oder muss doch einmal länger oder unter der Woche vielleicht sogar ganz woanders arbeiten.

Deshalb bin ich froh, dass auch unsere Wochen einen festen Rhythmus haben, der sich wiederholt und uns Gelegenheiten gibt, zusammenzukommen. Sechs Tage sollst du arbeiten, am siebten Tag ruhen, heißt es im 2. Buch Mose dazu. Den Ruhetag haben in unseren Breitenkreisen wir Christen festgelegt – es soll der Sonntag sein, der erste Tag der Woche, weil Jesus an einem Sonntag auferstanden ist.

Mittlerweile habe die meisten von uns gesetzlich sogar zwei Ruhetage bekommen. Schon seit den 1960er-Jahren ist auch der Samstag in vielen Arbeitsbereichen kein Erwerbsarbeitstag mehr, sondern frei. In meiner Schulzeit gab es noch die Samstagsschule, aber auch die wurde längst abgeschafft. Gegenwärtig diskutieren wir sogar über den Sinn und Unsinn einer Vier-Tage-Woche. Doch Hand aufs Herz: Gewinnen wir durch weniger Erwerbsarbeitstage tatsächlich die Ruhe, die Gott für uns im Sinn hatte? Ich habe Freunde, die oft spaßeshalber sagen, dass sie sich bei der Arbeit vom Wochenende erholen. Dabei geht es natürlich oft um den wenigen Raum, den ein Alltag mit kleinen Kindern Eltern lässt, aber wie wir im zweiten Teil dieses Buches schon gesehen haben, ist so mancher Stress im Familienalltag ja tatsächlich vermeidbar, wenn wir anfangen zu hinterfragen, wie wir leben wollen.

Oft sind unsere Wochenenden proppevoll gestopft mit Aktivitäten, dem Abarbeiten von Erledigungen, die unter der Woche keinen Platz hatten, und Verpflichtungen in Vereinen oder der Gemeinde. Wie würden unsere Wochenenden hingegen aussehen, wenn wir Gottes Idee der Ruhe ernst nehmen würden?

In der Jesusbruderschaft in Gnadenthal, in deren Kloster ich diesen Sommer eine Woche lang eine Familienfreizeit begleiten durfte, hat der Sonntag eine zentrale Bedeutung. In der kleinen Hausliturgie für diesen Tag habe ich dort den Satz gefunden: „Ruhe am Sonntag so aus, als sie die ganze Arbeit getan!"

Dieser Satz bezieht sich nicht nur auf die Erwerbsarbeit, sondern auf alles, was uns in unserer Welt voller Möglichkeiten stresst und unter Druck setzt:

- *Ruhe am Sonntag so aus, als seien deine Kinder schon fertig erzogen.*
- *Ruhe am Sonntag so aus, als gäbe es auf dieser Welt nichts, aber auch gar nichts, was du verpassen könntest.*
- *Ruhe am Sonntag aus, als hättest du schon alles getan, erlebt und gesehen.*
- *Ruhe am Sonntag so aus, als sei dein Wohnzimmer aufgeräumt und das Bad geputzt, obwohl es das nicht ist.*
- *Ruhe am Sonntag so aus, als seien all deine Probleme gelöst. Lass los und gib ab!*

Mir schenkt dieser Satz eine riesige Freiheit. Erst einmal nimmt er mir den Druck der Erwerbsarbeit und all der anderen unerledigten Dingen, von denen ich oft denke, ich müsste mich doch kümmern, von der Schulter. Andererseits befreit er mich vom Freizeitstress. Statt zu denken, dass ich diese oder jene Aktivität am Wochenende machen müsste, weil sie nun einmal stattfindet und das vielleicht nur einmal im Jahr, habe ich die Möglichkeit, mich zu fragen, ob sie meiner Ruhe dient – der inneren und der äußeren. Und wenn die Antwort Ja ist, darf ich sie einplanen. Wenn ich jedoch das Gefühl habe, es passt für mich nicht, muss ich mich nicht aus Angst, etwas zu verpassen, oder aus falschem Pflichtgefühl zu etwas aufraffen, wozu ich keine Lust habe.

Neben der Ruhe ist der Sonntag auch ein Tag der Gemeinschaft. Wir schaffen vielleicht nicht jedes gemeinsame Essen unter der Woche, aber fürs sonntägliche Mittagessen kommen wir zusammen. Es kann ein fixer Termin sein, gerade auch dann, wenn wir mit Teenagern oder jungen Erwachsenen zusammenwohnen, die sicher nicht mehr allzu sehr für ein Sonntagsfrühstück vor zehn Uhr zu begeistern sind. Manchen Nachteulen ist vielleicht selbst der Mittag noch zu früh und man einigt sich auf ein gemeinsames Kaffeetrinken am Nachmittag oder ein etwas größeres, festlicheres Abendessen, für das sich alle ein bisschen Extrazeit einplanen. Auf jeden Fall finde ich es wichtig, den Ruhetag auch zum Ankerpunkt für Familien zu machen, gerade da, wo unter der Woche nur wenig gemeinsame Zeit vorhanden ist.

### *Gastfreundschaft*

Die Frage danach, wie wir im Alltag als Familie zusammenkommen und Ankerpunkte finden, ist eng verknüpft mit der Frage danach, wie viel Raum es in unserem Leben für Menschen außerhalb unserer Kernfamilie gibt. Wir haben im vorherigen Teil viel über die Wichtigkeit erfahren, sein Leben auch mit anderen zu teilen und an unseren Tischen und Lagerfeuern mehr Platz zu schaffen.

Andererseits benötigt man gerade als kleinste gemeinsame Einheit – als Familie – natürlich diese Schutzräume, in denen Dinge besprochen werden können, die andere Menschen nicht mitbekommen sollen, und in denen wir nur unter uns sein können. Es ist vollkommen in Ordnung, dies zu bedenken und einzubauen.

Wie der Raum aussehen kann, den wir anderen Menschen dabei gewähren, hängt von vielen Faktoren ab: Manche Freunde oder Verwandte sind uns ohnehin so nah, dass ihre Anwesenheit nichts an der vertrauten Atmosphäre bei unseren Zusammenkünften ändert. Sie können quasi immer dabei sein und wir laden sie gern und oft ein. Andere haben wir auch gern da – aber das muss dann auch zu unserem Alltag passen. Wenn die Wochen vollgepackt sind und Familienzeit nur rar gesät, ist es auch in Ordnung, wenn wir den knappen gemeinsamen Raum nicht auch noch mit anderen, weniger vertrauten Menschen teilen möchten. Wichtig ist nur, dass wir auch sie im Auge behalten und bewusst nach Zeiten und Räumen der Begegnung und Gemeinschaft suchen.

Auch unsere eigene Persönlichkeit spielt mit hinein, wenn wir uns fragen, wie viel Gastfreundschaft wir gewähren können. Es gibt Menschen, denen kann das Haus gar nicht voll genug sein. In großen Gemeinschaften gehen sie auf. Ein Wochenende mit viel Kontakt zu anderen Menschen, mit Gesprächen und Gewusel, empfinden sie als erholsam. Sie sind extrovertiert und tanken in Gemeinschaft mit anderen Menschen auf. Und dann gibt es die eher introvertierten Persönlichkeiten. Sie brauchen wirklich Stille und Rückzug, um auftanken zu können – und es ist wichtig, dass sie die Möglichkeit dazu am Ruhetag auch erhalten. Entsprechend ist man als introvertierter Mensch schlichtweg weniger in der Lage, freigiebig mit den Plätzen am Tisch und der Zeit zu sein. Gastfreundschaft ist etwas Wunderbares, sie ist nötig, gerade in Zeiten der Homogenisierung und Vereinzelung, sie ist heilig. Aber du darfst sie gegen dein Ruhebedürfnis abwägen – und gerade am Sonntag dosiert einsetzen.

In Familien kommt natürlich noch erschwerend dazu, dass wir oft nicht alle von gleichem Typ sind: Die einen wünschen sich Menschen und Gewusel, die anderen benötigen Rückzug. So kann aus einem Sonntag, der allen gerecht wird, ganz schnell Bedürfnis-Tetris werden. Vor diesem Hintergrund ergibt es erst recht Sinn, sich am Sonntag nicht stressen zu lassen und bewusst Nein zu Ideen und Anforderungen zu sagen, die uns keinen Frieden bringen. Denn nur, wenn der sonntägliche Terminplan nicht schon von außen eng getaktet wird, können wir es schaffen, für uns selbst eine gute Balance zwischen persönlicher Freiheit und gemeinsam verbrachter Zeit zu schaffen.

### *Medien*

Bildschirme sind aus unserem Tageskreis nicht mehr wegzudenken. Oft geht der erste Blick am Morgen nach dem Aufstehen aufs Handy. Viele von uns verbringen die Mehrzahl ihrer Arbeitszeit am Rechner und in unserer Freizeit schauen wir gern eine Serie beim Streamingdienst oder chatten noch mit Freunden.

Auch im Leben unserer Kinder spielen Medien eine große Rolle, ob wir das toll finden oder nicht, wir können diese Tatsache nicht ignorieren und müssen im Tagesablauf unseren Umgang damit finden.

Ich halte nichts davon, Bildschirmmedien von vorneherein schlechtzureden. Die Debatte darum wird oft sehr emotional und zugespitzt geführt und das verunsichert uns als Eltern nur, gibt uns aber keine brauchbare Richtschnur an die Hand. Natürlich ist das hier nicht der Raum, um dir diese Richtschnur zu geben; ganze eigene Ratgeber beschäftigen sich mit der komplexen Frage der Medienerziehung. Deshalb möchte ich hier nur kurz etwas dazu sagen, welchen Platz Bildschirmmedien im Tagesablauf hinsichtlich der Frage nach Gemeinschaft und Ruhe im Familienleben haben können.

Während der Coronapandemie haben wir alle gelernt, dass wir durch Dienste wie Zoom, Teams oder WhatsApp Kontakt mit Menschen halten können, die für uns von Angesicht zu Angesicht gerade nicht erreichbar sind. Und wir mussten auch lernen, dass der Kontakt über den Bildschirm eben nicht die physische Anwesenheit geliebter Menschen ersetzt. Es ist anders, wenn man sich berühren kann, die Aufmerksamkeit, die wir füreinander haben, ist eine andere, wir nehmen uns ganzheitlicher wahr, wenn wir uns „in echt" sehen.

Genau in diesem Spannungsfeld bewegt sich der Wert, den Medien für uns als Gemeinschaften haben. Sie können gut und hilfreich sein – erleichtern Absprachen, gerade an Tagen, an denen man sich nicht so viel sieht. Wenn einer von uns unterwegs ist, kann man einander durch Videos und Fotos daran teilhaben lassen und gerade Freunde und Verwandte, die weiter weg leben, können uns dadurch näher sein, als das sonst möglich wäre.

Man kann auch einen schönen Familienspieleabend mit einer Konsole verbringen. Was haben wir uns hier schon für Rennen bei Mario Kart geliefert! Und an Freitagabenden, wenn wir alle von der Woche hundemüde sind, tut es uns gut, einfach gemeinsam einen Film zu schauen. All das ist gemeinschaftsstiftend.

Gleichzeitig müssen wir im Auge behalten, dass auch hier eben der Fokus ein anderer ist. Es ist ein Unterschied, ob wir uns in die Augen und auf ein Spielbrett am Tisch schauen oder alle in dieselbe Richtung auf den Bildschirm. Für gute Beziehungen braucht es beides. Wir müssen gerade unseren Kindern zuliebe technische Entwicklungen in unser Leben integrieren und sie durch unsere eigene Nutzung in ihrem Umgang damit begleiten – und wir müssen bewusst immer wieder mal alle Bildschirme auslassen und uns aufeinander einlassen.

Das geht nicht ohne feste Regeln. Das bildschirmfreie Essen habe ich schon erwähnt. Daneben ist es auch gut, wenn wir die Zeit, die wir alle an Bildschirmen verbringen, bewusst begrenzen. Es gibt im Netz sehr hilfreiche Anregungen und Richtwerte, wenn es darum geht, wie viel Medienzeit Kindern in welchem Alter guttut (ich empfehle die Initiative „Schau hin!"[24]). Doch auch wir selbst sollten uns aufmerksam beobachten. Tut es uns wirklich gut, wenn der letzte Blick am Abend und der erste am Morgen aufs Handy geht, oder wäre es gesünder, es gar nicht mit ins Schlafzimmer zu nehmen? Entspannen wir bei unserem kurzen Mittagskaffee wirklich, wenn wir dabei auf Instagram scrollen, oder wäre es besser, ein Andachtsbuch zu lesen oder in den Himmel zu schauen?

---

24 „„SCHAU HIN! Was Dein Kind mit Medien macht.' ist eine gemeinsame Initiative des Bundesministeriums für Familie, Senioren, Frauen und Jugend, der beiden öffentlich-rechtlichen Sender Das Erste und ZDF sowie der AOK – Die Gesundheitskasse. Der Medienratgeber für Familien unterstützt seit 2003 Eltern und Erziehende dabei, ihre Kinder im Umgang mit Medien zu stärken." https://www.schau-hin.info, zuletzt abgerufen am 13.11.2013.

*Segen und Gebete*

Jeder Tag hält Raum bereit, um Gott bewusst mit in unser Leben und in unsere Gemeinschaft zu nehmen. Außerdem können wir dadurch, dass wir ihn bewusst im Gebet ansprechen oder seinen Segen weitergeben, als Halt und Stütze weit jenseits dessen, was wir in unserer Welt in der Hand haben, sichtbar machen. Unsere Kinder profitieren in ihrem Glaubensleben sehr davon, wenn sie ihre Eltern von oder mit Gott sprechen hören und wenn wir das auch gemeinsam mit ihnen einüben. Kleine Gebetsrituale vor dem Essen oder am Abend und auch der Segen am Morgen, bevor alle das Haus verlassen, sind hilfreiche Rituale, die Gott seinen Raum in unserem Alltag einräumen und uns stärken. Ein positiv erfahrener Glaube stärkt unsere Kinder und ist ein Resilienzfaktor fürs Leben und diese werden, wie wir schon gesehen haben, immer wichtiger.

## 19. Der Lebenskreis – miteinander ins Leben, durchs Leben und aus dem Leben heraus

Auch unsere Leben, so unterschiedlich sie auch verlaufen mögen, kann man als einen Kreis denken. Wir werden geboren, erleben im Laufe der Jahre alle ähnliche Übergänge (zumindest in unserer westlichen Kultur finden wir da viele Gemeinsamkeiten), große Freuden und auch Schicksalsschläge. Wir treffen wegweisende Entscheidungen, vielleicht finden wir die große Liebe und versprechen uns vor Gott, einander treu und verbunden zu sein. Bestenfalls sind wir damit nicht allein, sondern in Gesellschaft ein paar lieber Menschen, die uns durchs Leben oder einzelne Abschnitte begleiten und uns guttun. Wenn wir selbst Eltern werden, setzen wir einen neuen, eigenen Lebenskreis in Gang – und eines Tages werden wir mit Fragen der Endlichkeit unseres Daseins auf der Erde konfrontiert.

Im Laufe unseres Lebens sind wir nicht nur Gestalter unseres eigenen Lebenskreises und setzen den unserer Kinder in Gang, vielmehr wirken wir in viele andere Lebenskreise hinein und begleiten Menschen als Geschwister, Verwandte, Freunde, Nachbarn und Kollegen und, wie wir schon gesehen haben, sogar die von Menschen ganz weit weg. Manche prägen wir einschneidend, in anderen erscheinen wir nur am Rand.

Im Folgenden schauen wir uns ein paar Eckpfeiler im Lebenskreis an und ich nehme dich mit in meine Gedanken dazu, wie wir sie so würdigen können, dass sie uns als Menschen guttun, stärken und uns Halt geben.

### *Ein kleiner Mensch kommt an*

Wenn zum ersten Mal ein Kind in eine Familie kommt, ist das für alle sehr aufregend. Nicht nur für die frischgebackenen Eltern ist das ein sehr einschneidendes Erlebnis, auch Freunde und Verwandte sind oft schier aus dem Häuschen, wenn bekannt wird, dass aus einem Paar bald Eltern werden. Und ist dieser kleine Mensch erst einmal auf der Welt, dreht sich alles um ihn. Jeder möchte der Familie am liebsten etwas Gutes tun. Oft jedoch wissen viele Menschen gar nicht, was genau gerade in dieser Situation „etwas Gutes" wäre. Schaut man ins Netz, findet man eine lange Liste an Dingen, die junge Eltern heute angeblich benötigen, um ein Kind großzuziehen. Kein Wunder – mit der Euphorie von werdenden Eltern und deren Umfeld lässt sich gut Geld verdienen. Vieles, was einem da so als unerlässlich verkauft wird, ist jedoch äußerst verzichtbar.

Viel sinnvoller, als Babygeschäfte leer zu kaufen, ist es ohnehin, wenn die werdenden Eltern sich auf Basaren oder Babysachenbörsen mit allem eindecken, was es in den ersten Monaten braucht, denn kleine Kinder wachsen rasant aus ihren Sachen heraus, sodass man sie normalerweise an viele andere Babys weitergeben kann. Ist das kleine Kind erst einmal da, profitieren Eltern vor allem von Gebrauchsprodukten rund um die Babypflege (Windeln, die bevorzugte Wundcreme, ein paar Waschlappen und – falls nicht gestillt wird – Babynahrung) und davon, dass andere Menschen ihnen ein paar Alltagstätigkeiten abnehmen: Du könntest etwa für sie einkaufen gehen, ihnen gekochte Mahlzeiten vorbeibringen oder ihnen einen Gutschein für einmal durchwischen, zehnmal das Geschwisterkind von der Kita abholen oder dreimal die Woche abends die Spülmaschine ein- und ausräumen schenken. Solche Dienstleistungen sind entlastend und helfen den jungen Eltern, in der neuen Lebenssituation anzukommen und sich in dieser verletzlichen Situation nach der Geburt nicht zu überfordern, sondern langsam und in Ruhe in die neue Aufgabe hineinzuwachsen.

Verzichtbar hingegen sind überdrehte Willkommenspartys, Besuche, bei denen man erwartet, dass man bekocht und bewirtet wird und vielleicht noch eine aufgeräumte Wohnung vorfindet, die zehnte Spieluhr und das vierzigste Kuscheltier. Natürlich können all das auch schöne Geschenke sein, allerdings sollte man sich vorher erkundigen, ob sie gebraucht werden. Vielleicht kann man sich auch mit anderen Freunden und Verwandten zusammentun und eine größere Anschaffung schenken, die wirklich benötigt wird.

### *Taufe, Taufpaten, Segensfeier*

Viele Eltern wünschen sich, dass ihre Kinder schon als Baby in die Gemeinschaft der Christen aufgenommen werden, und lassen sie taufen. Es gibt aber auch Eltern, die ihre Kinder diese Entscheidung in einem höheren Alter (zum Beispiel vor der Konfirmation) selbst treffen lassen und die auf eine Taufe im Babyalter verzichten. Dann kann man sein Kind als Baby stattdessen im Rahmen eines Gottesdienstes oder einer eigenen Segensfeier auf dieser Welt begrüßen und segnen lassen.

Wenn Kinder schon in jungen Jahren getauft werden, wählen Eltern die Taufpaten aus. Oft sind das Verwandte oder enge Freunde. In manchen Familien ist es üblich, für jedes Kind mehrere Paten auszuwählen, andere entscheiden sich bewusst dafür, dieses Amt nur in die Hände einer Person zu legen. Die Aufgabe der Paten ist es, das Kind in seinem Glaubensleben zu begleiten. Viele Eltern wünschen sich aber darüber hinaus, dass ihr Kind in seinen Paten weitere erwachsene Vertrauenspersonen findet, die ihm als Begleiter durchs Leben zur Seite stehen können.

Damit das funktioniert, ist es gut, sich sehr bewusst mit der Frage auseinanderzusetzen, wem man zutraut, beständig und langfristig solch eine Aufgabe wahrzunehmen. Das kann auch eine gute Gelegenheit sein, um kinderlose Freunde oder ältere Verwandte aktiv in die Familie zu integrieren und so der Homogenisierung unserer Lebenswelt entgegenzutreten.

## *Geburtstage*

Das Leben ist dafür da, dass man es feiert! Daran glaube ich fest. Wir sollten kleine Alltagsmomente feiern, aber auch jeden größeren Meilenstein. Geburtstage sind diese Meilensteine im Leben. Ein Jahr älter zu werden, ein Jahr länger auf dieser Welt zu sein, das ist immer ein Grund zu feiern. Gerade in einer Gesellschaft, in der man uns einzureden versucht, wir sollten am besten ewig jung bleiben, und in der besonders Frauen oft das Gefühl bekommen, ab einem gewissen Alter ihren Wert zu verlieren, ist es geradezu progressiv, jedes neue Lebensjahr zu feiern. Du darfst als gottgewolltes Wesen auf diesem herrlich-kaputten Planeten mit all seinen liebenswerten Verrückten herumhängen – das ist doch einfach ein wundervolles Geschenk! Gab es je einen besseren Grund für eine Party – oder etwas anderes, was dir an diesem Tag Freude macht?

Wenn unsere Kinder klein sind, planen wir Eltern oft die Feiern zu ihrem Geburtstag. Wir haben im zweiten Teil des Buches schon gesehen, dass so etwas manchmal in ganz schön unnötigen Stress ausarten und auch ins Geld gehen kann. Ein guter Weg, aus dem teils überdrehten Höher-schneller-weiter der Kindergeburtstage auszusteigen, ist es meines Erachtens, die Bedürfnisse des Kindes zu betrachten, das wir feiern wollen. Wie viele oder wenige Menschen braucht dieses Kind um sich herum? Wer sollte das sein? Was schmeckt unseren Kindern wirklich? (Spoiler: Fondant ist bei der überwiegenden Mehrheit der Kinder nicht die richtige Antwort!) Womit spielen sie gern? Wie viel Zeit kann unser Kind, mit seiner ganz eigenen introvertierten oder extrovertierten Persönlichkeit, wirklich gut in einer größeren Gruppe verbringen?

Aus den Antworten auf diese Fragen können wir uns dann einen schönen Kindergeburtstag basteln. Bei manchen findet der dann vielleicht wirklich mit zehn Leuten in der Kletterhalle statt, während andere mit dem Kind und seinen beiden besten Freunden am Wohnzimmertisch sitzen und basteln. Bei den meisten liegt die Wahrheit wahrscheinlich irgendwo dazwischen. Wichtig ist gar nicht so sehr, was es wird – sondern dass wir auf uns und unser Kind geschaut haben, statt uns Erwartungsdruck von außen aufbürden zu lassen und in den Elternwettbewerb der schönsten, größten und buntesten Events einzusteigen.

Geburtstage können unser Leben positiv prägen, indem sie uns von Anfang an zeigen, dass wir unseren Weg eingebettet in eine Gemeinschaft von Menschen gehen, die uns gernhaben und mit uns unterwegs sind. An diesem einen Tag dürfen wir der Mittelpunkt dieser Gemeinschaft sein und uns Liebe und Segen zusprechen lassen. Genau diesen Sinn des Feierns sollten wir auch für unsere Kinder im Kopf haben, wenn wir ihre Geburtstage planen. Erinnerungen an Events werden im Laufe der Jahre verblassen. Erinnerungen an das Grundgefühl, geliebt und begleitet zu werden, bleibt hingegen bestehen.

*Einschulung*
Ein richtig großer Meilenstein im Leben von allen Kindern ist natürlich die Einschulung. Plötzlich ist man kein Kindergartenkind mehr, sondern macht einen riesigen Schritt ins Leben als „großes Kind", lernt lesen und schreiben und wird dadurch den Eltern und den großen Geschwistern langsam ebenbürtig.

Natürlich darf und soll dieser Übergang gefeiert werden. Und je nachdem, wo du wohnst, ist das mitunter sogar traditionell ein richtig großes Fest. Gerade in den neuen Bundesländern, in denen religiöse Übergangsrituale wie die Kommunion, die Konfirmation oder die Firmung oft nicht mehr gefeiert werden, hat die Einschulung einen enormen Stellenwert eingenommen.

Kinder dürfen erleben, dass sie auf ihrem Weg ins Leben von anderen angefeuert und gefeiert werden, auch dann, wenn sie einen neuen, einschneidenden Schritt in ihrer Bildungsbiografie gehen. Und gleichzeitig hat die Ausgestaltung solcher Feiern auch einen Einfluss auf die Werte und Erwartungen, die sie mit ins Leben nehmen.

Geht es dabei um sie und um die Menschen, die ihnen nahestehen? Ist das ein Tag, an dem sichtbar wird, dass sie diesen neuen Weg nicht allein gehen, sondern umringt von ihren Eltern, vielleicht Großeltern, Paten und familiennahen Freunden? Oder ist es ein Tag, an dem das Materielle im Vordergrund steht und bei dem es um große Geschenke, auffällig gestaltete Torten und extravagante Deko geht?

Natürlich spricht nichts gegen Letzteres – wenn dir das liegt und Freude macht, können ein bisschen Zuckerguss und spektakulär gefaltete Servietten eine wunderbare Ergänzung sein. Wichtig ist nur: Du nimmst dem Tag nichts von seinem Zauber, wenn du darauf verzichtest, denn darauf kommt es nicht an. Ein Zwetschgenkuchen, ein paar Würstchen vom Grill und mit den Großeltern und Paten im Garten zu sitzen reicht völlig aus, um deinem Kind zu zeigen, dass es gesehen, geliebt und gewürdigt ist. Wenn etwas mehr Glitzer guttut – dann sorg ruhig dafür. Fühl dich aber nicht unter Druck, besonders „performen" zu müssen. Denn ähnlich wie bei den Geburtstagen kommt es auch hier auf das Grundgefühl an, nicht auf die blinkenden Nebensächlichkeiten.

### *Konfirmation, Kommunion, Firmung – die Übergänge feiern*
Für Christen sind die religiösen Feste im Leben ihrer Kinder besonders wichtig und haben einen hohen Stellenwert im Familienleben. Gerade die Kommunion und Konfirmation sind große Meilensteine im Leben, die jeder Mensch nur einmal erlebt. Sie sind ein wichtiger Entwicklungsschritt in unserem Christsein und der Art, wie wir fortan in unseren Gemeinden mitleben und Gottesdienste feiern.

In vielen Familien sind das Feiern, zu denen auch die Freunde und Verwandte eingeladen werden, die man nicht so oft sieht. Eine Gelegenheit im Leben, an der ein junger Mensch erfahren und spüren darf, welche Verbundenheit und Begleitung er auch außerhalb der Kernfamilie und des nahen Umfeldes hat.

Oft wünschen sich Kinder zu diesem Ereignis Geld, um sich hinterher größere Wünsche zu erfüllen. Dagegen spricht auch überhaupt nichts – vor allem, wenn man sieht, wie exklusiv diese Feiern in ihrem Leben sind.

Gleichzeitig sind gerade die etwas üppigeren Geldgeschenke auch eine Gelegenheit, über den eigenen Tellerrand hinauszuschauen und einen kleinen Teil zu spenden. Als Familie kann man gemeinsam überlegen, wo man gern helfen möchte und wie viel die Kinder oder Jugendlichen bereit sind, abzugeben.

Insbesondere in ländlichen Gegenden ist die Konfirmation aber auch manchmal eine Zeit, in der die frisch gebackenen Jugendlichen erste Erfahrungen mit Alkohol machen. Mancherorts ist es Tradition, dass sich die Konfirmierten am Abend nach der Familienfeier noch einmal treffen, um ein wenig gemeinsam zu feiern. Dies kann ein schöner Abschluss der Gemeinschaft sein, die sie in dem einen Jahr Konfirmandenunterricht gehabt haben. Es kann aber auch ausarten, speziell, wenn ältere Jugendliche hinzukommen und die gerade erst 14-Jährigen mit hochprozentigem Alkohol konfrontiert werden. Hier kann schnell Gruppendruck entstehen und es kommt an solchen Abenden immer wieder auch zu unschönen Enden, zu denen auch Polizei und Krankenwagen hinzukommen müssen. Es ist wichtig, hierüber rechtzeitig mit dem eigenen Kind zu reden und für sich selbst eine Haltung zum Thema Alkoholkonsum von Jugendlichen zu finden. Es reicht nicht aus, hier einfach nur ein Verbot auszusprechen. Wichtiger ist es, sich zusammen mit den Heranwachsenden mit dem Thema „Trinken" auseinanderzusetzen, sie über Gefahren aufzuklären und natürlich auch selbst einen vernünftigen Umgang vorzuleben.

Fragen, die man hier gemeinsam besprechen kann, sind:

Was erwartet unser Kind von diesem gemeinsamen Abend mit seinen Freunden? Wie würde ein schöner Abschluss dieser gemeinsamen Zeit aussehen? Was bliebe von diesem besonderen Tag und diesem Abschlussabend übrig, wenn man sich betrinkt, sich am nächsten Tag schlecht fühlt und sich im schlimmsten Fall vielleicht gar nicht mehr an alles erinnern kann? Wie kann man gut Nein sagen, wenn man das Gefühl hat, dass alle anderen ein Ja von einem erwarten? Was können wir als Eltern tun, um unserem Kind Spaß und Zugehörigkeit zu ermöglichen und es gleichzeitig in bisschen vor Gruppendruck und falschen Entscheidungen zu schützen?

Wir haben diese Themen vor der Konfirmation unseres Sohnes auch beim Elternabend mit unserem Pfarrer und dem

Jugenddiakon besprochen. Zwei Ideen, die ich da als sehr konstruktiv mitgenommen habe, waren:

1. Den Jugendlichen den eigenen Partykeller, das eigene Wohnzimmer oder den eigenen Balkon für ihr Treffen anzubieten und so ein Auge auf das zu haben, was passiert.
2. Sollte unser Kind zu einem Treffen außerhalb gehen wollen, klare Regeln aufstellen und eine feste Uhrzeit ausmachen, an dem wir es dort abholen. Das wirkt auf den ersten Blick streng und kontrollierend, trägt aber letztlich vor allem dazu bei, unsere Kinder vor schlechten Entscheidungen zu bewahren, deren Tragweite es in diesem Alter oft schlicht nicht abschätzen kann.

### *Die Liebe feiern – bis dass der Tod uns scheidet*

Unsere Liebesgeschichten gehören zu den allerschönsten Geschichten, die wir im Leben zu erzählen haben. Selbst krisengeschüttelte Paare in meinen Beratungen bekommen glänzende Augen, wenn ich sie nach ihrer Kennenlerngeschichte frage. Sich ineinander zu verlieben, das ist etwas ganz Besonderes. In der ersten Zeit mit meinem Mann haben wir sogar monatlich den Tag gefeiert, an dem wir ein Paar wurden. Später wurden daraus Jahrestage und seitdem wir geheiratet haben, feiern wir den Hochzeitstag.

Das lebenslange Ja zueinander ist eine so große, in unserer Zeit so mutige und so folgenreiche Entscheidung, dass es gut ist, auch diese mit anderen zusammen gebührend zu begehen. Denn wer in einer langen Partnerschaft ist, der weiß es: Zu zweit sein ist wunderbar – aber haltbar wird eine Liebe auch durch die Menschen, die uns auf unserem Weg begleiten. Wir brauchen Menschen, die unseren Alltag mit uns feiern, die sich als Ziel gesetzt haben, uns und unsere Liebe zu stärken, die uns unter die Arme greifen, wenn wir uns als Paar übernommen haben, und bei denen wir auch mal unseren Ärger aufeinander und unsere Unsicherheiten loswerden können. Deshalb finde ich es schön, dass wir manche Jahrestage nicht zu zweit und romantisch begehen (obwohl ich auch davon ein großer Fan bin), sondern ab und an einen Meilenstein größer feiern, Freunde und Verwandte einladen und uns gemeinsam daran erinnern, wie lange wir jetzt schon zusammen unterwegs sind. Eine Liebe lebt nämlich auch von ihren Wegbegleitern.

Wiederum geht es nicht darum, das schönste Fest in der tollsten Location zu feiern. Auch an größeren Hochzeitstagen sollte es darum gehen, uns als Paar zu feiern und die Menschen, die uns bis hierher begleitet und getragen haben. Das geht beim Picknick auf der grünen Wiese genauso wie an schön geschmückten Tischen in dem Lokal, in dem wir auch damals schon zusammen gefeiert haben. Wichtig ist auch hier, dass die Priorität auf den Menschen liegt, nicht auf dem Drumherum.

### *Vom Umgang mit dem Tod*

Wenn wir unser Leben mit anderen Menschen teilen, gehört dazu auch immer, dass wir mit Krankheit, Tod und Sterben umgehen müssen. Wirklich miteinander durch dick und dünn zu gehen bedeutet, nicht nur die schönen Ereignisse miteinander zu teilen, sondern auch dann an der Seite seiner Liebsten zu sein, wenn das Leben zu Ende geht. Früher eine absolute Selbstverständlichkeit. Man lebte zusammen und starb in einer Gemeinschaft, die einen bis zum Schluss trug.

Heute findet das Sterben oft nicht mehr in der Familie oder geborgen im Kreis derer statt, die einen durchs Leben begleitet haben. Es ist ausgelagert in Krankenhäuser, Pflegeheime oder Hospize. Allein dadurch, dass Erwerbsarbeit mehrheitlich nicht mehr im eigenen Zuhause stattfindet und Geld verdienen und Fürsorge zwei getrennte Lebenswelten sind, haben die meisten Menschen gar nicht mehr die Möglichkeit, ihre sterbenden Angehörigen bei sich zu Hause zu begleiten. In unserem Gesellschaftssystem ist kein Platz für die Begleitung und Pflege Sterbender. Dieser Bereich wird genauso ausgelagert wie die Kinderbetreuung – und dadurch ebenso unsichtbar für jeden, der nicht gerade unmittelbar damit zu tun hat.

Manchmal mag es gut und hilfreich sein, die Pflege von schwerkranken Menschen den Profis zu überlassen. Ich habe selbst gesehen, wie schwer es ist, Angehörige in der Familie zu begleiten, denn meistens bleibt diese Aufgabe trotz aller guter Absichten an ein bis zwei Personen hängen und wird eben nicht von einem ganzen Clan geschultert. Doch das Auslagern dieses Teils des Lebens hat auch dazu geführt, dass wir davon entfremdet wurden. Wir wissen heute oft gar nicht mehr, wie wir uns verhalten sollen, wenn jemand so krank ist, dass er sterben wird – oder wenn jemand Angehörige verloren hat. Wir wissen nicht mehr, wie wir es unseren Kindern erklären sollen, und haben kaum Raum für Trauer oder Trauerbegleitung.

Aber genau das müssen wir wieder lernen. Wenn wir uns als Menschen wieder neu aufeinander verlassen wollen, müssen wir uns auch darauf verlassen können, dass wir das Endgültigste und Schwerste miteinander teilen. Wir müssen voneinander wissen, dass niemand davonläuft, wenn es ans Sterben geht. Jeder Mensch hat das Recht auf eine Hand, die er bis zum Schluss halten darf. Jeder sollte in der letzten Phase seines Lebens noch einmal all die sehen dürfen, die er in diesem Leben so geliebt und geschätzt hat. Deshalb wünsche ich mir von uns allen mehr Mut, wenn wir erfahren, dass jemand aus unserem Umfeld sterben wird. Oft ziehen wir uns in solchen Situationen von Sterbenden und ihren Angehörigen zurück, weil wir Angst haben, etwas falsch zu machen. Doch meiner Erfahrung nach ist eben dieser Rückzug der schwerste und einzig wirkliche Fehler, den wir machen können. Präsent sein hingegen ist immer richtig. Manchmal, gerade wenn wir nicht wissen, was wir sagen sollen, kann das auch eine schweigende Präsenz sein. Niemand erwartet, dass wir in solch schweren Stunden „richtige Worte" haben. Gemeinsam schweigen und aushalten kann hier das berühmte Gold sein.

Wir schulden es nicht nur den Sterbenden, dass wir bleiben und aushalten, wir schulden es auch uns selbst. Auch wir profitieren davon, wenn wir das Thema Tod enttabuisieren. Schließlich werden wir alle einmal die sein, die ihre letzte Reise antreten. Aber wir schulden es vor allem unseren Kindern. Denn dadurch, dass gerade sie oft so außen vor sind, wenn Freunde oder Verwandte sterben, geben wir ihnen gar nicht die Möglichkeit, einen eigenen, natürlichen Umgang damit zu finden. Wir glauben, sie zu schützen, indem wir sie fernhalten, und trauen ihnen nicht zu, mit solch schweren Momenten umzugehen, doch dabei projizieren wir oft einfach nur unsere eigenen Ängste auf sie. Dabei wäre es gerade ihre kindliche Unbefangenheit, die in solchen Situationen einen Unterschied machen könnte, und wenn sie von Anfang an erleben dürften, dass sie auch ins Sterben von lieben Menschen einbezogen werden, wüchsen sie selbst mit einem unbefangeneren und angstfreieren Umgang mit diesen Themen heran.

## 20. Der Jahreskreis – Gottes Rhythmus für dich und mich

„*Gott hat der Natur einen eigenen Herzschlag verpasst und wenn wir lernen, unseren schnellen Lebensrhythmus ihr anzupassen, wird unser Leben langsamer. Und das unserer Kinder auch.*"

Veronika Smoor

Wenn ich unseren kleinen Reihenmittelhausgarten betrachte, wird der Herzschlag der Natur, von dem Veronika Smoor in ihrem wundervollen Buch *Frühling, Sommer, Herbst, Familie* spricht, für mich greifbar. Wir haben nicht viel Platz hier, aber seit einigen Jahren stehen ein paar Hochbeete am Rand unserer kleinen Wiese und auf der Terrasse steht jeder freie Fleck voll mit Kübeln, in denen mal mehr, mal weniger erfolgreich Tomaten, Gurken, Zucchini und Chili wachsen. Meine Aufgabe in unserer Familie ist es, dieses Wachstum zu fördern und zu begleiten und die Früchte dieser Mühen zu ernten und zu verarbeiten. Es gibt Zeiten im Jahr, da hält mich diese Aufgabe ziemlich auf Trab. Da komme ich im Garten kaum nach. Ständig muss etwas gegossen, gedüngt, ausgegeizt oder beschnitten werden. Ich muss Beikräuter zupfen, die Kräuter rechtzeitig ernten und trocknen, bevor sie blühen, die Kürbispflanze vor Mehltau schützen und Nacktschnecken aus dem Hochbeet sammeln. Doch einmal kommt der Tag, an dem ich meine letzte Gründüngung auf die Beete gepackt habe, die allerletzten Paprika ins Haus trage und die Äpfel ernte. Dann duftet das ganze Haus nach Zimt und Vanille und ich koche eine letzte Sorte Gelee. Kurz danach wird mich ein mir sehr vertrautes Geräusch nach draußen locken, ich werde alles stehen und liegen lassen, wenn ich es höre, und in den Garten rennen, um in den Himmel zu sehen – und dann füllen sich meine peinlich rührseligen Augen mit Tränen und ich winke den Kranichen hinterher, die über meinen Kopf hinwegziehen. Und dann weiß ich, dass meine Arbeit hier draußen getan ist. Der Garten ist abgeerntet und bereit für den Winterschlaf.

Unsere Vorfahren haben genau nach diesem Prinzip gelebt. Zwar schliefen sie nicht den ganzen Winter, natürlich nicht, aber ihr Alltag veränderte sich spürbar, wenn ihre Arbeit draußen auf den Feldern getan war. Ihre Arbeitstage wurden kürzer und was sonst noch an Aufgaben anfiel, verrichteten sie eher im Haus. Vor der Entdeckung der Elektrizität hatten sie dafür dann auch nicht mehr endlos lange Zeit – die Tage waren kurz und die Nächte lang. Das Jahr setzte ihrem Tatendrang automatisch Grenzen.

Wir haben diesen Rhythmus längst ausgehebelt. Nun möchte ich ungern hinter das Zeitalter des elektrischen Lichts zurück – ich genieße die Annehmlichkeiten der modernen Technik sehr! Doch ich bin davon überzeugt, dass uns in einer Welt, in der zu jeder Zeit und an jedem Ort alles möglich scheint, das Gefühl für Ruhezeiten und Balance verloren gegangen ist, und das tut uns Menschen nicht gut. Wir haben uns schon eingehend mit dem Thema Dauerstress auseinandergesetzt. Ein bewusstes Wahrnehmen von Jahreszeiten und Zeiten im Kirchenjahr kann uns helfen, wieder eine Balance zwischen Ruhe und Hektik, ereignisreichen Zeiten und Zeiten der Einkehr zu finden. Der Rhythmus des Kirchenjahres bietet uns Eckpfeiler, an denen wir uns orientieren können. Es hält Gelegenheiten für Gemeinschaft genauso bereit wie die Notwendigkeit von Stille und Besinnung. Sich noch einmal über die ursprüngliche Bedeutung jahreszeitlicher Feste, Gedenktage und des Rhythmus der Natur Gedanken zu machen, hilft uns, Prioritäten zu setzen und aus ungesunden Spiralen auszusteigen.

Das Kirchenjahr – unser christlicher Jahreskreis – beginnt mit der Adventszeit.

## Advents- und Weihnachtszeit

### Die Adventszeit

Sagt, was ihr wollt, die Adventszeit ist und bleibt für mich die schönste Zeit im Jahr. Ich mag sie vielleicht sogar noch ein klein bisschen lieber als meinen geliebten Hochsommer. Meine schönsten Kindheitserinnerungen sind mit ihr verknüpft und ich bin jedes Mal ein wenig rührselig, wenn ich nach dem 6. Januar die letzte Kiste Weihnachtsdeko wieder in den Verschlag auf dem Dachboden stelle.

Gleichzeitig ist mein geliebter Dezember im Laufe der Jahre leider auch zu einer Zeit geworden, in der ich mich ganz besonders anstrengen muss, mich nicht vom Überangebot der Möglichkeiten einfangen zu lassen und für uns als Familie gesunde Grenzen zu setzen, was Einladungen, Veranstaltungen, Auftritte und Verabredungen angeht. Wenn man wollte, könnte man jeden einzelnen Dezemberabend woanders verbringen. Hier ein Betriebsfest, da eine Weihnachtsfeier im Verein, das Vortreffen für die Gottesdienstplanung und der Schulchor, natürlich muss man mindestens einmal mit dem Freundeskreis auf dem Weihnachtsmarkt gewesen sein und das ganz normale Leben mit Terminen, Geburtstagen, Elternabenden und Sitzungen geht ja auch im Dezember weiter. Dann darf man natürlich nicht vergessen, den neusten Weihnachtsfilm im Kino zu sehen, zum großen Nikolausevent zu gehen und den Zirkus zu besuchen, der jedes Jahr ausgerechnet genau um diese Zeit in der Stadt ist.

Und ehe man es sich versieht, ist einem die schönste Zeit des Jahres einfach so durch die Finger geronnen. Gar nicht zu sprechen von der Anstrengung, die wir schon unternommen haben, um sie überhaupt vorzubereiten, denn natürlich muss das Haus spätestens zum 1. Advent fertig dekoriert sein, innen und außen. Besonders Letzteres wird immer schriller und auffälliger. Während wir uns vor zwanzig Jahren noch über den überdrehten Heimwerker-King Tim Taylor aus *Hör mal, wer da hämmert* lustig machten, wenn er mit grellem Licht und riesigen Figuren auf dem Dach versuchte, seine Nachbarn zu übertrumpfen, findet sich heute nahezu in jedem Ort so ein Tim, dessen Haus vier Wochen lang in den buntesten Farben leuchtet.

Wenn mir der Erwartungsdruck in der Vorweihnachtszeit droht, die Luft abzuschnüren, erinnere ich mich daran, dass diese Zeit eigentlich einmal genau das Gegenteil dessen war, was sie heute ist: Sie war eine Fastenzeit. Die Gläubigen sollten sich in den Wochen vor Weihnachten durch Fasten und Bußen auf die Feierlichkeiten zur Geburt Jesu vorbereiten.

Meines Erachtens ergibt das auch Sinn. Denn wenn wir den Geburtstag von Jesus gebührend feiern wollen, müssen wir auch dafür sorgen, dass er etwas Besonderes bleibt und nicht nur der Endpunkt einer Phase ist, in der wir bereits alles im Überfluss hatten. Hand aufs Herz: Wie oft hattest du an Heiligabend schon keine Lust mehr auf Lebkuchen, weil sie dir nach fünf Wochen zum Hals heraushingen?

Ist es nicht schade, dass wir das, worum es eigentlich geht, nämlich die Geburt eines kleinen Babys in einem unscheinbaren Stall, so aus den Augen verlieren? Dass wir uns abhetzen und versuchen, Erwartungen zu erfüllen, statt Jesus Ankunft einfach zu erwarten?

Das Wort Advent leitet sich vom Lateinischen „ad-venire" ab, was so viel bedeutet wie „Ankunft" oder „Erwartung". Und genau das erklärt die Zeit des Advents am besten: Wir erwarten die Ankunft Jesu. Ich finde diesen Gedanken sehr entlastend. Er bildet für mich eine gute Brücke zwischen der ursprünglichen Fastenzeit, die mir tatsächlich auch zu trist wäre, und dem übergroßen Wirbel, der heute um diese Zeit gemacht wird, und in dem das Wesentliche scheinbar verloren geht. Wenn ich im Advent „erwarte", dann kann ich langsam auf diesen großen Tag zugehen. Dann muss meine Deko nicht am 1. Adventssonntag perfekt und fertig sein, sondern kann sich nach und nach im Advent entwickeln. In diesem Fall kann ich auch mal ein paar von den Plätzchen naschen, die ich in dieser Zeit gern mit den Kindern backe, muss aber nicht durchgehend die tollsten Sorten auf dem Tisch stehen haben. Und ich kann bewusst Nein sagen, zu Anfragen und Terminen, zu Events und Einladungen, die mir zu viel erscheinen.

Ich versuche überall da, wo ich mitreden kann, meinen Teil dazu beizutragen, dass uns als Familie die Adventszeit nicht von außen zu vollgepackt wird. So setze ich mich bei Elternabenden und beruflich zum Beispiel immer dafür ein, statt einer Weihnachtsfeier im Advent ein Neujahrstreffen im Januar zu veranstalten. Da ist man oft weniger verplant und alle können sich besser aufeinander einlassen und die gemeinsame Zeit auch wirklich genießen.

*Das Erwarten gestalten*

Wenn man ein wenig aufpasst und sich den Advent nicht von außen aus der Hand nehmen lässt, ist es eine Zeit, die man ganz wunderbar und passend gestalten kann. Auch inmitten von all dem Bohei und dem Konsum, der den Dezember dominiert, ist es zwar nicht leicht, aber möglich, gute Prioritäten zu setzen.

Uns hilft es beim Entschleunigen zum Beispiel sehr, uns bewusst zu überlegen, womit wir anderen Menschen eine Freude machen können. Dabei legen wir viel Wert auf Selbstgemachtes: eine weihnachtliche Marmelade, gefaltete Sterne, selbst gefertigte Bienenwachstücher oder eine Dose voller Lebkuchen – der Fantasie sind keine Grenzen gesetzt. Damit all das rechtzeitig bis Weihnachten fertig wird, müssen wir uns Zeiten zur Herstellung der Geschenke blocken. Ganz bewusst wird so ein Nachmittag pro Woche zur „Weihnachtswerkstatt". An diesem Tag darf sich keiner verabreden und andere Möglichkeiten müssen hintanstehen. Dadurch verbringen wir automatisch Zeit miteinander und tun gleichzeitig etwas für andere.

Auch der Adventskalender kann bewusst dazu genutzt werden, einen Gegentrend zum adventlichen Höher-schneller-weiter zu setzen. Statt viel Geld für Kalender auszugeben, die am Ende fast so viele Geschenke erhalten, wie an Weihnachten unter dem Baum liegen sollen, kann man sich selbst etwas einfallen lassen. Neben kleinen Päckchen mit Lieblingssüßigkeiten und der einen oder anderen kleinen materiellen Überraschung, die da ruhig drin sein darf, finde ich Gutscheine für gemeinsam verbrachte Zeit schön. Bei uns bewährt haben sich zum Beispiel:

- *Ein adventlicher Abendspaziergang mit Plätzchen und heißem Tee, auf dem man beleuchtete Fenster bewundern oder die vielen Lichter des Ortes von oben anschauen kann.*
- *Ein Filmabend mit einem unserer traditionellen Weihnachtsfilme*
- *Ein Käsefondue-Abend*

- *Ein Familienspieleabend*
- *Exklusivzeit für jedes einzelne Kind – besonders beliebt war bei uns jahrelang das gemeinsame Übernachten: Einer von uns Eltern ging sehr früh und mit einer Menge Vorlesebücher bewaffnet mit dem jeweiligen Kind ins Bett und man machte es sich vor dem Einschlafen richtig gemütlich.*

*Zeit für gute Geschichten*

Die Adventszeit ist daneben auch eine besondere Zeit für die guten Geschichten, von denen unsere Kinder lernen können, dass es sich lohnt, hilfsbereit und freundlich zu sein, und dass es genau solche Menschen immer auf der Welt gegeben hat und immer geben wird. Ein großes Vorbild darin wird im Dezember besonders gefeiert: der heilige Nikolaus.

*Weihnachten*

Für viele Menschen beschränkt sich Weihnachten auf den 24. Dezember. Das ist der Tag, an dem endlich riesige Geschenke unter den Baum gestellt werden dürfen. Die Werbung hat davor wochenlang ihr Bestes getan, um unsere Erwartungen und vor allem die unserer Kinder an diesen Tag ins Unendliche zu steigern. Wir selbst möchten natürlich auch, dass dieser besondere Abend wunderschön wird. Doch oft lassen wir uns auch hier fremdbestimmen und verlieren aus den Augen, was für uns und unsere Familie gut ist. Manchmal gibt es schon im Vorfeld viele Diskussionen darum, wie dieser Abend verbracht wird. Ich erlebe es immer wieder, dass gerade junge Familien sich zwischen den Ansprüchen ihrer Herkunftsfamilien zerrissen fühlen. So wollen die Großeltern von beiden Seiten gern, dass man diesen Abend bei ihnen verbringt, oder es wird erwartet, dass man mit kleinen Kindern viele hundert Kilometer durchs Land fährt, um alle Verwandten zu besuchen.

Selbstverständlich ist das Weihnachtsfest eine wunderbare Gelegenheit, sich einmal wiederzusehen, gerade, wenn man weit voneinander entfernt wohnt – und gerade an diesem Abend sollte sich auch niemand allein und vergessen fühlen. Allerdings halte ich es für wichtig, besonders unsere Kinder und ihre Bedürfnisse im Blick zu behalten, denn Erwachsene können sich eher zurücknehmen und auch mal gedulden. Besonders an Heiligabend sind kleine Kinder schnell von den vielen verschiedenen Reizen überflutet und können einen großen Geschenkeberg, der zusammenkommt, wenn viele Verwandte gemeinsam feiern, gar nicht würdigen.

Mir hilft folgender Gedanke dabei, alles unter einen Hut zu bekommen und so zu feiern, dass es uns als Familie guttut, das Wesentliche, nämlich Jesus, nicht aus den Augen zu verlieren und dennoch der Tatsache Rechnung zu tragen, dass niemand allein sein soll: Das Weihnachtsfest beschränkt sich eben nicht auf diesen einen Abend, den 24. Dezember. Es geht sogar ziemlich lange, bis zum 6. Januar. Weihnachten ist ein solch großes, wichtiges Ereignis, dass man tagelang feiern kann. Wir dürfen unsere Fixierung auf den Heiligabend ruhig aufgeben und in die Fülle der Weihnachtszeit eintauchen – denn uns stehen volle 14 Tage zur Verfügung. Wenn wir uns das klarmachen, können wir uns diese Zeit viel schöner gestalten und eine gute Balance zwischen Feiern und Ausruhen finden, zwischen Zeit mit der Kernfamilie und solcher mit größeren Gemeinschaften.

### *Der Jahreswechsel*

Mitten in die Weihnachtszeit fällt auch Silvester. Wir verabschieden das alte Jahr und begrüßen das neue. Die Geschmäcker darüber, wie dieser Tag begangen werden kann, gehen oft weit auseinander. Für manche Menschen ist der Jahreswechsel ein Tag wie jeder andere. Dass sich die Zahlen auf dem Kalender ändern, berührt sie nicht weiter. Für andere wieder ist es ein Grund für ein rauschendes Fest. Für Kinder ist der Silvesterabend oft sehr aufregend, weil er für sie mit ausnahmsweise langem Aufbleiben verbunden ist und man oft etwas Schönes gemeinsam macht.

Ich persönlich mag Neuanfänge. Und den Neuanfang eines Jahres liebe ich ganz besonders. Für mich ist es eine Zeit des Zurückschauens und Reflektierens, aber auch der neuen Pläne und der fröhlichen Erwartungen.

Am Silvesterabend bereitet mein Mann gern eine kleine Fotoshow vor, in der wir all die Bilder des Jahres, das wir verabschieden, noch einmal anschauen können und uns gemeinsam erinnern, oft entdecken wir da Erlebnisse, die wir im Trubel des restlichen Jahres schon fast vergessen hatten.

Mein persönliches Ritual zum Jahreswechsel ist das Umtragen des Kalenders. Wir pflegen in unserer Familie immer noch einen altmodischen Wandkalender. Kurz vor Silvester nehme ich mir diesen vor und übertrage alle gleichbleibenden Termine, wie Geburtstage, Todestage oder Feiertage, auf den für das neue Jahr. Dadurch schaue ich noch einmal auf das Vergangene zurück, kann mir noch einmal in Erinnerung rufen, welche Zeiten dicht und vielleicht anstrengend waren und wann wir viele Freiheiten hatten. Außerdem bekomme ich ein erstes Gespür für das Bevorstehende. Denn jede Familie kennt Zeiten im Jahr, die traditionell eher vollgestopft sind, da ballen sich auf einmal Geburtstage oder man weiß schon, dass es in diesem einen Monat viele Schulveranstaltungen geben wird.

In anderen Monaten bleiben die Tagesspalten hingegen erst einmal leer. Wie wäre es, wenn ihr euch kurz vor Silvester einmal zusammensetzt und euch genau diese gemeinsam anschaut? Wäre es nicht eine tolle Idee, in ein paar von ihnen *„blockiert"* zu schreiben, damit sie sich nicht alle durch Ansprüche von außen füllen können und so Raum für uns, für Ruhe und Entschleunigung bleibt?

*Sternsingen*

In katholischen Gegenden ziehen in der Zeit rund um den 6. Januar die Sternsinger durch die Straße. Das sind Kinder, die in Anlehnung an die Heiligen Drei Könige Umhänge und Kronen tragen. Sie segnen die Häuser, in die sie einkehren, mit einem Haussegen, der diese über das neue Jahr begleiten soll. Außerdem sammeln sie Geld für wohltätige Projekte. Das ist nämlich die Hauptaufgabe der Sternsinger – sie setzen sich für Kinder anderswo in der Welt ein. Jahr für Jahr laufen sie kilometerweit durch winterliche Straßen, um Kindern in anderen Teilen der Welt Bildung, Sicherheit, ein würdiges Leben zu ermöglichen.

Das Sternsingen ist längst keine rein katholische Angelegenheit mehr. In vielen Gemeinden sind auch Kinder anderer Konfessionen herzlich willkommen, sich den Sternsingern anzuschließen, je mehr, desto besser. Und auch Eltern, die die Gruppen begleiten, werden immer wieder gesucht. Sich bei den Sternsingern zu engagieren, ist eine gute Gelegenheit, sich mit Menschen an ganz anderen Orten der Welt zu verbinden und ein paar seiner Privilegien zu teilen.

### *Winterzeit im Jahreskreis*

Nach Weihnachten kommt für viele von uns eine Zeit im Jahreskreis, mit der wir eher wenig anfangen können. Mir geht es zumindest so. Wenn der Weihnachtszauber nach dem 6. Januar endgültig verschwunden ist, sehen wir uns mit der Tatsache konfrontiert, dass der Winter noch ziemlich lang und völlig ohne weitere Highlights ist. Während der Traum von weißer Weihnacht für die Mehrheit der Weltbevölkerung und auch für mich, als Nordhessin, meistens unerfüllt bleibt, legt der Winter im Januar und Februar gern noch einmal richtig los. Wenn es gut läuft. Viel häufiger ist die Geschichte dieser Jahreszeit geprägt von einem nasskalten Mix, bei dem uns die Lust vergeht, auch nur einen Fuß vor die Tür zu setzen.

Die Sonnenanbeterin in mir, die Licht und frische Luft braucht, findet das wirklich frustrierend. Ich beginne aber allmählich zu ahnen, dass auch dieser Teil des Jahres, so trist und freudlos er mir manchmal erscheint und sosehr ich die Zeit vor in Richtung Frühling spulen möchte, seinen Sinn hat. Nein, ich bin mir sogar sicher, denn unsere Seele benötigt Zeiten ohne Höhepunkte. Der Winter ist auch eine Zeit, in der wir ein wenig zur Ruhe kommen dürfen. Manchmal bremst er uns regelrecht aus. Letztes Jahr zum Beispiel sorgte in unserer Gegend Blitzeis dafür, dass einen Tag lang alle zu Hause bleiben mussten. Niemand konnte zur Schule oder zur Arbeit gelangen und unser ach so trubeliges „Alles ist möglich"-Leben musste einen Tag lang stillstehen.

Auch unser Körper funktioniert im Wintermodus tatsächlich anders. Melatonin, ein Hormon, das wir zum Schlafen benötigen, wird in der Dämmerung und in der Dunkelheit produziert. Wenn es im Winter viel weniger Stunden am Tag hell ist als im Sommer, produziert unser Körper mehr Melatonin und wir fühlen uns häufiger müde. Im Netz findet man viele Ideen, wie man dem entgegenwirkt. Doch was wäre eigentlich, wenn wir diese Müdigkeit annehmen würden? Vielleicht ist diese Jahreszeit ja genau dafür gedacht: zum Ausruhen. Was spricht dagegen, im Winter früher schlafen zu gehen, sich vielleicht eine kleine Mittagsruhe zu gönnen und bei der Planung seiner Termine der Tatsache Rechnung zu tragen, dass man in dieser Zeit des Jahres mehr Schlaf braucht?

Ich glaube, es tut uns gut, den Winter im Januar und Februar bewusst wahrzunehmen und in ihm mehr zu sehen als eine Übergangsphase in Richtung Frühling. Er ist Teil des Herzschlags der Natur, den Gott sich nicht ohne Grund für uns hier auf der Nordhalbkugel ausgedacht hat. Und wahrscheinlich ist es eine gute Idee, diese Zeit auszuhalten und sich auf sie einzulassen. Gerade nach der – trotz aller guten Vorsätze – oft vollen Advents- und Weihnachtszeit ergibt sich im Januar und Februar die Gelegenheit zur Entschleunigung und ich finde, wir sollten sie wahrnehmen.

Mir hilft es, mir in dieser Zeit bewusst „Winterdinge" vorzunehmen. Spaziergänge, auch wenn es kalt und nass ist, und anschließend eine Runde heißen Kakao vor dem Kamin. Gemütliche Familienabende mit typischem Winteressen wie Raclette oder Fondue – wer sagt denn, dass es das nur zu Weihnachten oder Silvester geben muss?

Der Winter ist auch eine gute Zeit, um uns bewusst mit den Menschen zu umgeben, die uns guttun oder die uns am Herzen liegen. Denn anders als in der warmen Jahreszeit muss man im Winter Begegnungen oft bewusst einplanen, man sieht sich nicht mal eben auf der Straße, im Garten oder im Park. Für alleinstehende Menschen sind diese Monate deshalb auch besonders hart. Die Gefahr, dass sie übersehen oder gar vergessen werden, ist groß, wenn man sich so gar nicht sieht. Es ist daher gut, gemeinsam als Familie zu überlegen, wen man einladen, mit wem man Zeit verbringen möchte oder wen man gelegentlich besuchen kann.

*Die Fastenzeit*
Irgendwann kommt aber zum Glück der Tag, an dem wir das Haus verlassen und unseren Augen kaum trauen. Wo gestern noch Schneematsch war, lugen auf einmal grüne Spitzen aus dem Boden, Vogelstimmen, die wir über Monate vermisst hatten, sind wieder zu hören und die Luft schmeckt, wie Veroni-

ka Smoor sagt, nach Champagner[25]. Der Frühlingsschrei der Kraniche lockt mich aus dem Haus und ich empfange sie so tränenreich, wie ich sie verabschiedet habe. Mein Melatoninspiegel sinkt merklich und in mir rühren sich Leben und Tatendrang.

Und genau in dieses neue Sprießen und Leben haben wir Christen die Fastenzeit gesetzt. „Euer Ernst?", möchte man an manchen Tagen fragen. Habe ich nicht genug verzichtet, auf Licht und Sonne, auf Lebensgeist und Frühlingsgefühle?

Doch steht in diesen Wochen nicht der Verzicht im Mittelpunkt, sondern das, was daraus entstehen kann – Platz für neues Leben. Denn wenn wir Dinge weglassen, geht es nicht nur darum, das mit verkniffenem Gesicht und schlechter Laune zu tun, aus reinem Pflichtgefühl. Im Gegenteil, Jesus hat uns mit auf den Weg gegeben, genau das nicht zu machen. Vielmehr können wir uns als Familie überlegen, was uns nun guttut. Welchen Ballast wollen wir in den nächsten Wochen ablegen? Manche verzichten, nachdem sie sich in den Wintermonaten gern vor dem Fernseher eingeigelt haben, erst einmal auf das abendliche Serien-Streamen, andere wenden Social Media für eine Weile den Rücken zu und investieren wieder mehr Zeit in Kontakte von Angesicht zu Angesicht. Man kann auch die Süßigkeiten weglassen, die einem in den langen, kalten Wintertagen zu allzu lieben Begleitern geworden sind.

Eine andere Möglichkeit ist es, wieder bewusst zu schauen, wo wir aus Verbundenheit mit unseren Mitmenschen Gutes tun können. Wir können zum Beispiel auf Gewohnheiten verzichten, die anderswo in der Welt Schaden anrichten: bewusst kein Fleisch essen, nur gebrauchte Kleidung kaufen, jede un-

---

25 Smoor, Veronika: *Heiliger Alltag. Gott zwischen Töpfen und Pfannen begegnen.* SCM-Verlag, Witten 2016. S. 139.

nötige Autofahrt vermeiden, uns bewusst daran erinnern, dass wir nicht mehr über andere lästern wollen, oder uns selbst zu freundlicherem Denken herausfordern, indem wir unseren Mitmenschen konsequent positive Absichten unterstellen.

*Karfreitag*

An Karfreitag denken wir an das Leiden und Sterben von Jesus. Er ist einer von zwei sogenannten stillen Tagen im Jahr. Das bedeutet, dass vieles, was normalerweise selbstverständlich ist, an Karfreitag verboten ist. Laute Tanzveranstaltungen zum Beispiel. Jahr für Jahr wird darüber diskutiert, ob dies vor dem Hintergrund, dass wir in einer zunehmend säkularen Gesellschaft leben, in der Religion und Staat voneinander getrennt sind, noch zeitgemäß ist. Nun darf man sich natürlich fragen, ob ein staatlich angeordnetes Tanzverbot an Karfreitag sinnvoll ist, selbst unter Christen ist es durchaus umstritten. Andererseits finde ich es fast schon wieder progressiv, in einer Gesellschaft, in der alles für alle jederzeit möglich sein soll, besonders, wenn es um Spaß und Konsum geht, einen Tag auszurufen, an dem unsere Möglichkeiten äußerst begrenzt sind. Es ist doch so: Wir sind schlicht nicht für Highlight-Hopping gemacht – es tut uns nicht gut. Wir können also (Tanzverbot hin oder her) für uns selbst hier einen stillen Tag einplanen. Wie das im wuseligen Familienleben aussehen kann, ist sicher unterschiedlich. Selbstverständlich muss die Stille nicht wörtlich genommen werden. Aber wir können bewusst überlegen, was wir miteinander machen wollen. Wir können Spaziergänge einplanen oder gemeinsam basteln, mancherorts gibt es Kreuzwege, wo man die besondere Möglichkeit hat, sich die Ereignisse, derer wir gedenken, noch einmal genauer vor Augen zu führen und gemeinsam draußen und unterwegs zu sein.

Karfreitag kann aber gerade für alleinstehende Menschen ein sehr düsterer Tag sein, der sich zieht und schwer auszuhalten ist. Es ist gut, wenn wir das auf dem Schirm haben und im Vorfeld überlegen, ob wir jemanden zu unseren Aktivitäten einladen möchten.

*Ostersonntag*

Ostersonntag steht hinter dem schrillen, überdrehten Heiligabend in der öffentlichen Wahrnehmung deutlich zurück. Dabei ist Ostern eigentlich das größte christliche Fest: Wir feiern die Auferstehung von Jesus, die Überwindung des Todes. Die Hoffnung auf ein ewiges Leben.

Doch ich mag, dass um diesen Tag ein deutlich weniger großes Gewese gemacht wird, denn so wird er nicht so sehr von Erwartungen überfrachtet und wir haben mehr Chancen, den ursprünglichen Sinn des Festes sichtbar zu machen. Seit unsere Kinder etwas größer sind, besuchen wir mit ihnen morgens um sechs Uhr den Gottesdienst zur Osternacht, der in unserer Gemeinde angeboten wird. Dort können sie sehr anschaulich erleben, was dieses Wunder der Auferstehung bedeutet. Wenn wir in der dunklen Kirche sitzen und warten, dass nach und nach die Kerzen angehen, und sich dann, etwas später, das erste Tageslicht durch die Kirchenfenster zeigt, spüren wir, wie die Dunkelheit vor der Macht unseres Gottes, der selbst den Tod überwunden hat, weichen muss.

Viele Jahre war es mir jedoch nicht möglich, mit diesem spirituellen Erlebnis in das Osterfest zu starten. In dieser Zeit habe ich mir mein eigenes Ritual geschaffen. Kurz vor dem ersten Sonnenstrahl stand ich auf und ging hinaus, setzte mich an einen ruhigen Ort und wartete auf das Licht. Das war meine Zeit für mich – und für Jesus, die ich genießen konnte, bevor meine Familie wach wurde und das österliche Gewusel begann.

*Osterzeit und Frühling im Jahreskreis*

Auch Ostern endet für viele Menschen, sobald die beiden Feiertage vorbei sind. Doch auch hier gibt es eine gute Nachricht: Eigentlich geht die Osterzeit viel länger, nämlich bis nach Pfingsten. Sie endet nicht mit dem Ostermontag, sondern beginnt überhaupt erst am Ostersonntag. Im Grunde ist fast den ganzen Frühling lang Osterzeit. Auch das kann wieder Entlastung in unser System bringen, gerade, wenn es viele Menschen gibt, mit denen wir die Ostertage gern verbringen würden. Christi Himmelfahrt und Pfingsten liegen zudem oft so, dass sie uns lange Wochenenden bescheren, die wir nutzen können, um Freunde oder Verwandte zu besuchen, die wir zu den Osterfeiertagen nicht sehen konnten.

Im Frühling fühlen sich viele Menschen wieder energiegeladener und haben das Gefühl, mehr unternehmen zu können. Es ist eine gute Zeit für Pläne und Projekte, für Feiern und Begegnungen. Der Frühling ist außerdem eine gute Zeit, sich mit der Frage zu beschäftigen, wo unser Essen herkommt, welche Obst- und Gemüsesorten wann Saison haben und was für uns extra von weither eingeflogen werden muss. Wer einen Balkon oder Garten hat, kann sich selbst ein bisschen am Gärtnern versuchen – und beispielsweise mit den Kindern zusammen eine Tomatenpflanze kaufen und sie ab Mitte Mai hinausstellen. Auf Fensterbänken oder an außen am Fenster angebrachten Blumenkästen können auch Kräuter oder Pflücksalate eingesät werden. Es ist toll zu beobachten, wie das eigene Essen wächst, Kinder entwickeln so ein Bewusstsein für Lebensmittel – und Hand aufs Herz: Selbst Gezogenes schmeckt auch viel besser.

**Sommer im Jahreskreis**

Im Sommer erscheinen uns die Tage schier endlos lang. Die Sonne geht früh auf und spät unter. Es ist oft warm genug, dass wir bis spätabends zusammen draußen sitzen können. Licht und Wärme geben vielen Menschen Energie und Lebensfreude. Wir können mehr schaffen – und wie wir schon gesehen haben, benötigen wir tatsächlich auch weniger Schlaf. Auch Begegnungen mit anderen Menschen finden oft wieder selbstverständlicher statt, weil es mehr Anlässe dafür gibt oder weil wir sowieso den ganzen Tag draußen sind.

Doch wir haben auch oft ganz schön viel Arbeit im Sommer. Wer einen Garten hat, kommt jetzt kaum nach. Auch in der Erwerbsarbeitswelt ist um diese Jahreszeit oft viel los. Da sind noch Projekte, die fertig werden müssen, bevor die Ferien- und Urlaubszeit beginnt, viele Firmen nutzen das schöne Wetter für Events im Freien, für Sommerfeste oder Tage der offenen Tür, wer in der Tourismusbranche arbeitet, hat sowieso viel zu tun, und auch unsere Kinder sind in den Wochen vor den Ferien oft sehr beschäftigt. Es müssen letzte Arbeiten geschrieben oder Abschlussfeiern in Schule oder Kindergarten vorbereitet werden, Vereine feiern Sommerfeste und die Musikschule plant zum Abschluss des Unterrichtsjahres noch ein Konzert. Und so kann es passieren, dass wir in den Sommermonaten auf einmal wieder viel in Hektik sind.

Dabei zeigen uns gerade die oft hohen Temperaturen, dass die Sommerzeit keineswegs nur eine Zeit für Arbeit und Betriebsamkeit ist, sondern auch für Müßiggang. In sehr heißen Ländern gibt es in den Sommermonaten lange Mittagspausen, da an Arbeiten in diesen heißen Stunden oft gar nicht zu denken ist. Weil als Folge des Klimawandels auch unsere Sommer immer heißer werden, werden solche Pausenzeiten auch hier schon diskutiert.

Doch egal, was vielleicht irgendwann einmal entschieden wird: Es ist gut, wenn wir den Sommer nicht nur als eine Zeit für viele Unternehmungen und viel Arbeit ansehen, sondern auch bewusst Pausenzeiten einplanen. Gerade bei der Vielzahl der Möglichkeiten, die die Sommermonate mit ihren vielen Events und Angeboten liefern, ist es gut, bewusst Nein zu sagen und Dinge ausfallen zu lassen. Stattdessen können wir Wochenenden einplanen, in denen wir als Familie oder nur mit unserem engsten Kreis im Garten oder im Park sitzen, Kirschkuchen essen und den Kindern beim Wasserspritzen zuschauen. Wir benötigen Zeit, um mit vertrauten Menschen bis tief in die Nacht auf der Terrasse zu sitzen und die lauen Sommerabende zu genießen. Wir müssen auch spüren dürfen, dass solche Tage schier endlos sind.

*Das Ende des Schuljahres feiern*

In den Sommer fällt auch immer das Ende eines Schuljahres – und damit verbunden die Ausgabe der Zeugnisse. Viele Eltern sind unsicher, wie sie diesen Tag begehen sollen. Klar liegt die Idee nahe, gute Noten zu feiern, denn immerhin haben sich unsere Kinder ja angestrengt und verdient das nicht eine Belohnung?

Im zweiten Teil dieses Buches haben wir jedoch gesehen, dass Belohnungen für gute Noten durchaus kritisch zu betrachten sind. Stattdessen schlage ich vor, das Ende des Schuljahres mit ihnen zu feiern. Denn es ist doch so: Jedes Kind, das ein Schuljahr beendet hat, hat sich in dieser Zeit entwickelt. Es hat etwas dazugelernt – ob sich das nun durch gute Zensuren abbilden lässt oder nicht. Es hat sich Herausforderungen gestellt und ist daran gewachsen und auch mal gescheitert.

Ich plädiere also sehr dafür, mit einem kleinen Ritual von der Schulzeit in die Ferienzeit überzuleiten. Vielleicht empfängst du deine Kinder mit einer riesigen Portion Eis oder Waffeln, wenn sie am letzten Schultag vor den Ferien nach Hause kommen, oder ihr feiert abends eine kleine Party mit Pizza, selbst gemachten Burgern oder Würstchen vom Grill.

*Die Ferien verbringen*

Eng verknüpft mit der Frage danach, wie das Schuljahr beendet wird, ist die Frage, wie wir die Ferien verbringen wollen. Manchmal stellt uns das als Familie vor große Herausforderungen. Wir Eltern haben in der Regel nicht so viele freie Tage wie unsere Kinder. Gerade, wenn sie klein sind, müssen wir also überlegen, wie sie in dieser Zeit betreut werden. Auch hier gibt es mittlerweile zahlreiche (und mitunter ziemlich teure) Angebote. Oft versprechen sie uns, unsere Kinder in dieser Zeit nicht nur zu betreuen, sondern verbinden einen pädagogischen Zweck damit. Unsere Kinder haben theoretisch die Möglichkeit, in den Ferien Schulstoff aufzuarbeiten, Sprachen zu lernen, sich intensiv mit einem Instrument zu beschäftigen, das sie sowieso spielen, oder etwa Musicals oder Theaterstücke aufzuführen. Solche Angebote können toll sein, wenn sie in guter Atmosphäre und mit netten Menschen stattfinden und unsere Kinder sich dafür begeistern. Doch sie können auch zu einer zusätzlichen Belastung werden und dem Gedanken von Ferien, Pause und Erholung widersprechen. Oft höre ich von Eltern, dass ihre Kinder in der freien Zeit nicht nur „rumhängen" sollen. Hinter solchen Aussagen verbergen sich oft Ängste und Glaubenssätze, die unsere leistungsorientierte Gesellschaft leiten. Doch wenn wir noch einmal genau schauen, wie Gott sich ein gutes Leben für uns ausgedacht hat und wie er uns in eine Natur mit ihren eigenen Logiken hineingesetzt hat, dann wird deutlich, dass es völlig in Ordnung ist, einfach nur zu sein – und rumzuhängen. Wir müssen davor keine Angst haben. Unsere Kinder verpassen nichts, keine Lernfenster, keine lebensverändernden Erfahrungen, keinen besonderen Kick für ihre Bildungskarriere, wenn sie ein paar Wochen „nur rumhängen". Im Gegenteil, auch in dieser Zeit und gerade in der Langeweile findet Entwicklung statt.

Wenn wir auf Ferienangebote angewiesen sind, um unseren Arbeitsalltag zu organisieren, können wir auf einfache Angebote zurückgreifen. Städte und Gemeinden bieten oft ein niedrigschwelliges und bezahlbares Ferienprogramm an – zum Beispiel Ferienspiele auf der grünen Wiese, bei denen gewandert, gebastelt und gespielt wird, ohne dass große pädagogische Ziele damit verbunden sind.

Vergesst nicht: Jede und jeder hat ein Recht darauf, auch einmal durchzuatmen.

*Reisen*

Urlaubsreisen im Sommer sind etwas ganz Besonderes im Familienleben. Wenn eine Familie die Möglichkeit hat, gemeinsam wegzufahren, können schöne Erlebnisse gesammelt und der Zusammenhalt gestärkt werden. Genau darum sollte es auch gehen, wenn wir uns mit der Frage beschäftigen, ob wir einen Familienurlaub machen wollen. Verreisen sollte hauptsächlich unserer Erholung und dem Sammeln schöner Erinnerungen dienen. Für beides braucht es nicht unbedingt einen teuren Urlaub.

Klar, die Bilder, die der Bekannte von seinem Hotel auf der spanischen Insel im Status hat, sehen toll aus – das große Schwimmbad mit den vielen Rutschen, der traumhafte Strand, das Fischbüfett, die Cocktails und der Kids-Club. Doch abgesehen davon, dass solche Urlaube im Moment für Familien mit mehreren Kindern kaum noch bezahlbar sind, sind sie auch nicht der einzige Weg, gemeinsam Erholung zu finden.

Man kann auch deutlich günstiger einen schönen Sommer verbringen – und keiner von uns verpasst etwas, wenn wir noch nie als Familie zusammen geflogen sind oder unsere Kinder keinen Cluburlaub kennen. Das ist „nice to have" für die, die so etwas mögen, aber nicht wesentlich, nicht wichtig, nicht entscheidend. Auch wenn es sich für uns manchmal anders anfühlt – denn auch Reisen sind zu Statussymbolen geworden.

Deutschland verfügt über ein gut ausgebautes Netz an Jugendherbergen und die meisten davon haben mittlerweile nicht mehr viel mit den baufälligen Etagenbett-Baracken zu tun, die wir von den Klassenfahrten unserer Kindheit her kennen. Dort in einem Familienzimmer zu übernachten, ist auf jeden Fall erschwinglicher und kann genauso erholsam sein wie ein Cluburlaub im Süden. In Zeiten des Klimawandels hat sich auch das Argument erledigt, dass das Wetter im Süden nun einmal besser sei. In den letzten Jahren hatten wir zum Teil extrem heiße Sommer und beliebte Urlaubsregionen waren quasi nicht mehr besuchbar, weil es entweder nicht auszuhaltende Hitzerekorde, Waldbrände oder plötzliche schwere Unwetter gab.

Für Menschen, die gern draußen sind, können auch Campingplätze eine gute Alternative sein. Mittlerweile braucht man für viele nicht mal mehr eine eigene Ausstattung, da sie über Mobilheime/Chalets, Leihwohnwagen oder fest aufgestellte Zelte verfügen. In der Hauptsaison und in beliebten Gegenden kann das allerdings auch schon ganz schön ins Geld gehen. Eine weitere Überlegung wert ist es, seinen Urlaub in einer Gegend zu verbringen, die bislang nicht so sehr im Fokus von Touristen ist. In Deutschland gibt es so viele schöne Ecken, die man entdecken kann, auch abseits der beliebten Ziele!

Für wen Reisen gar nicht infrage kommt, gibt es die Möglichkeit, sich zu Hause gemeinsam eine schöne Zeit zu machen. Wie wäre es, die eigene Heimat einmal so zu entdecken, als sei man dort im Urlaub? Ich bin sicher, es gibt Orte und

Ausflugsziele, die ihr noch nicht kennt. Und damit es sich noch ein bisschen mehr nach Verreisen und Abenteuer anfühlt, könnt ihr ja im Wohnzimmer, auf der Terrasse oder im Garten campen!

Wichtig bei der Sommerplanung ist es im Auge zu behalten, was eigentlich unser Ziel ist – was brauchen wir als Familie, was tut uns gut, was entspannt uns und bringt uns näher zusammen?

*Ernten*

Auch der Sommer eignet sich bestens, um am Thema Nahrungsmittel und ihre Herkunft dranzubleiben. Unsere Gärten explodieren zu dieser Zeit schier und manche Menschen wissen gar nicht mehr, wohin mit ihren Tomaten, Zucchini oder Gurken. Wenn man selbst keine Möglichkeit oder Lust hat, etwas anzubauen, kann man sich in sozialen Medien auf die Suche nach Hobbygärtnern machen, die ihre reiche Ernte teilen wollen. Meiner Erfahrung nach sind viele froh, wenn sie keine zwanzig Kilo Zucchini allein futtern müssen. Auch Streuobstwiesenbesitzer sind im Spätsommer dankbar, wenn Menschen kommen, um Fallobst aufzulesen oder Zwetschgen, Äpfel und Birnen bei ihnen zu ernten. Daneben gibt es in vielen Gegenden auch Felder, auf denen man selbst ernten kann und das Geerntete dann bezahlt.

All das können schöne Familienerlebnisse sein, die unseren Kindern ein Gespür für den Lauf der Natur und unsere Nahrungsmittel geben.

*Saisonal essen*

Der Sommer ist auch die beste Zeit, um auf saisonale und regionale Ernährung zu achten. Es ist in dieser Zeit einfach alles im Überfluss da. Findet gemeinsam raus, was wo in eurer Region wächst, und sucht gemeinsam nach immer neuen Arten, es zuzubereiten. Daraus kann eine echte Sommer-Familienaufgabe werden. Wer weiß, vielleicht schafft ihr es ja, eine leckere Zubereitungsart für ein Gemüse zu finden, das euch eigentlich nicht schmeckt.

*Wenn das Jahr sich neigt – der Herbst im Jahreskreis*
Während ich das hier schreibe, ist es gerade Mitte September und in meinem Arbeitszimmer direkt unter dem Dach steht die Luft. Der Sommer gibt zum Ende noch einmal alles. Er verwöhnt uns mit heißen Nachmittagen. Doch meine sonnigen Sitzplätze werden viel schneller schattig als noch vor ein paar Wochen. Das Licht da draußen ist anders und wenn ich in den Wald schaue, dann sehe ich die ersten bunten Blätter zwischen dem üppigen Grün herausstechen. Morgens ist unser Garten oft in Nebel gehüllt und so manche Tomate platzt am Strauch, weil der Temperaturunterschied zwischen nachmittags und nachts zu hoch ist. Wenn ich meine letzte Abendrunde mit unserem Hund drehe, muss ich eine dünne Jacke überziehen. Gestern haben wir ein paar Meter Holz gestapelt, um für den Winter gerüstet zu sein. Sein Geruch lockt Wespen und Bienen an, die vorsichtig zu ahnen beginnen, dass ihre Zeit dem Ende zugeht. Das Jahr neigt sich. Der Herbst steht in den Startlöchern und wartet darauf, dass der Sommer seine allerletzte Zugabe beendet hat.

In unserer Familie ist wieder Alltag eingekehrt, die Schule hat begonnen, mein Mann und ich arbeiten wieder und all die Freunde und Verwandten, die in den Ferien verreist waren, sind wieder da. Herbstzeit ist Alltagszeit. Der neue Alltag nach den Sommerferien kann auch ein Moment sein, über die erste Jahreshälfte nachzudenken und zu reflektieren, was gut gelaufen ist und wo wir uns für die nächsten Monate Veränderung wünschen. Wir können bewusst noch einmal einen Blick auf unseren Kalender werfen und Ruhezeiten für uns blockieren und solche, an denen wir Gemeinschaft mit anderen Menschen haben möchten. Wir können auch hier noch einmal bewusst darauf achten, dass wir uns so organisieren, wie es uns guttut.

*Erntedank*

Das Erntedankfest ist die erste und auch eine der wenigen großen Feiern, die der Herbst für uns bereithält. Traditionell wird es am ersten Sonntag im Oktober gefeiert. Zuvor können Erntegaben und andere Lebensmittel in den Kirchen abgegeben werden – oft werden sie danach an Hilfsorganisationen oder wohltätige Einrichtungen verteilt.

Dieses Fest lädt uns ein, uns unsere eigenen Privilegien bewusst zu machen und zu teilen. Doch der wichtigste Aspekt ist Dankbarkeit. Wir haben schon im Kapitel über Glück gemerkt: Eine dankbare Haltung kann unsere Lebenszufriedenheit verbessern. Wenn wir den Fokus immer wieder bewusst auf die Dinge richten, die gut für uns sind, die uns Freude machen, und offen und empfänglich für kleine, schöne Momente bleiben, geht es uns besser. Das Erntedankfest kann uns helfen, diese Haltung wieder bewusst in den Fokus zu rücken.

*St. Martin*

St. Martin ist ein Fest, das vor allem im Kindergartenalltag nicht fehlen darf. Das gemeinsame Einüben der Lieder, die Aufführung der Geschichte vom Heiligen Martin, der seinen Mantel teilt, und natürlich das Basteln von Laternen sind ein echter Höhepunkt, wenn die Tage wieder dunkler werden.

Wenn unsere Kinder älter werden, verschwindet es allerdings meist allmählich aus dem Familienalltag. Doch ich finde es wichtig, den 11. November nicht einfach zu übergehen.

Denn die Geschichte vom Heiligen Martin ist eine dieser guten und schönen Geschichten, die zu erzählen sich immer lohnt. Eine von denen, die wir alle immer wieder hören sollten. Es ist eine Geschichte über das Gute, das Barmherzige. Es ist eine Geschichte darüber, dass es Jesus glücklich macht, wenn wir uns für die einsetzen, die es nicht so gut haben wie wir – und es ist eine Geschichte darüber, dass es Menschen gibt, die das auch tatsächlich tun (eine Menge, wie wir mittlerweile wissen).

Ich mag es, an diesem Tag traditionelles Martinsgebäck vom Bäcker zu holen und eine nachmittägliche Teerunde mit Tischlaternen zu gestalten. Ich finde es schön, wenn wir uns zumindest kurz Zeit nehmen und uns erinnern, dass es richtig gute Menschen auf dieser Welt gibt!

*Bewusst novembern*

Erntedank und St. Martin sind die Lichtmomente, die der Herbst für uns bereithält. Die kleinen Leuchtpunkte in einer Zeit, die ansonsten immer dunkler wird. Spätestens, wenn der goldene Oktober dem grauen November weicht, wird diese Jahreszeit für viele Menschen schwer aushaltbar. Es fehlen die Highlights. Weihnachten erscheint noch weit weg – der Sommer ist auch schon viel zu lange her. Die bunten Blätter liegen zertreten und matschig auf dem Boden, es regnet, ist kalt und außerdem sind alle erkältet. Den November – Hand aufs Herz – könnte man doch eigentlich ausfallen lassen, oder? Vielleicht basteln wir noch schnell eine Laterne, aber dann soll es bitte ab in die Vorweihnachtszeit gehen. Im November fehlen die Highlights.

Aber ich bin überzeugt: Wir brauchen den November als Brücke zwischen goldenen Herbsttagen und der quirligen Adventszeit. Dieser scheinbar graue Monat hält viel für uns bereit. Keine Freudenfeste, das ist wahr, aber er legt unseren Fokus auf die Seiten des Lebens, die wir gern ausblenden würden.

Der November entspricht im Jahreskreis Tod und Sterben im Lebenskreis. Er hält sogar die entsprechenden Gedenktage bereit. Unser Kirchenjahr endet mit dem Ewigkeitssonntag – im Volksmund auch Totensonntag genannt – es ist neben dem Karfreitag der zweite stille Tag im Jahr. An diesem Tag gedenken wir der Verstorbenen im vergangenen Kirchenjahr und zünden im Gottesdienst Kerzen für sie an. Eine Woche vorher – am Volkstrauertag – sind unsere Gedanken bei denen, die durch Kriege oder Terror ums Leben gekommen sind, und bei ihren Angehörigen. Die traurigste Woche im Kirchenjahr, sagte mein Chefredakteur einmal zu mir.

Ja, das ist sie – und genau deshalb dürfen wir sie nicht übergehen. Wir dürfen den ganzen November mit seiner Tristesse und Dunkelheit nicht übergehen, sondern müssen uns ihm stellen. Denn das Leben besteht nicht nur aus den schönen Seiten, aus den Tagen, an denen unsere Dankbarkeitsliste niemals endet, und aus sich aneinanderreihenden Feiern, Urlauben und Freudenmomenten. In dieser Welt gibt es auch Not, Elend, Krankheit und Sterben. Es ist auf Dauer nicht gesund, das auszublenden.

Gerade, wenn das Jahr auf sein Ende zugeht und die Tage dunkler werden, ist es auch wieder gut, andere Menschen im Blick zu behalten. Vielleicht haben wir Freunde und Verwandte, die trauern? Für sie ist gerade der November oft herausfordernd und es ist gut, wenn sie sich gesehen und aufgefangen fühlen. Wir können ihnen gerade jetzt öfter mal einen Platz an unserem Tisch oder auf unserem Sofa anbieten oder sie besuchen.

Traditionell war die dunkle Jahreszeit eine Zeit, in der Familien enger zusammenrückten. Die Arbeit auf den Feldern war getan und das Leben verlagerte sich nach drinnen. Gerade in so einer weniger fröhlichen Zeit ist es gut, sich mit lieben Menschen zu umgeben und einander ein bisschen Geborgenheit zu spenden.

Gemeinschaft sollte ein Teil des bewussten Umgangs mit dem November sein.

*Dem Licht entgegen*

Gerade im grauen November dürfen wir jedoch eins nicht vergessen – wir gehen dem Licht entgegen. Nach der traurigsten Woche des Kirchenjahrs beginnt nämlich das Warten auf die schönste Geschichte, die es in Gottes Reich zu erzählen gibt. Ja – wir gehen manchmal im Lebenskreis oder im Jahreskreis durch die Dunkelheit – aber am Ende gewinnt immer das Licht!

# Schlusswort

Was trägt? Was zählt? Was bleibt? Die Antwort auf diese Fragen habe ich in mehreren Bereichen gesucht. Ich habe alte Glaubenssätze hinterfragt, unseren Familienalltag mit all seinen scheinbar so unumstößlichen Logiken kritisch betrachtet, mich gefragt, wie wir Gemeinschaft jenseits unserer Kernfamilie wiederentdecken können, und Halt gesucht in Gottes Schöpfung und seinem Plan für uns Menschen.

Ich habe dich mitgenommen auf meine persönliche Suche nach einer Antwort auf die Frage, wie wir in Zukunft als Familien leben wollen, wenn die uns anerzogene Höher-schneller-weiter-Logik an ihre Grenzen stößt.

Mancher Lösungsansatz, den ich dir hier vorschlage, mag sperrig und schwierig erscheinen. Einige Zeilen haben dich vielleicht gegen den Strich gebürstet. Sei versichert – mich beim Schreiben manchmal auch! Mehr als einmal habe ich mich gefragt, ob mir das zusteht. Immerhin bin ich selbst kein glühendes Minimalismus-Vorbild, da gibt es Menschen, denen es viel besser gelingt, ein bodenständiges, bescheidenes Leben zu führen.

Wenn ich am Anfang des Buches geschrieben habe, dass plötzliche Veränderungen in unserem Leben auch eine Chance für uns sein können, dann bedeutet das keineswegs, dass ich ebendiese fröhlich umarmt habe. Auch für mich wäre vieles leichter, könnte ich einfach so leben, wie ich es seit jeher gewohnt war, mit dem Wissen, dass eigentlich alles immer nur besser für uns alle wird.

Doch gleichzeitig habe ich schon lange, noch bevor Vokabeln wie Zeitenwende in unser Leben traten, erkannt, dass unser Lebensstil nicht der Königsweg zum Glück sein kann. Druck und Stress sind ständige Begleiter des Familienlebens. Immer scheint es etwas zu geben, was man noch müsste, könnte, sollte. Etwas bewusst sein zu lassen, einen Trend nicht mitzumachen oder manche Dinge lockerer anzugehen, scheint mir mittlerweile regelrecht rebellisch. Und deshalb hoffe ich, dass dieses Buch dir eine Hilfe ist, Druck von deinen Schultern zu nehmen. Vielleicht hast du beim Lesen Punkte gefunden, von denen du tief in dir drin schon lange gespürt hast, dass sie so, wie sie sind, nicht bleiben müssen.

Vielleicht hast du dich auch ertappt gefühlt. Du brauchst dich wahrhaftig nicht schlecht zu fühlen, wenn du am Morgen bunte Brotdosen mit Snacks befüllst (mache ich übrigens auch), für den nächsten Kindergeburtstag schon die Kletterhalle reserviert hast oder gerade nach einem richtig guten Gymnasium für dein Kind suchst. All das kann für dich, euer Leben und euren Alltag gerade total viel Sinn ergeben und genau richtig sein. Diejenigen, die sich aus den in diesem Buch dargelegten Gründen dagegen entscheiden, möchte ich bestärken: Du brauchst kein schlechtes Gewissen zu haben, wenn du all das nicht tust. Wichtig sind andere Werte.

Es trägt, zählt und bleibt, was sich in unseren Herzen angesiedelt hat – und in denen unserer Kinder. Es tragen, zählen und bleiben die Menschen, mit denen wir uns verbunden fühlen. Es trägt, zählt und bleibt, was wir in unserem Alltag als kontinuierlich, verlässlich und gut erlebt haben: die Rituale, die uns durch Tag, Woche, Jahr und Leben begleiten, die stärkenden Worte, die liebevollen Blicke. Hilfsbereitschaft, Aufmerksamkeit, Güte, Vertrauen in diese Welt, die Menschen darin – und vor allem in den, der sie geschaffen hat. All das sind unsere Konstanten, die uns auch dann keiner nehmen kann, wenn die Welt einmal gewaltig wackelt. Daran können wir uns festhalten.